KB270858

미군정시대 (1945~1948)의
한국민법전편찬사업

미군정시대 (1945~1948)의
한국민법전편찬사업

로빈기어(Lobingier, C)의
한국민법전초안(Proposed Civil Code for Korea, 1949) 분석

윤대성 지음

한국학술정보(주)

우리나라가 일본제국주의의 지배에서 벗어나 해방을 맞았음에도 바로 남쪽에는 미군정이 시작되는 역사를 가지게 되었다.

우리나라에서 미군정시대(1945~1948)에 미 군정청에 의하여 한국민법전편찬사업을 하였다는 역사적 사실이 까맣게 잊히고 말았다. 미군정시대에 미 군정청에 의하여 추진된 한국민법전편찬사업에 관한 역사적 사실을 정리하고, 그 결과인 법률고문관 로빈기어(Lobingier, C.)에 의한 「한국민법전초안」(Proposed Civil Code for Korea, 1949)을 분석하는 일은 오직 과거의 역사적 사실을 정리하는 것에 그치는 것이 아닐 것이다.

그 사업이 비록 우리나라에서 미 군정청에 의하여 추진되었다 하더라도 일본제국주의의 잔재를 청산하려는 의도를 발견할 수 있다는 점에서 매우 주요한 사실이 아닐 수 없다. 그럼에도 불구하고 미군정시대가 막을 내리고 우리나라 정부에 의하여 한국민법전편찬사업을 추진하면서 일본제국주의에 의하여 강제로 시행되었던 일본 민법을 개정하는 수준으로 우리 민법전을 제정함으로써 미 군정청에서 추진하였던 한국민법전편찬사업의 본래 의도는 퇴색되고 말았던 것이다.

이 책은 우리나라에서 미군정시대에 미 군정청에 의하여 추진되었던 한국민법전편찬사업을 정리하고, 그 결과인 「한국민법전초안」(Proposed Civil Code for Korea, 1949)을 분석하고자 한 것이다. 그러나 이 작업을 하는 일은 오랜 시간이 흐르는 동안 전란을 겪고 하면서 일실된 미군정시대의 자료를 수집하는 것이 가장 어려웠다. 그리고 그 결과인 로빈기어의 「한국민법전초안」을 분석하는 일도 쉬운 일이 아니었다. 그 원문 자체를 판독하기조차 어려운 상태인 것을 복원하여 기본 자료로서 이를 분석하는 것은 매우 힘이 든 일이었다.

이와 같은 연구를 할 수 있게 된 것은 한국비교사법학회 제2회 학술발표회에서 주제발표를 한 뒤에 로빈기어의 「한국민법전초안」(Proposed Civil Code for Korea, 1949) 복사본을 수집하게 되었고, 이를 계기로 교육부지원 한국학술진흥재단 지방대학육성 연구비 지원에 의하여 '미군정시대(1945 ~ 1948)의 한국민법전편찬사업과 로빈기어(Lobingier, C.)의 <한국민법전초안>(Proposed Civil Code for Korea, 1949)에 관한 연구'를 하게 되었다. 그 연구결과를 보고한 뒤에 후속 연구를 하면서 이를 한 권의 책으로 묶어서 공간하기로 하였다. 우리 학계에 우리나라의 미군정시대에 미 군정청에 의한 민법전편찬사업과 그 결과인 「한국민법전초안」에 관한 관심을 갖고 연구하는데 조금이라도 기여를 하려는 마음이 간절하다.

이 책이 공간되어 세상에 나오게 된 데에는 한국학술진흥재단의 지원에 다시 감사를 드리지 않을 수 없다. 그리고 이 책을 공간하여 준 한국학술정보(주)에 감사를 드린다.

2009년 9월
지은이 씀

목 차

제4장

로빈기어의 「韓國民法典草案」과 美國 캘리포니아 州民法典의 比較 ▶▶ 161

제5장

結 論 ▶▶ 239

제**1**장

序 說

우리나라는 구한국 말기에 일본제국주의의 침략을 받아 일본제국의 식민통치를 받으면서 일본법의 지배 아래에 있었다. 그 후 일본제국이 연합군에 항복을 함에 따라서 우리나라는 그들의 식민통치와 법의 지배에서 벗어날 수 있게 되었다. 그러나 우리나라는 일본의 패망에 이어서 바로 미 군정청의 통치를 받게 되었다.[1]

이와 같은 변화 속에서 미 군정청은 당시 한국에서 시행되고 있는 법령을 정비하고, 또 시행할 법령을 제정 및 공포하여 시행을 하였다.[2] 그 가운데 한국에서 시행할 민법전의 편찬은 미 군정청의 주요사업 중 하나였다. 이 사업은 미 군정청에 의한 군정이 시작되면서 준비를 거쳐서 편찬 작업에 들어가게 되었다. 이러한 미 군정청의 한국민법전편찬사업은 당시 법률고문관 로빈기어(Lobingier, C.)에 의하여 「한국민법전초안」(Proposed Civil Code for Korea, 1949)이 완성되었던 것이다.

미군정시대의 한국민법전편찬사업은, 비록 미 군정청이 주관하여 이뤄졌지만, 일본제국주의에 의하여 식민통치를 목적으로 조선총독이 '조선민사령'을 제정하여 일본 민법이 강제 이식되어 그대로 시행되었던 것을 청산하고자 한 것이다. 그러나 광복을 맞은 한국에 있어서 광복 이후 혼란기를 거쳐 한국 정부의 수립과 더불어 미군정시대의 막이 내리면서 이와 같은 민법전 편찬이라는 주요한 사실은 역사 속으로 묻히고 말았다.

---

1) 1945년 8월 15일에 日本이 무조건 항복을 하고 같은 해 9월 9일에 聯合軍과 朝鮮總督과의 降服文書의 調印이 있은 후, 같은 해 9월 11일에 아놀드 少將이 初代 軍政長官으로 취임함으로써 우리나라에 美軍政이 시작되었다. 尹大成, 『韓國傳貰權法研究』, (서울: 삼지원, 1988), 178면.

2) 金炳華, 『韓國司法史(現世編)』, (서울: 일조각, 1979), 6면 참조.

　그렇지만 최근에 한국에서의 미군정시대에 전개된 한국민법전편찬사업에 의한 주요자료인 당시 법률고문관이었던 로빈기어(Lobindier, C.)의 「한국민법전초안」이 미국 의회도서관에서 발견됨으로써 당시의 한국 민법전의 편찬에 있어서 영미법(특히 미국법)이 어떠한 영향을 미쳤는가를 연구할 수 있는 직접자료를 얻을 수 있게 되었다.

　오늘날 세계의 변화 속에서 법의 변화 내지 법학의 변화가 절실히 요구되고 있다. 그 동안 우리나라의 민법학에 있어서 많은 발전이 있었지만, 우리의 역사적 인식을 바탕으로 하기보다도 일본민법의 개정수준이었던 현행 민법전의 해석을 위한 외국법(특히 일본 민법학)의 해석론을 직간접으로 계수하는 것에 급급하였던 것을 자성하지 않을 수 없다. 이러한 과정에서 특히 독일 민법학의 학설계수가 뚜렷한 현상이라고 할 것이다. 이와 같은 우리의 민법학은 현행 민법전의 해석론을 이론적으로 체계화하는 데 있어서 그 공헌을 하였다고 할 수 있다. 그러나 오늘날 법의 세계화를 추구하는 현실 속에서 우리 민법학의 독일 민법학에 지나치게 편향된 현상은 우리 민법학의 발전에 있어서 한계인 것도 간과할 수 없다.

　그렇다면 우리의 역사적 발전 속에서 미군정시대에 민법전을 편찬함에 있어서 영미법이 어떠한 영향을 주었는가를 연구함으로써 앞으로 영미사법(특히 미국사법)의 연구에의 계기를 마련할 것으로 생각된다.

　그러므로 이 연구의 목적은 이와 같은 연구의 배경에서 우리나라에서의 미군정 시대(1945~1948)의 한국민법전편찬사업이 어떻게 전개되었는가, 그리고 당시 법률고문관 이었던 로빈기어(Lobingier,

C.)가 완성한 「한국민법전초안」의 내용 분석을 중심으로 민법전 편찬에 영미법(특히 미국법)이 어떠한 영향을 미쳤고, 그 후 한국 정부에 의한 민법전 편찬에 어떠한 영향을 주었는가를 연구하고자 한다.

이 연구는, 그 연구 대상이 미군정시대(1945～1948)의 한국민법전편찬사업의 전개와 로빈기어(Lobingier, C.)의 「한국민법전초안」(Proposed Civil Code for Korea, 1949)을 중심으로 하기 때문에 시간적 범위의 제한과 공간적 범위의 제한이 있다. 즉 먼저 시간적 범위는 미군정시대에 국한하고, 다음으로 공간적 범위는 미 군정청의 공적기구에 의한 한국 민법전 편찬활동을 중심으로 하면서 당시 법률고문관의 역할을 연구하여 법률고문관이었던 로빈기어(Lobingier, C.)의 위상을 밝힘으로써 그의 초안에 대한 성격을 규명할 수 있고, 그의 초안에 관한 내용분석에 의하여 민법전의 비교법적 체계와 내용을 밝히려는 것이다.

따라서 이 연구서는, 1. 서설에서, 이 연구의 목적, 필요와 연구 범위 및 연구방법을 제시하고, 연구내용의 전개에 대하여 언급하고, 2. 미군정시대의 한국 민법전 편찬사업에서는, 그 전개과정에 있어서 민법전의 편찬을 위하여 어떠한 공적기구가 설치되어 어떠한 변천을 겪으면서 어떠한 활동을 하였는가의 내용을 밝히고, 그 가운데에서 법률고문관의 역할을 분석하고, 그밖에 이와 관련된 사적 활동도 참고토록 한다. 3. 로빈기어(Lobingier, C.)의 「한국민법전초안」의 내용 분석에 있어서는, 우선 로빈기어의 한국민법전초안을 복원하여 그 원문 규정의 분석을 통하여 민법전의 비교법적 체계와 내용을 밝히고, 4. 로빈기어의 「한국민법전초안」과 미국 캘리포니아주민법전의 비교에서 원문 규정의 모본이라 할 수 있는 미국 캘리포니아 주 민법전과의 비교법적 연구를 계약법, 불법행위법, 혼인법을 중심으로 현행 민법전과의 비교 연구도 하고자 한다.

5. 결론에서는, 이 연구의 결과에 의하여 얻은 미군정시대에 전개된 한국 민법전 편찬사업에 의한 민법전 편찬의 시도를 통하여 영미법이 어떻게 영향을 주었는가를 요약정리하고, 앞으로의 전망을 하고자 한다.

이 연구는, 문헌자료분석방법에 의하여 연구한다. 따라서 미군정시대의 한국 민법전 편찬에 관한 자료를 수집하고, 그 자료가 불비한 것은 당시의 사정을 잘 아는 사람으로부터 증언을 채집하여, 그 자료의 내용을 분석하는 것에 의한다. 이 연구는 원칙적으로 직접자료에 의하여 이뤄지지만, 직접자료가 수집될 수 없는 경우에는 간접자료를 검증하여 사용한다. 그리고 당시의 직접자료는 대부분이 영문으로 이뤄졌기 때문에 원문을 복원하여 충실한 번역을 통하여 그 내용을 분석하고자 한다.

지금까지 국내에서 미군정시대의 한국 민법전 편찬사업과 로빈기어(Lobingier, C.)의 「한국민법전초안」에 관한 선행연구는 극히 단편적인 관심에 그쳤고, 이에 관한 체계적인 연구가 이뤄지지 않은 실정이다. 지금까지의 연구 활동에 대한 현황과 내용을 보면, (1) 鄭鍾休 교수에 의하여, 「韓國民法典의 制定過程」[3]에서 '民法典 制定을 위한 美軍政時代의 動向'을 다루면서, 1) 제도적 준비와 2) 예상된 민법전으로, 미군정시대의 민법전편찬을 위한 기구에 대하여 약술하고 당시 법전기초국 고문관 주석인 로빈기어(Lobingier,

---

3) 鄭鍾休, 「韓國民法典의 制定過程」, 『民法學論叢』(厚巖 郭潤直 교수 화갑기념), (서울: 박영사, 1985), 2～5면.

C.)의 「日本民法改正私案」, 『法政』 제2권 제2호(1947)를 인용하여 당시 예정된 민법전을 서술하고 있다. 한편, 그의 저서[4]에서도, 1) 제도적 준비와 2) 예상된 민법전을 서술하면서 앞의 내용보다 약간 상술하고 있다. (2) 崔鍾庫 교수에 의하여, 「解放後 韓國基本法制의 整備」[5]에서 '법전기초위원회와 입법의원'을 다루면서 미군정시대의 법전편찬사업에 대하여 서술하고 있다. 한편, 「C. 로빙기어博士」[6]에서 로빈기어에 대한 이력과 그의 한국민법전초안을 소개하고, 그밖에 다른 저술[7]에서도 로빈기어에 관한 단편적인 소개를 하고 있다. (3) 梁彰洙 교수에 의하여, 「民法案의 成立過程에 관한 小考」[8]에서 미군정시대에서 한국 정부의 수립으로 이어지는 변환기의 민법전 편찬에 관한 과정을 다루면서 로빈기어에 대하여 각주 6)에서 약술하고 있다. (4) 그밖에 李相旭 교수에 의하여, 「우리나라 法制의 近代化와 民法典 編纂」[9]에서 미 군정청의 민법전 편찬 시도를 다루고 있다.

저자는, 처음에 『한국전세권법연구』[10]에서 미군정기의 민법전제정시도를 다루면서 약술하였으나, 그 후 이에 관한 관심을 갖고 연구를 발표하기에 이르렀다. 먼저 「로빈기어의 韓國民法典草案과

---

4) 鄭鍾休, 『韓國民法典の比較法的研究』, (東京: 創文社, 1989).

5) 崔鍾庫, 「解放後 韓國基本法制의 整備」, 『韓國法史學論叢』(朴秉濠 교수 환갑기념 2), (서울: 박영사, 1991), 442～447면.

6) 崔鍾庫, 「C. 로빙기어博士」, ≪法律新聞≫, 1989년 2월 2일자.

7) 崔鍾庫, 『西洋人이 본 韓國法俗』, (서울: 교육과학사, 1989).

8) 梁彰洙, 「民法案의 成立過程에 관한 小考」, 『民法研究』, 제1권(서울: 박영사, 1991), 53～74면.

9) 李相旭, 「우리나라 法制의 近代化와 民法典 編纂」, 『私法學의 再照明』(松村 朴碤雨 교수 화갑기념), (대전: 한림원, 1988), 40～43면.

10) 尹大成, 『韓國傳貰權法研究』(1989), 178～179면.

傳貰權」11)에서 미군정시대의 민법전편찬과정과 로빈기어의 한국민법전초안을 다루면서 전세권에 관한 초안의 내용 분석을 하였고, 다음으로 「로빈기어의 韓國民法典草案과 物的擔保法의 體系」12)에서 초안의 물적담보법에 관한 원문 규정을 복원하여 그 내용을 분석하여 물적담보법의 체계가 어떻게 되었는가를 밝혔다. 그 후 한국비교사법학회 제2회 학술대회13)에서 「韓國民法典編纂에 미친 英美法의 影響: 美軍政時代(1945 – 1947)의 民法典編纂과 로빈기어(Lobingier, C.)의 韓國民法典草案(Proposed Civil Code for Korea)을 중심으로」를 주제 발표하면서, 미군정시대의 민법전편찬 과정과 이에 있어서 로빈기어 등 법률고문관의 역할과 로빈기어의 한국민법전초안의 내용에 의한 체계분석을 하였으며, 그 결과는 학회지14)에 게재되었다. 그리고 이 연구를 수행하면서, 중간발표로 「로빈기어 韓國民法典草案의 體系的 分析」15)에서 로빈기어의 한국민법전초안의 체계적 분석을 시도하였고, 또한 경남대학교 법학연구소의 제7회 학술발표회16)에서 주제 발표한 「美軍政時代(1945 – 1948)의 韓國民法典編纂事業: 法律顧問官의 活動을 中心으로」에서 미군

---

11) 尹大成, 「로빈기어의 韓國民法典草案과 傳貰權」, 『論文集』, 제15권(창원대학교, 1993.7.), 45·~64면

12) 尹大成, 「로빈기어의 韓國民法典草案과 物的擔保法의 體系」, 『論文集』, 제16권(창원대학교, 1994.7.), 155～186면.

13) 1994. 11. 26. 경희대학교에서 개최하였음.

14) 尹大成, 「韓國民法典編纂에 미친 英美法의 影響: 美軍政時代(1945～1947)의 民法典編纂과 로빈기어(Lobingier, C.)의 韓國民法典草案(Proposed Civil Code for Korea)을 중심으로」, 『比較私法』, 창간호, (서울: 한국비교사법학회, 1995.2.), 5～33면. 여기에서 1947년까지로 본 것은 순수한 미군정시대만을 구분한 것에서 비롯된 것이다.

15) 尹大成, 「로빈기어 韓國民法典草案의 體系的 分析」, 『慶南法學』(金善洙 교수 정년퇴임기념), 제11집, (경남대학교 법학연구소, 1995.12.), 203～218면.

16) 1996.4.3. 경남대학교 법정대학 소강당에서 개최하였음.

정시대의 한국민법전편찬사업의 전개과정과 법률고문관의 활동을 다뤘고, 그 결과는 金啓煥 교수 화갑기념논문집[17]에 게재되었다. 그리고「로빈기어의 韓國民法典草案과 캘리포니아 州 民法典과의 比較」에서 로빈기어의 초안과 캘리포니아 주 민법전을 체계와 내용에서 비교를 하였고, 그 결과는 李永煥 교수의 정년퇴임기념논문집[18]에 게재되었다.

---

17) 尹大成,「美軍政時代(1945 - 1948)의 韓國民法典編纂事業: 法律顧問官의 活動을 中心으로」,『憲法學과 法學의 諸問題』(曉山 金啓煥 교수 회갑기념), (서울: 박영사, 1996), 423～443면.

18) 尹大成,「로빈기어의 ＜韓國民法典草案＞과 캘리포니아 州民法典과의 比較」,『現代民法學의 새로운 展開』(南帆 李永煥博士停年紀念論文集), (부산대학교출판부, 1997.2.), 15～41면.

제 **2** 장

美軍政時代(1945～1948)의
韓國民法典編纂事業

제1절 序說

먼저 우리나라에 미군정이 실시된 배경과 경과를 1945～1948년 사이의 연표를 중심으로 살펴보고, 다음으로 어떻게 한국 민법전을 편찬하고자 하였는가를 당시의 자료와 그 이후에 출판된 간접자료를 분석하여 연구하고자 한다.

다만 미군정시대를 어떻게 시대구분을 할 것인가의 문제는 있다. 우리나라의 학계에서도 몇 가지의 견해가 제기되고 있으나,[1] 여기에서는 시대구분을 하지 않고 연대에 따라서 미군정이 진행된 사항을 주제와 관련이 있는 것만을 발췌하여 다루고자 한다.

제2절 年表에 의한 美軍政時代(1945～1948)의 開幕과 閉幕[2]

Ⅰ. 1945년의 美軍政

8.15. 일본의 무조건항복

9.2. 맥아더사령관, 38도선을 경계로 미·소 양군의 남북한분할 점령 발표(<일반명령> 제1호[3])

---

1) 金雲泰, 『美軍政의 韓國統治』, (서울: 박영사, 1992), 174～177면.

2) 서울신문사 편, 『駐韓美軍30年』. (서울: 향림출판사, 1979), 545～546면(부록) 및 기타 자료 참조.

9.4. 미24군단 선발대 37명 김포 도착

9.7. 남한에 미군정 선포[4]

---

3) 연합군 최고사령부 일반명령 제1호(1945.9.2.)

1945년 9월 2일 일본 천황 및 정부 그리고 대본영의 대표자에 의해 서명된 항복 문서의 규정에 따라 별첨 일반명령 제1호 육, 해군 및 이것을 부여할 필요가 있는 훈령을 일본 군대 및 그 지배하에 있는 군대 그리고 관계 비군사 기관에 대하여 지체 없이 시달하고 그것을 충분히 또한 완전히 지키도록 할 것.

연합군 최고사령관에 의해

참모장 미육군 중장 서덜런드

첨부서

일반명령 제1호(1945.9.2.)

1) 일본국 대본영은 자(玆)에 칙령에 의하고 또한 칙령에 기하여 일체의 일본 군대가 연합국 최고사령관에게 항복한 결과로서 일본 국내 및 국외에 있는 일체의 지휘관에 대하여 그 지휘하에 있는 일본 군대 및 일본 지배하의 군대로 하여금 적대 행위를 즉각 정지케 하고 그 무기를 놓고 현위치에 정지케 하며 다음에 지시하는 또는 연합국 최고사령관이 추후 지시할 수 있는 미, 영, 소, 중의 이름으로 행동하는 각 지휘관에 대하여 무조건 항복을 하게 할 것을 명함(…)

2) 만주, 북위 38도 이북의 한국, 화태 및 천도열도에 있는 일본의 선임 지휘관과 모든 육상, 해상, 항공 및 보조 부대는 소비에트 극동군 최고사령관에게 항복할 것 (……)

3) 일본 대본영, 일본 본토에 인접한 제 소도, 북위 38도 이남의 한국, 유구열도, 필리핀 제도에 있는 일본 선임 지휘관과 모든 육상, 해상, 항공 및 보조 부대는 미국 태평양 육군 총사령관에게 항복할 것(……) 宋南憲, 『解放三年史Ⅰ; 1945 - 1948』, (서울: 까치, 1985), 81~82면.

4) 미군 상륙에 대한 재조선 미군사령관의 포고Ⅰ

남한 민중 각위에 고함

미군은 근일 중에 귀국에 상륙하게 되었다. 당군은 동경에서 금일 일본군이 항복 문서에 조인을 하게 되었으므로 여기에 의해 미국은 연합군 대표로서 상륙하는 것으로 그 목적은 귀국을 민주주의 제도하에 있게 하고 국민의 질서 유지를 도모하는 데 있다.

국가 조직의 개선은 일조일석에 이루어지는 것이 아니며 안녕 질서에는 큰 혼란과 유혈이 따르지 않게 하지 않으면 안 된다. 어떠한 개혁도 서서히 진행되어야 한다.

여러분도 장래의 국가 건설을 위해 또 민주주의적 생활의 유지를 위해 최대한의 노력을 하지 않으면 안 되는 것이다. 미군은 이상의 목적을 조속히 수행하기 위하여 한국 민중에 대하여 다음 여러 가지 점에 대해 절실한 원조와 협력을 요망하는 바이다.

기중에 대한 포고 및 제명령은 현존하는 여러 관청을 통해 공포한다. 연합군 총사령관으로부터의 명령은 여러분을 원조하는 것을 본의로 하기 때문에 여러분은 이것을 엄숙하게 지키고 실천해 주기 바란다. 불행하게도 위반하는 일이 있으면 처벌된다. 각자는 보통 때와 같이 생업에 전념해 주기 바란다. 이기주의로 날뛴다든가 혹은 일본인 및 미상륙군에 대한 반란 행위, 재산 및 기설 기관의 파괴 등의 경거망동을 하는 행동은 피할 것이며 평화를 지키고 평상시와 변함없는 생활을 하는 것이 국토 건설을 순조롭게 하고 일상생활의 향상을 꾀하는 소이라 할 것이다.

여러분의 생활에 부자유를 가져오게 하는 명령은 극력 피하기로 한다.

여러분의 충심으로 우러나는 협력을 절망하는 바이다.

29.8. 미7사단(사단장 윌리엄 H. 아놀드 소장), 24사단 1진으로
인천 도착

9.9. 미군, 서울서 38도선 이남의 일본군 항복을 수리[5]

<hr>

1945년 9월 2일
재조선 미군사령관
육군 중장 존 R. 하지
송남헌, 『해방삼년사 I, 1945 - 1948』, 89면.

[5] 미국군 태평양방면 최고사령관 대리 재조선 미국군사령관에 대한 조선 북위 38도 이남 지역의 일본 육, 해, 공군 고급 지휘관의 항복서

1. 서기 1945년 9월 2일 일본 천황 및 정부, 대본영의 명에 의하여 외무 대신 重光葵은 일본 천황 및 정부, 대본영을 대표하고 또 그 명에 의하여 梅津美次郎 대본영을 대표하여 각각 항복 조약에 조인하였다.

2. 항복 조약의 요지는 다음과 같다.
   1) 소관 등은 천황의 명에 의하여 일본 천황, 정부, 대본영을 대표하여 자(玆)에 1945년 7월 26일 아메리카 합중국, 중화민국, 대영제국 각 정부의 공동 발표, 소련이 추가 찬동하는 포츠담 선언의 조항을 수락하나 상기 4개국을 이후 연합국이라 칭함.
   2) 소관 등은 자(玆)에 대본영 전일본군 지휘하에 있는 모든 군대가 하처에 있음을 불문하고 연합군에 무조건 항복할 것을 선언함.
   3) 소관 등은 전에 일본군 및 일본 신민에 의하여 행하여지는 적대 행위의 즉시 정지, 선박, 항공기, 군사 및 민간 시설의 파괴 방지 및 그 보호, 연합국 군최고사령관 또는 동 사령관의 명에 의한 일본 정부 대리 기관의 포고의 모든 요망을 이행 할 것을 명함.
   4) 소관 등은 이에 대본영에 명하여 전 일본군 및 일본군 지휘하에 있는 모든 군대는 하처에 있음을 불문하고 무조건 항복을 즉시 이행케 함.
   5) 소관 등은 이에 모든 문, 무관에게 연합국 군최고사령관이 항복 절차 촉진에 적당하고 또 유효하다고 인정하는 모든 포고, 명령, 규칙 및 최고사령관 또는 그 권력에 의하여 발포되는 모든 포고, 명령, 규칙의 준수를 명하고 또 관계 문, 무관은 연합국 군최고사령관 또는 그 권력에 의하여 특히 그 직을 면치 않는 한 모두 그 현지에 머물러 비전투 사무를 수행함을 명함.
   6) 소관 등은 이에 천황, 일본 정부 및 양자의 후계자가 성실로 포츠담 선언의 조항을 이행하고 또 연합군 최고사령관 또는 연합국에 의하여 지명되는 다른 모든 대표자가 동 선언을 이행하기 위하여 요망하는 모든 명령을 발포하고 모든 조치를 집행함을 보증함.
   7) 소관 등은 이에 일본 정부 및 대본영으로 하여금 현재 일본의 수중에 있는 모든 연합국 포로 및 비전투원 억류자를 즉시 석방하고 그 보호, 치료, 정양 및 지정된 장소에 속히 호송할 것을 명함.
   8) 천황 및 일본 정부의 국정상 권력은 연합국 군최고사령관의 관하에 속할 것이며 최고사령관은 위와 같은 항복 조건을 실시하기 위하여 필요하다고 인정하는 조치를 취할 것임.

3. 일본 정부는 서력 1945년 9월 2일 아메리카 합중국, 중화민국, 대영제국, 소련방 기타 연합제국 제출의 항복 조건을 수락하였다.

4. 서력 1945년 9월 2일 대명에 의하여 대본영은 일본 본국 및 외지에 있는 각 지휘관이 그 예하에 있는 일본 육, 해, 공군과 일본군 관하 각 군에 대하여 즉시 정전할 것, 무기를 포기할 것, 현재지에 머무르고 있을 것, 아메리카 합중국, 중화민국, 대영제국 및 소련방을 대표하는 각 지휘관에 무조건 항복할 것을 명하였다.

5. 대본영 및 그 고급 지휘관, 일본 본토 및 일본 근해의 도서, 조선 북위 38도 이남의 지역 및 비율빈에 있는 일본 육, 해, 공군 및 그에 속한 군대는 미국군 태평양방면 최고사령관에 항복할 것을 명하였다.

6. 미국군 태평양방면 최고사령관은 그 대리로서 제24사단장을 재조선 미국군사령관에 임명하여 조선 북위 38도 이남 및 그 영역 내의 도서에 있는 일본 육, 해, 공군 및 그에 속한 군대의 고급 지휘관의 항복 수락에 임명하였다. 이상의 조건에 의하여 소관 등은 조선 북위 38도 이남 지역의 일본 육, 해, 공군 및 그에 속한 군대의 고급 지휘관으로서 본 조약에 서명하여 하기 요지 각조를 시인한다.

   1) 소관 등은 칙령, 항복 조약의 조항, 명령의 내용을 정히 상기와 같이 권고 통지 받았다.

   2) 소관 등은 위와 같은 조약 및 명령에 의한 우리의 의무 책임을 수락하여 엄숙히 그 즉시 이행과 또한 그 준수의 필요를 인정한다.

   3) 조선 북위 38도 이남 지역의 미국군 사령관은 미국군 태평양방면 최고사령관의 전권을 위임받아 이 최고사령관의 지시를 즉시 실시 시행함에 유감이 없기를 기한다.

결론

소관 등은 이에 소관 등의 행정 및 관할하에 있는 조선 북위 38도 이남 지역 및 그 지역 안의 모든 도서에 있어서 일본군 군적에 있는 전부와 모든 군사 시설, 병기, 선박, 항공기 기타 모든 군기재 및 군소유물을 정식 무조건으로 재조선 미국군사령관에 양도한다. 영어에 의한 본문과 그 번역문과의 사이에 생기는 의미의 대립 혹은 불명료의 경우는 영어문의 의미의 해석에 따른다.

어 조선 경성, 서력 1945년 9월 9일 16시 30분

조선 북위 38도 이남 지역의 일본 육, 공군

고급 지휘관 上月良夫

조선 북위 38도 이남 지역의 일본 해군

고급 지휘관 山口儀三朗

조선 총독 대리로 정식 임명되어 그 자격으로서 阿部信行 이에 상기 항복 조약 및 관련한 모든 문서의 내용을 정독하여 깊이 명기하였다. 소관 이에 조서 총독으로서의 직권으로서 전기 문서 등에 기재한 의무, 책임을 질 것을 시인하고 엄중히 즉시 이행과 다시 그 준수할 필요를 인정한다.

소관은 특히 재조선 미국군사령관을 미국군 태평양방면 최고사령관 대리로 정당히 임명되었다는 것을 시인하고 소관은 동 사령관의 지령을 실시 수행하는 데 유루(遺漏) 없기를 기함.

조선 경성, 서력 1945년 9월 9일 16시 30분

조선 총독 서명 阿部信行

서력 1945년 9월 9일 16시 30분, 어 조선 경성

미국군 태평양방면 최고사령관 대리로서 이를 수락한다.

재조선 미국군사령관 미국 육군 중장 존 R. 하지

미국 해군 대표 미국 해군 대장 T. C. 킨케이드

宋南憲, 『解放三年史 I ; 1945 - 1948』(1985), 93 ~ 96면.

9.11. 미, 한국에 GARIOA 원조 제공

9.11. 하지 중장, 미군정시정방침 발표[6]

9.11. 군정 전담 부대 일부 인천 도착

9.12. 초대 주한 미군정장관에 아놀드 소장 취임

9.14. 미군, 주요 시설접수 시작[7]

9.19. 군정청, 명칭을 <주한미육군사령부군정청>(USAMGIK)으
로 발표

9.20. 군정청, 군정청조직 발표[8]

9.29. 미40사단 부산 도착

10.5. 미군정장관 고문에 한국인 11명 임명[9]

---

6) 서울에 진주한 미군사령관 존 R. 하지 중장의 최초 기자회견이 총독부 2층 회의실에서
   1945.9.11. 하오 2시 40분부터 2시간이 넘게 있었다. 기자들의 질문과 대답을 보면,
   문: "미소의 한반도 분할점령으로 한국 통일에 지장이 있다고 생각하지 않는가?" 답:
   "분할점령은 한 방편으로 한국 정부가 수립될 때까지만 계속될 것이다" 문: "경성은
   미소가 공동 관리하게 되는가?" 답: "경성을 공동 관리한다는 말은 들은 적이 없다"
   문: "일본인은 우리를 착취하던 민족인데 당분간이라도 그대로 쓰려는 이유는 무엇인
   가?" 답: "총독부가 어떤 일을 해 왔는지 잘 알지 못하고 있고 갑자기 이용할 만한 기
   관이 없어 부득이 취한 조치이다"고 하였고, "……군정을 펴겠다는 설명도 설득력 있
   는 것이었어요"라고 회견에 참석했던 文濟安은 회고하였다. 서울신문사 편, 『駐韓美
   軍30年, 1945－1978』(1979), 51～52면.

7) 1945년 9월 14일에 주한 미군사령부는 군정청을 설치하였다. 에른스트 프랭켈, 「주한
   미군정의 구조·성문법과 선결례」, 崔鍾庫 편역, 『西洋人이 본 韓國法俗』, (서울: 교
   육과학사, 1989), 226면.

8) 미 군정청은, 같은 해 9월 11일에 阿部 총독을 해임하고 아놀드 소장을 군정장관에,
   경무국장에 현병사령관 쉬크 준장을 임명함으로써 군정의 첫발을 내딛고, 9월 18일에
   는 미군의 각 국장을 임명 발표하고, 9월 20일에는 군정청의 조직에 대하여 "군정장관
   아놀드 소장, 민정장관 프레스콧 대령(정무총감에 해당), 서기관 에스테스 소령, 관
   방총무과장 윗드월 소령, 외사과장 앤더슨 소령, 인사과장 브랫드 중령, 기획과장 메이
   대령, 회계과장 뉴맨 대령(임시), 지방과장 뉴맨 대령, 경무국장 쉬크 준장, 재무국장
   고오든 중령, 광공국장 언더우드 대령, 농상국장 마아틴 중령, 학무국장 락카아드 대
   위, 법무국장 우돌 소령, 체신국장 헐리 중령, 교통국장 해밀톤 중령"으로 발표하였다.
   宋南憲, 『解放三年史Ⅰ; 1945－1948』(1985), 100면.

9) 군정장관의 한국인 고문으로, 金性洙, 全用淳, 金東元, 李容卨, 吳泳秀, 宋鎭禹, 金用
   茂, 姜炳順, 尹基益, 呂運亨, 曺晩植 등 11명을 임명하였다. 宋南憲, 『解放三年史Ⅰ;
   1945－1948』(1985), 101면. 이들의 사회성분에 대한 분석은, 金雲泰, 『美軍政의 韓國

10.8. 미6사단 목포 도착

10.9. 군정청, 법령 제11호 공포[10]

10.20. 미군정부대 본격적으로 진주 시작

10.24. 군정청, 일인퇴거령 공포

11.13. 군정청에 국방사령부 설치, 모병 시작

11.말 현재 남한에 주둔한 미 제24군단 병력 수 약 7만 명

12.5. 군사영어학교 개설

12.27. 모스크바 3상회의, 한국 5개년 신탁통치안[11] 발표

Ⅱ. 1946년의 美軍政

1.13. 러치 장군, 시정연설[12]

2.14. 군정청 최고자문기관인 <남조선민주의원> 발족[13]

統治』(1992), 189면 주24) 참조.

10) 군정 법령 제11호 일정 법규 일부 개정, 폐기의 건은, 제1조 특별법(정치범처벌법, 예방검속법, 치안유지법, 출판법, 정치범보호관찰령, 신사법, 경찰의 사법권의 폐지, 제2조 일반 법령의 폐지, 제3조 형벌의 제한, 제4조 벌칙(……) 宋南憲, 『解放三年史 Ⅰ; 1945 – 1948』(1985), 102～103면.

11) 모스크바 삼상회의는, 한국에 대하여 최장 5년간의 4대국의 신탁통치를 실시하기로 결정하였다. 서울신문사 편저, 『駐韓美軍30年』(1979), 88면.

12) 부서의 장들과 미 고문관 및 그 예하 관리들 간의 관계에 대하여, 러치 장군은 그의 연설에서, "한국인 지도자들이 각 부서를 완전히 책임지고 미국은 오직 자문만을 해야 할 때가 왔다. (……) 물론 (……) 미 대통령의 대리자인 주한 미군사령관은 최고자로 남아 있을 것이고 군정도 존속할 것이다. 그러나 군정은 실현가능한 한, 한국인 자신에 의해 이루어져야 할 것이다. (……) 나는 적용가능한 범위 내에서 미국인이 정부에의 적극적인 참가에서부터 물러나고, 그들이 각 부서에서 실무자로서가 아니라 고문관으로서 도와줄 수 있기를 바란다."고 하였고, 그것은 바로 '메모'로 발표되었다. 에른스트 프랭켈, 「주한 미군정의 구조·성문법과 선결례」, 崔鍾庫 편역, 『西洋人이 본 韓國法俗』(1989), 238～239면.

13) 남조선대한민국대표민주의원의 결성과 시련에 관하여는, 金雲泰, 『美軍政의 韓國統治』(1992), 217～225면.

3.20. 제1차 미·소공위 개최(-5.6.)

3.29. 군정청, 법령 제64호 발표[14]

5.23. 38선 무허월경 금지

7.9. 하지 중장, 성명발표[15]

8.24. 군정청, 법령 제118호 공표[16]

9.12. 군정청, 한국인부처장에 행정권 이양 성명

12.12. 남조선과도입법의원 개원[17]

---

14) 법령 제64호로 국을 부로 개편하면서 군정청의 부서를 확정하고, 행정기구와 구성원을, 군정장관 아취 L. 러취, 문교부(부장 兪億兼)에 총무국, 보통교육국, 고등교육국, 교화국, 편수국, 성인교육국, 관상국을 두고, 재무부(부장 윤호병)에 회계검사국, 이재국, 중앙은행국, 사계국, 회계국, 국고국, 전매국을 두고, 사법부(부장 金炳魯)에 총무국, 변호사국, 형사국, 형정국을 두고, 상무부(부장 吳禎洙)에 특허원, 교육기술지도위원회, 지질광산연구국, 중앙공업연구소, 총무국, 감사국, 토목국, 노동국, 감무국, 상무국, 공업국, 무역국을 두고, 서무처(처장 李鍾學)에 총무서, 조사연구서, 재산회계서, 용도서, 건축서, 국제조사서를 두고, 보건후생부(부장 李容卨)에 예방의학국, 약무국, 의무국, 수의국, 간호사업국, 총무국, 구호국, 주택국, 후생시설국, 후생자재국, 조사분석국, 고용인후생국, 미국적십자시민구호국, 보건위생국, 치의무국, 생정국, 연구국, 부녀국을 두고, 농무부(부장 李勳求)에 농산국, 산림국, 수산국, 농업경제국을 두고, 체신부(부장 吉元鳳)에 총무국, 우무국, 전무국, 저금보험국, 재정국, 자재국, 체신학교를 두고, 외무처(처장 文章郁)에 총무서, 외무서, 정무서를 두고, 공보부(부장 李哲殷)에 공보국, 여론국, 연락사무국, 방송국을 두고, 식량행정처(처장 池溶殷)에 기획서, 배급서, 공급서를 두고, 인사행정처(처장 鄭一亨)에 총무서, 보임서, 고시서, 직제서, 조사서, 훈련선전서, 행정원양성소, 은상서를 두고, 경무부(부장 趙炳玉)에 총무국, 경무국, 수사국, 통신국을 두고, 통위부(부장 柳東悅)에 국방장관실, 국방경비대총사령부, 해안경비대사령부, 국방경비대중앙훈련소사령부, 군사영어학교, 보급부대를 두고, 물가행정처(처장 權甲重)에 물가행정처를 두고, 운수부(부장 閔熙植)에 철도국, 항공국, 해사국, 공로국을 두었다. 宋南憲, 『解放三年史 I ; 1945-1948』(1985), 101～102면.

15) 남조선과도입법의원의 설치에 관하여, 하지 중장은, "나는 러치 군정장관이 제안한 조선미군점령지대에 입법기관을 설치하는 안을 많은 관심을 가지고 토의하였는데, 이 제안이 조선인을 위한 민주독립조선의 장래에 진심으로 관심을 가지고 있는 남조선주민과 각 정당의 진정한 통일을 기할 수 있다는 조건하에서 남조선주민의 복리를 위한 것이라는 점에 동의하는 바이다. (……)"는 성명을 발표 한 것에서 비롯된 것이다. ≪동아일보≫, 1946년 7월 10일자, 1면.

34) 법령 제118호의 내용에 관하여는, 宋南憲, 『解放三年史 II ; 1945-1948』, (서울: 까치, 1985), 400～402면.

17) 1946년 10월 12일 군정 법령 제118호 남조선과도입법의원(SKILA)의 창설이 공포되고, 같은 해 12월 7일 남조선주둔미군최고사령관 육군중장 존 R. 하지의 성명이 발표됨으로써, 같은 해 12월 12일 12시에 남조선과도입법의원 의장 金奎植의 개회사에

Ⅲ. 1947년의 美軍政

2.5. 초대 민정장관에 安在鴻 취임(군정청의 한국인체계 확립)[18]

3.12. 트루먼 독트린 발표[19]

3.25. 군정청, 정책성명 발표[20]

5.17. 군정청, 법령 제141호 공포[21]

의하여 입법의원이 개원되었다. 宋南憲, 『解放三年史 Ⅱ; 1945－1948』(1985), 390
－402면. 그러나 남조선과도입법의원은 하지(Hodge, A.)에 순종하면서도 점령당국의
조치에 합법성의 냄새를 풍기게 하는 상징적 기구를 만들기 위해 1년 사이에 이루어
진 제4차의 시도였다고 보는 견해도 있다. 부르스 커밍스/김자동 역, 『한국전쟁의 기
원(The Origins of the Korean War)』, (서울: 일월서각, 1986), 334～335면. 이와 같은
견해는, 하지 중장이 "과도입법의원은 그 자체에 있어서 정부도 아니요 남한에 있어
서의 한 통치제도 아니다. 과도입법의원은 바로 그 문자 자체가 의미하는 바와 같이
정부의 행정부면이 실행할 법률을 제정하는 권리를 가진 과도적입법기관이다."고 강
력히 주창한 점에 있다. 리처드 E. 라우터백/ 국제신문사출판부 역, 『韓國美軍政史』,
(서울: 국제신문사출판부, 1948), 124면.

18) 민정장관 안재홍 취임선서의 내용을 보면, "본인은 엄숙한 마음으로 아래의 조항을
선서하나이다. 1. 현 미군정부 방침에 순응하고 법규를 엄수하되 행정권의 완전 이양
과 독립 조선의 성취를 지향하는 노선에서 창의와 인성으로 제반 행정의 개선 향상
을 도모하고 관기의 숙정과 민생 문제 해결에 최선의 노력을 다하겠나이다. 2. 공평
염장하여 민정장관의 지위 및 직무를 오손 또는 해태하는 일이 없도록 신명의 원호
를 비나이다. 1947년 2월 10일 민정장관 안재홍
宋南憲, 『解放三年史 Ⅱ; 1945－1948』(1985), 454면.

19) 소위 '트루만 독트린'(Truman Doctrine)의 선언으로, 미국의 외교정책은 소련과의 화
해정책을 포기하고 봉쇄정책이라는 대소강경정책을 새로이 채택하게 되었다. 金雲泰,
『美軍政의 韓國統治』(1992), 151면.

20) 1947년 3월 25일에 군정장관은, 공표된 '정책성명'에서, "일본에서는 군정이 애초부
터 전적으로 일본인에 의해 운영되었고, 미국인 지휘관은 자유로운 거부권을 행사할
수 있었으며 강한 지도력을 발휘하였다. 애초의 우리의 의도는 한국인에 의한 정부를
구성하여 그것이 위와 동일한 방식으로 운영되게 하고 미국인으로부터는 오직 제한
된 통제만을 받게 하려는 것이었다. 이러한 통제력을 계속 행사할 계획을 가지고 있
었으나, 정국의 파국을 막고 상대적으로 중요하지 않은 문제에 관해서는 미국인의 관
념과 미국식 방법을 강요하지 않으려고 하였다."는 지도원칙을 마련하였다. 에른스트
프랭켈, 「주한 미군정의 구조·성문법과 선결례」, 崔鍾庫 편역, 『西洋人이 본 韓國
法俗』(1989), 232～233면.

21) 이 법령에 의하여, 한국 내의 자치정부의 근본적인 구조변화가 이뤄졌다. 즉 주한 미
군정의 한국인 요원은 입법, 사법, 행정 각 면에서 북위 38도 이남의 한국을 통치하
는 <남조선과도정부>를 구성한다고 밝히고 있다. 남한과도정부의 수립에 관한 건은

5.21. 제2차 미·소공위 개막(- 10.18.)

6.3. 군정청 한국인 기구를 <남조선과도정부>[22]로 개칭

6.20. 군정청, 徐載弼 박사를 특별 의정관으로 임명[23]

6.28. 군정청, 한국어를 공식어로 채택

8.9. 미국언론방한단, 미·소양군철수가 한국문제 해결의 첩경이라 피력

9.25. 웨드마이어 미국대통령특사, 주한 미군철수의 타당성을 트루먼 대통령에게 보고

10.4. 미하원군사조사단 내한

10.22. 하지 중장, 한국군은 1년 이내에 북한의 침공을 막을 수 있을 만큼 강력해질 수 있다고 미 육군성에 회신 보고

11.14. 유엔총회, 남북한대표의 선출을 위한 UN한국임시위원단의 설치안 채택

12.16. 유엔총회, 한국총선안 가결

주한 미군정의 '한국화 정책'이 인적인 구성상의 측면에만 국한되지 않았다는 것을 분명히 보여 주고 있다. 미 관리의 한국인 관리로의 교체는 하나의 정부단위로서 모든 한국 정부 내의 체제와 부서 및 조직의 조정작업에 의해 보완됨으로써 완수되었다. 명칭상으로는 과도정부라고 하지만 남한과도정부는 좁은 의미에서 정부가 아니라, 주한 미군정—그것은 여전히 남한에서 유일한 정부이다—의 일부에 불과했다. 에른스트 프랭켈, 「주한 미군정의 구조·성문법과 선결례」, 崔鍾庫 편역, 『西洋人이 본 韓國法俗』(1989), 233∼234면.

22) 미군정의 간접통치로 남조선과도정부의 설립과 그 성격에 관하여는, 金雲泰, 『美軍政의 韓國統治』(1992), 273면 이하 참조.

23) 의정관 徐載弼 박사 취임에 관한 공보부 발표의 내용을 보면, "서재필 박사는 하지 중장의 알선으로 내주 중에 조선에 도착할 예정이다. 서 박사는 금년 초에 내조할 예정이었으나 건강 상태로 불가능하였다고 하는데 이번에 환국하여 동 박사는 한 - 미 양국인에 대한 특별의정관에 취임할 것이며 남조선과도정부의 여하한 행정적 지위에도 취임하지 않을 것이다."고 하였다. 宋南憲, 『解放三年史 Ⅱ; 1945 - 1948』(1985), 454∼455면.

Ⅳ. 1948년의 美軍政

1.6. 로얄 미육군장관, 미국의 일본반공군사기지화정책 선언

1.8. 유엔 한국임시위원단 총선 감시차 내한[24]

1.10. 남한의 점령행정, 미국무성으로 이관

2.26. 유엔소총회, 한국가능지역선거결의안 채택

3.1. 하지 중장, 5월 9일(5월 10일로 다시 변경) 선거 실시 발표

4.8. 트루먼 미대통령, 전시동원체제 해제 방침에 따라 주한미군 철수 정책 승인

5.10. 군정법령 제175호 선거법[25]에 의한 제헌의회 총선거 실시

5.31. 대한민국 국회 개원

6.1. 군정재판 폐지

6.8. 미공군, 독도서 연습폭격 16명 사망

7.17. 대한민국 헌법 공포

8.15. 하지 중장, 대한민국정부 수립 선포와 함께 2년 11개월 (1,071일)에 걸친 미군정 폐지를 발표

---

24) 유엔 한국위원단과 사무국원 30여 명이 내한하여, 국제호텔에 투숙하고, 9일에는 공보 제1호를 통하여 한국 문제에 관한 1947년 11월 14일자 유엔총회 결의안의 내용을 발표하였다. 宋南憲, 『解放三年史 Ⅱ; 1945 1948』(1985), 511면.

25) 이 선거법의 제정과정과 그 주요내용에 관하여는, 金雲泰, 『韓國現代政治史』(재판 제2권 第一共和國), (서울: 성문각, 1986), 246~248면.

제3절 美軍政時代(1945~1948)의 韓國民法典編纂事業과 그 經過

Ⅰ. 民法典編纂을 위한 制度的 準備와 그 變遷

1. 법무국 법전편찬부에서 법전기초국으로

미군정시대에 있어서 한국 민법전의 편찬을 위한 움직임은, 미군정이 시작됨과 함께 시작되었던 것이다. 즉 1945년 9월 28일에 우돌(Woodall, Emery J.) 소장이 미 군정청 법무국장으로 임명되고, 우리나라의 실질적인 사법행정에 관한 권한이 미 군정청에 이양되었다. 따라서 우리나라에 시행할 한국 민법전의 편찬을 위한 최초의 움직임이 미 군정청에 의하여 시도되었다. 미 군정청은 같은 해 10월 9일 임명사령 제9호에 의하여 법무국 내의 조직을 개편하였다. 이로써 미국인이 책임자로 있는 법무국에 '법전편찬부'를 설치하였고, 이곳에서 여러 법전의 편찬에 필요한 행정적 업무를 담당하게 되었다.[26]

그 후 미 군정청은, 같은 해 11월 19일에 임명사령 제36호에 의하여, 당시 남아있던 조선총독부 법무국의 일부에 '국립도서관'을 설치하고, 그 안에 '현대법증보개정 및 판결록발간부'와 '조선관습법탐구계속부'를 두어서 법전제정을 위한 관습법을 조사하게 하였고, '현행조선법전기초부'를 두어서 직접 주요 법전을 기초토록 하였다.[27] 이로 미 군정청은 우리나라에서의 법전편찬사업을 본격적

---

26) 당시 법전편찬부장에는 한국인 張厚永이 임명되었다. 金炳華, 『韓國司法史(現世編)』 (1979), 12면.

으로 시작하였다.

다시 미 군정청은 1946년 3월 29일에 법령 제64호에 의하여, 미 군정청의 부서를 개편하고, 법무국을 '사법부'로 개칭하였다. 또한 법령 제67호에 의하여, 사법부의 기능을 확대하였다. 즉 사법부장을 군정장관의 법률고문으로 하고(동법 제1문), 사법부장은 1) 국법제정에 관한 정책, 대법원 대법관, 공소원 판사로의 적임자 임명에 관하여 또는 정부정책의 적법성, 법률안, 법령 및 법규에 관하여 의견을 구신하고(동법 제2문), 2) 사법행정 및 사법기관을 감독하고, 검인등록한 정부공문서의 발행, 법률시행에 대한 용어, 체제 및 효력을 결재하고(동법 제3문, 제4문), 3) 정부에 관한 재판사건에 대하여 정부를 대표하고(동법 제5문), 4) 군정장관의 동의를 얻어 변호사회중앙협의회가 추천하는 자 중에서 대법원, 공소원 이외의 재판소의 판사, 검사를 임명하고(동법 제6문), 5) 군정장관의 동의를 얻어 형무서장, 형무서 및 소년심판원의 행형관, 가출옥위원회 및 사법관시험위원회의 위원, 법제도서관 직원, 판결록편집주무관을 임명, 감독하고(동법 제7문), 6) 법률심사, 법률해석, 정부 및 정부기관의 법률문서를 기안하여 군정청 각부·처 및 도지사에 법률의견을 제공하는 법무과을 임명, 감독하고(동법 제8문), 7) 군정장관이 수립한 정책 내에서 법제관의 훈련을 감독하며(동법 제9문), 8) 변호사지원자로서 법률사무에 종사함에 필요한 요건을 구비했다고 인정하는 자에게 변호사를 인가하는 등의 권한(동법 제10문)을 갖게 되었다.[28]

---

27) 金炳華, 『韓國司法史(現世編)』(1979), 12면; 鄭鍾休, 『韓國民法典の比較法的研究』(1989), 146頁.

28) 韓國法制研究會 편, 『美軍政法令總覽(國文版)』(1971), 185면.

이와 함께 사법부에는 법제국의 기초과, 법률조사국의 상사법조
사과 및 민사법조사과를 두었다.[29] 이와 같이 사법부의 개편에 따
라서 종전의 법무국에 속하였던 '법전편찬부'가 독립하여 구성된
'법전기초국'으로 그 업무가 이전된 것 같다.[30]

그러므로 미군정시대의 한국민법전편찬을 위한 제도적 준비는
법무국 법전편찬부→국립도서관 현행조선법전기초부→사법부 법제
국 기초과→사법부 법전기초국으로 변천되었다고 할 것이다.

2. 입법의원의 창설과 입법기관으로서의 기능

한편 미군정이 진행되는 가운데 1946년 2월 14일 '남조선민주의
원'을 발족하여 군정청의 최고자문기관으로 하였고, 같은 해 5월
25일부터 좌우합작운동이 발족된 직후인 같은 해 7월 9일에 미 군
정청의 하지(Hodge, John R.) 중장은 성명을 통하여 남한에 대의민
주정치의 기초를 마련하는 구체적인 첫 단계로서 '입법의원' 설치
와 구성을 발표하였다. 이어서 미 군정청 조선군정장관(Military
Governor) 러취(Lerch, Archer) 소장은 같은 해 8월 24일에 법령 제
118호에 의하여 '입법의원' 창설에 관한 법률을 발표하였다.[31]

이 '입법의원'은, 조선 전체의 임시민주정부를 수립할 통일조선
국가가 속히 건설되도록 입법기관을 두어 민주주의적 원칙 위에
국가발전을 조성하기 위하여 창설한 것이고(동법 제1조), 그 구성을

---

29) 金炳華, 『韓國司法史(現世編)』(1979), 14〜15면.

30) 그러나 이에 대하여는 당시의 자료에 의하여 확인할 수 없고, 다만 鄭鍾休 교수의
   연구(동, 『韓國民法典の比較法的硏究』(1989), 148頁 주 5) 참조)에서와 같이 추론을
   할 뿐이다.

31) 內務部 治安局, 『美軍政法令集』, (서울: 兵學社, 1946), 242〜244면.

보면, 90명의 의원으로 구성하되, 그중 1/2인 45명은 55만 명에 1
인씩 간접선거에 의하여 선출하고(동법 제3조, 제8조), 나머지 45명
은 공평하게 관선에 의하여 임명하도록 하였다(동법 제3조). 그러나
'입법의원'은 미군정부의 지휘 아래에 두었고, 그 해산 또는 임명과
새로운 선거도 군정장관의 권한으로 되었었다(동법 제11조).[32]

이와 같이 조선과도입법의원이 미 군정청 법령 제118호에 의하
여 1946년 10월 12일에 창설됨에 따라서 우리 정부의 수립이 있
을 때까지 약 1년 3개월에 걸쳐서 미군의 독재가 아닌 군·민연합
기관으로서 법률의 제정에 있어서도 미군정 당국만이 아니라 우리
측의 과도입법의원이 관여하게 되었다. 따라서 우리나라의 정치·
경제·사회 개혁의 기초로 사용될 법령초안을 작성함에 한국인이
참여하게 된 것이다. 그러나 당시 군정장관의 대권을 제한할 정도
는 아니었다. 입법의원은 오직 법률안을 의결하여 군정장관에게 건
의할 수 있을 뿐이었다. 이에 대하여 군정장관이 보류 또는 거부
권을 행사하는 한 입법의 이원화 현상은 피할 수 없었다.[33] 결국
입법의원의 가장 중요한 기능인 입법기능의 대부분을 군정장관이
장악하고 있어서 필연적으로 위임입법이 불가피한 실정이었다.[34]

3. 남조선과도정부로의 개칭과 법전기초위원회의 설치

해방 이후 우리나라의 첫 헌법이라 할 수 있는 '南朝鮮過渡約

---

32) 이에 대한 자세한 내용은, 金赫東, 『美軍政下의 立法議院』, (서울: 凡友社, 1970),
   57면 이하 참조.
33) 崔鍾庫, 「解放後 韓國基本法制의 整備」(1991), 443면; 金雲泰, 『美軍政의 韓國統
   治』(1992), 274면.
34) 金炳華, 『韓國司法史(現世編)』(1979), 11면.

憲’이 입법의원에서 통과되었으나, 미 군정청의 군정장관이 1946
년 11월 24일에 인준을 보류함에 따라서 다시 그 개헌안을 1947
년 2월 8일에 제출하여 입법위원 재석 62인 중 가 28표, 부 0표,
기권 24표로 통과시켰지만, 미 군정청의 군정장관이 인준 보류의
통첩을 함에 따라서 좌절되고 말았던 것이다.[35] 그렇지만 그 후
미 군정청은 점차 그의 행정권을 한국인에게 이양하고, 미 군정청
도 ‘남조선과도정부’(South Korean Interim Government)라고 개칭
하기에 이르렀다.[36]

　한편 남조선과도정부(South Korean Interim Government)는, 민정
장관(Civil Administrator) 安在鴻의 건의에 군정장관 대리 헬믹 대
장의 인준을 받아서, 1947년 6월 30일에 행정명령 제3호에 의하
여, 당시 재판관 및 검찰관으로 구성되는 ‘법전기초위원회’를 설치
하게 되었다. 이 ‘법전기초위원회’는, 남조선과도정부 사법부 내에
설치하고, 몇 개월에 걸쳐서, 각 심리원 심판관 및 검찰관의 기초
법전의 기초사업을 총괄, 조정, 촉진하며, 조선 재래의 사법행정을
현대화하여 민주주의화하기 위하여 설치된 것이다(동법 전문). 이
위원회의 기능 및 권한을 보면, 1) 민권, 재산권, 친족관계, 상업관
계, 범죄의 처벌, 법률의 시행 및 사법행정의 여러 절차에 관한 현
행법에 대체하여 채용될 기초법전의 완전한 초안을 작성하는 것을
사명으로 하여, 이 기초는 조선의 관습법과 전통에 특히 유의하여
민주주의적 원리와 건전하고 현대적인 경향이 있도록 작성할 것으
로 하고(동법 제1조), 2) 그 사업진행에 관하여 군정장관에게 정기

---

35) 崔鍾庫, 「解放後 韓國基本法制의 整備」(1991), 444면.
36) 鄭鍾休, 『韓國民法典の比較法的研究』(1989), 147頁.

보고를 제출하며 개개의 법전이 완성되는 때는 조선과도입법의원에 회부하며 군정장관의 동의를 얻기 위하여 군정장관에게 제출하여야 하고(동법 제2조), 3) 위원의 자격은 남조선과도정부의 관리 또는 애국적 민간인사로 법률지식을 가진 자이어야 하고(동법 제3조), 4) 남조선과도정부의 각부, 처, 대행기관 및 보조기관의 원조 및 정보를 요구할 권한과 국립도서관, 시립도서관, 국립법률도서관, 각 심리원도서관 및 국립서울대학도서관의 자유출입 및 열람권이 있었다(동법 제4조). 이 행정명령 제3호는, 법전기초위원회의 위원 겸 위원장에 대법원장 金用茂, 위원에 사법부장 金炳魯, 대검찰청장 李仁을 같은 날에 각각 임명하였다.[37]

Ⅱ. 民法典編纂에 있어서 軍政廳 法務局과 法典起草局의 動向

1. 법무국장 우돌(Woodall, Emery J.)에서 한국인 사법부장 金炳魯에로

앞에서 본 바와 같이, 미군정시대에 법전편찬사업을 담당한 기관은 미 군정청 법무국의 초대 국장인 우돌(Woodall, Emery J.)이었다. 그러나 그 후 법무국이 사법부로 승격 개칭되고 사법부장에 한국인 사법부장으로 金炳魯가 임명되어서 계속하게 되었다. 그러나 미국인 사법부장에는 테일러(Taylor, Matt) 소령 — 코넬리(Connelly, John W.) 소령 — 스코트(Scott, Denny F.)로 바뀌었다. 이와 함께 고문(advisor)으로 퍼글러(Pergler, Charles) 박사, 프랑켈(Frankel,

---

37) 韓國法制研究會 편, 『美軍政法令總覽(國文版)』(1971), 599면.

Ernst) 박사 및 로빈기어(Lobingier, Charles) 박사 등이 입법업무를 지도하였다.[38)]

그렇다면 미 군정청의 법무국 내에 설치된 '조선관습법탐구계속부', '현대조선법전기초부' 및 '현행법증보개정 및 판결록발행부'는 그 활동 상황을 알 수 없지만, 적어도 우리나라에 시행할 법전편찬을 위한 기초작업 내지 법전의 기초사업을 하였다고 보인다. 즉 '조선관습법탐구계속부'는 법전 제정을 위한 관습법을 조사하고, '현대조선법전기초부'는 직접 주요 법전의 기초를 담당하였던 것이다. 한편 '국립도서관'과는 별도로 법무국 내의 '법전편찬부'는 여러 법전의 편찬에 필요한 행정적 업무를 담당하였던 것이다.[39)] 또한 사법부의 상사법조사과와 민사법조사과는 우리나라에 시행할 민사법의 기초작업을 담당하였고,[40)] 법전편찬부에 속하였던 법전편찬의 업무는 '법전기초국'으로 넘어가서,[41)] 미군정시대의 민법전편찬은 결국 법전기초국이 담당한 것으로 볼 수 있다.[42)] 여기에서 한국인 사법부장 金炳魯의 역할은 중요한 의미를 갖게 한다.

---

38) Leymann, A., *Seleceted Legal Opinions of Department of Justice, United States Army Millitary Government in Korea*, Seoul, Korea, 1948, Preface; 崔鍾庫, 「解放後 韓國基本法制의 整備」(1991), 444면 재인용.

39) 당시 법전편찬부장에 張厚永을 1945.10.9일자 임명사령 제9호로 임명하였고(金炳華, 『韓國司法史(現世編)』(1979), 12면), 張厚永은 그 후 법전편찬위원회 민법분과위원회 재산편 일반위원이 되었다. 鄭鍾休, 「韓國民法典의 制定過程」(1986), 7면 참조.

40) 金炳華, 『韓國司法史(現世編)』(1979), 13∼15면.

41) 이것은 로빈기어(Lobingier, C.)가 "日本民法改正私案"이라는 글을 발표함에 있어서 그의 직책을 '법전기초국고문관주석'이라고 한 것에서 알 수 있다. 로빙기어, 「日本民法改正私案」, 『法政』, 제2권 제2호(1947.2.), 4면 참조.

42) 尹大成, 「로빈기어의 韓國民法典草案과 傳貫權」(1993), 46∼47면.

2. 조미법률가협회(Korean-American Lawyer Society)의 활동

우리나라에 미군정이 실시됨과 함께 1946년에 조미법률가협회가 구성되어서 활동하였음을 주목하여야 한다. 그 구성원을 보면, 미국 측에서는 퍼글러(Pergler, C.), 프랑켈(Frankel, E.), 코넬리(Connelly, John), 스코트(Scott, D.), 로빈기어(Lobingier, C.) 등이었고, 한국 측에서는 金用茂, 金炳魯, 李仁, 金瓚永, 兪鎭午, 張厚永, 洪璉基, 黃聖秀 능이었다.[43]

우리나라에 시행할 법전편찬을 담당한 기관이 미 군정청 법무국에서 법전기초국으로 이전되는 과정에서 '조미법률가협회'는 어떠한 활동을 하였는가. 이에 대하여는, 당시 협회의 회장이었던 黃聖秀의 회고에서 알아볼 수 있다. 즉 그는 "명실 공히 한국의 대표적 법조인과 법률학자를 망라한 이 모임에서 나는 미국 측의 발표 논문을 한국어로 번역하고 논문을 영어로 옮기는 작업을 맡아 했다. 이 협회에서 하게 된 법률문제는 대부분이 곧바로 법률의 개정 내지 제정으로 연결되리만치 권위가 있었다."고 하였다.[44]

그렇다면 이 '조미법률가협회'의 활동을 통하여 한국 법률가들은 미국법을 습득하는 기회가 되었고, 미국 측 법률가들은 한국법의 현실을 알게 되었을 것이다. 따라서 이 협회의 활동에 의한 결과가 미 군정청의 법무국이나 법전기초국에서의 법전 편찬에 영향을 주었을 것으로 생각할 수 있다.

---

43) 崔鍾庫, 「解放後 韓國基本法制의 整備」(1991), 447면.

44) 黃聖秀, 「黎明期」, 『法律新聞』, 1982. 9. 13.

Ⅲ. 民法典編纂에 있어서 法典起草委員會와 法制編纂委員會의 動向

1. 민법전편찬에 있어서 법전기초위원회의 활동

미군정시대의 군·민 연합정부 시기에 있어서 법전기초위원회는, 앞에서 본 바와 같이, 1947년 6월 30일 남조선과도정부 행정명령 제3호에 의하여 설치되었다. 이 위원회는, "민권, 재산권, 친족관계, 상업관계, 범죄의 처벌, 법률의 시행 및 사법행정의 여러 절차에 관한 현대법에 대체하여 채용될 기초법전의 완전한 초안을 작성할 사명"을 갖고 있었다. 그러나 이 위원회의 구체적인 활동 상황을 자료에 의하여 확인할 수 없다. 다만 제1차 회의는 언제 있었는지 알 수 없고, 제2차 회의에서 처무규정을 마련하였다. 그 후 법전기초위원회는 민법전편찬의 각 분과위원회를 구성하였으며, 그 분과위원회의 구성내용을 보면 다음과 같다. 즉 민법 제1분과위원회는 총칙과 재산법을 담당하고, 그 위원으로 사법부 및 법원의 소속인 張暻根(총칙), 姜柄順(물권), 權承烈(채권), 梁大卿과 검찰청의 소속인 玉瓚珍, 변호사 기타로 崔丙柱가 위촉되었다. 민법 제2분과위원회는 신분법을 담당하고, 그 위원으로 사법부 및 법원의 소속인 張暻根(친족), 金瓚永, 朴犇淳과 검찰청의 소속인 金永烈, 변호사 기타로 高秉國(상속)이 위촉되었다. 이 위원 가운데 張暻根, 姜炳順, 權承烈 및 高秉國은 기초위원, 연락위원 및 조직소위원에 해당하였다.[45] 이 위원회의 구성에서 보는 바와 같이, 위원

---

45) 이 부분에 대하여는 검증이 요구되는 부분이다. 왜냐하면 鄭鍾休 교수는 민법전편찬을 위한 분과위원회가 '법제편찬위원회 민법분과위원회'로 보면서, 법전기초위원회가

들의 대부분이 실무가였다는 점과 민법전을 총칙, 물권, 채권, 친족 및 상속의 5편으로 나누고 각 편마다 1인의 기초위원을 두었다는 점이 주목된다. 왜냐하면, 이것은 당시 한국 민법전을 어떻게 편찬할 것인가를 알 수 있게 하기 때문이다. 그러나 법전기초위원회는 '동면상태'로 지내다가,[46] 1948년 4월 20일에 제3차 회의가 있었고, 이 회의에서 "사법당국으로부터 법전편찬사업의 급속진전이 역설되었다."고[47] 보고되었을 뿐이다.

2. 민법전편찬에 있어서 법제편찬위원회의 활동

한편 법제편찬위원회의 활동이 있었다. 이 법제편찬위원회는 1947년 10월에 각 법률의 기초를 위하여 10개의 분과위원회를 법원, 검찰청 및 변호사 기타인 자로 구성하기로 결정하였던 것이다.[48] 다만 민법전의 기초를 담당한 인적 구성은, 앞에서 본 바와 같이,[49] 구성되었다.

3. 법전기초위원회와 법제편찬위원회와의 관계

그렇다면 민법전편찬에 있어서 법전기초위원회의 법제편찬위원

곧 법제편찬위원회로 개칭된 것이라고 하기 때문이다. 鄭鍾休, 『韓國民法典の比較法的研究』(1989), 147~148頁.

46) 자료, "法政뉴스", 『法政』, 제2권제11호(1947.11.), 36면.

47) 曉堂學人, 「法典編纂에 대하여」, 『法政』, 제3권제6호(1948.6.), 10면.

48) 자료, "法政뉴스", 『法政』, 제2권제11호(1947.11.), 36면.

49) 이 부분은 검증을 요하지만, 韓國法制研究會 편, 『美軍政法令總覽(國文版)』(1971)에서는 '법전기초위원회'만으로 나타나고 있으며, 이 분과위원회의 구성도 "法政뉴스", 『法政』, 제2권제11호(1947.11.), 36면에 '법제편찬위원회민법분과위원회구성표'로 되었기 때문이다. 鄭鍾休, 『韓國民法典の比較法的研究』(1989), 148頁 참조.

회는 어떠한 관계인가. 이에 대하여, 당시 법전기초위원회 위원이 었던 張厚永의 증언이 밝혀 주고 있다고 할 것이다. 즉 "현재 소위 법제편찬위원회라는 것이 행정명령에 의하여 조직되어 있으나 그 실질에 있어서는 이렇다 할 아무런 진척도 보고 있지 않다."[50]고 하면서, 같은 글 속에서 '법전기초위원회'의 사업 등을 말하고 있는 것으로 보아서, 법제편찬위원회와 법전기초위원회는 동일한 것으로 행정명령 제3호에 의한 공식명칭은 '법전기초위원회'이지만, 이를 법제편찬위원회라고 호칭한 것으로 생각된다. 따라서 공식적 명칭은 '법전기초위원회'라고 하여야 할 것이다. 이 法典起草委員會 民法分科委員會에서 "朝鮮臨時民法典編纂要綱"[51]이 작성되었음을 주목하여야 한다. 그러나 여기에서도 '法制編纂委員會'라고 호칭하고 있음은 이것을 증명하는 것이라고 할 것이다.

Ⅳ. 民法典編纂에 있어서 美軍政廳 法律顧問官 로빈기어 (Lobingier, C.)의 活動

1. 미군정시대에 있어서 법률고문관의 위상과 활동

우리나라에 미군정이 실시된 당시 군정 당국은, 어떠한 근거에 의하여 법률고문을 두었는지 아직 이에 대한 정리가 되어 있지 않다. 그러나 그것은 미군정을 실시하는 미국 정부로서 점령지역에 대한 통치정책의 일환으로 필요 불가피하였을 것이다.[52] 미군정시

---

50) 張厚永, "새 法典編纂에의 움직임", 社說, 『法政』, 제3권제4호(1948.4.).

51) 資料, "朝鮮法制編纂委員會起草要綱(3)", 『法政』, 제3권제8호(1948.8.), 41면.

대의 미국인 고문들은, 중요한 문제에 있어서 최종 결재권자로 권한을 행사하였으며, 특히 요원의 선발과 재정적인 문제에 있어서만큼은 확실히 영향력을 행사하였고, 모든 중요한 지침에 고문의 부서를 요구함으로써 한국인 관료들을 실질적으로 통제할 만큼 그 위치는 막강하였다.[53] 이와 같은 사정은, 당시 민정장관이었던 安在鴻이 한 입법의원에서의 발언에 의하여도 알 수 있다. 즉 "군정청과 과도정부는 법리상 병립될 수 없는 것이다. 그런데 과도정부가 성립되었는데도 군정이 철폐되지 아니하고 그대로 존속되어 있고 군정장관은 거부권을 가지고 있다. 군정 철폐는 물론 행정권 이양도 아직 요원한 일이고 이에 대한 철저한 의사도 모르기 때문에 책임 있는 대답을 할 수 없다. (……)민정장관이 직무행사를 못했다고 하거나 무능하다는 공격은 감수할 수밖에 없으니 지금의 조선 정세라든지 풍속과 관습을 모르는 외국인들이 최고결재권을 쥐고 있는 이상 어쩔 도리가 없다."[54]고 한 것을 보면, 당시 고문의 위상이 어느 정도로 막강하였는가를 확인할 수 있다. 더욱이 서양인의 문화와 전통이 다른 곳과 대처함에 있어서 먼저 법률관계를 생각하고 그에 밝은 인물을 고문으로 삼는 것이 자연스런 일일 것이고,[55] 이러한 사정에 의한 미 군정청의 법률고문은 그 활동이 더욱 컸다고 할 것이다.

이와 같은 사정은, 법률고문관 프랑켈(Frankel, Ernst)[56]이 사법의

---

52) 崔鍾庫, 『韓國의 西洋法受容史』, (서울: 박영사, 1982), 253～254면.

53) McCune, George M.&Grey Jr., Arthur L., *Korea Today*(Harvard Univ. Press,1950), p.74.

54) 資料 "南朝鮮過渡立法議院速記錄(3)", 南朝鮮過渡立法議院速記錄 121(1947.7.28.), 137～138면.

55) 崔鍾庫, 『韓國의 西洋法受容史』(1982), 254면.

성격에 관하여 설명한 것에서도 알 수 있다. 그는, "민법 법전이란
—여기에서 본인은 우리가 상상할 수 있는 최선의 민법 법전을 말
하는 것이 아니라 가장 보통으로 있는 민법 법전을 말합니다·—
사법의 모든 문제를 규정하려고 의도하는 일종의 초성문법이 아닙
니다. 민법법전의 진정한 중요성은 오히려 보충적 성문법으로서의
성격에 발견될 것입니다. 시민법 국가의 사법은 사법의 문제에 만족
한 해답이 특수한 법률조문에 발견되지 않는 모든 문제에 있어서
법관은 민법법전의 규정에 준하여야 한다는 이론에 입각하여 있는
것입니다. 제일 먼저 보다 구체적 문제를 취급하는 법전 각 편의 보
다 특수한 규정을 탐색하고 그다음 채권, 물권, 대리, 불법행위 등의
기본적 원칙을 취급하는 법전의 보다 일반적인 규정을 참고하고 마
지막으로는 민법법전의 전부만이 아니라 민법사항을 취급하는 다른
모든 성문법을 보충하는 법규를 포함한 민법의 제일편에 의거하여
야 할 것입니다. 그 본질에서부터 민법의 '총칙'은 그 성격이 매우
추상적인 것입니다. 총칙은 人과 物을 일반적으로 논술할 뿐 아니
라 의사표시, 법률행위 등을 규정합니다."고 하였다.[57] 그는 로빈기
어(Lobingier, C.)와 함께 한국민법전의 편찬에 있어서도 관심을 보였
으나, 판덱텐의 현대적 사용이 현대 민법법전의 기초를 형성하고 있
다고 함으로써, 민법전편찬에 있어서 다른 의견을 제시하였다.

---

56) 그의 직위는 '법률조사국 고문관 주석'으로 표기되어 있다. 에른스트 프랭켈, 「주한 미
　　군정의 구조·성문법과 선결례」, 崔鍾庫 편역, 『西洋人이 본 韓國法俗』(1989), 264면.
57) 이것은 조미법률가협회에서 프랭켈이 1946년 11월 30일에 행한 강연의 내용이다. 에
　　른스트 프랭켈, 「주한 미군정의 구조·성문법과 선결례」, 崔鍾庫 편역, 『西洋人이
　　본 韓國法俗』(1989), 248~249면.

2. 민법전편찬에 있어서 법률고문관 로빈기어(Lobingier, C.)의 활동

법률고문관 로빈기어(Lobingier, C.)는 어떠한 인물이었는가. 그의 이력을 살펴보면, 다음과 같다. 그는 1866년 4월 30일 미국 일리노이주의 라나크(Lanark)에서 판사의 아들로 태어나서, 네브래스카 대학에서 1888년에 학사, 1892년에 석사, 1903년에 Ph. D. 학위를 받았으며, 1890년에 변호사로, 1902~1903년에 네브래스카 대학에서 강의, 1904~1914년에 필리핀 제1법원 판사로 재직하면서 필리핀 법률제정에 자문역할을 하고, 1914~1924년에 중국 상하이주재 미국법원 판사로 재직 중국정부로부터 공로훈장을 받았고, 1925년부터 워싱턴 국립대학의 교수로 재직하면서 학회 및 저술활동, 1946~1949년에 한국 미 군정청 법전기초국 고문관 주석으로 있었고, 1956년에 사망한 것으로 알려져 있다.[58] 그의 저서로는, 「헌법」 (Constitutional Law, 1899), 「증거법」(Evidence, 1903), 「치외법권론」 (Extraterritoriality, 1921), 「로마법의 진화」(Evolution of the Roman Law, 1923) 등이 있다.[59]

그렇다면 한국 민법전의 편찬에 있어서 로빈기어(Lobingier, C.)는 어떠하였는가. 그는 미군정시대의 민법전편찬에 있어서 1946년부터 1949년까지 미 군정청 법전기초국의 고문관 주석으로 있으면서 입법업무를 지도하면서, 민법전을 기초하였던 것이다. 이와 같은 사실은, 그의 논문[60]을 통하여, 확인할 수 있다. 이 논문에 의

---

58) 로빈기어의 이력에 대하여는, 崔鍾庫, 「C. 로빈기어博士」(法史餘滴 78), 《法律新聞》, 1989년 2월 2일자, 11면 참조.

59) 崔鍾庫 편역, 『西洋人이 본 韓國法俗』(1989), 205면.

60) 로빈기어, 「日本民法改正私案」, 『法政』, 제2권제2호(1947.2.), 4면 이하.

하면, "여러분이 아시는 바와 같이 본인은 조선민법초안의 작성을 원조하라는 명을 받들고 있습니다. 그러면 여러분은 지금 조선에 현행민법이 있지 않느냐고 물으실는지도 모르겠습니다. 물론 소위 조선민법이라는 것이 있기는 합니다. 그러나 그 민법은 외국어로 작성되었으며 조선국어로 번역된 적이 없습니다. 그 법률이 조선국어를 말하는 약 이천육백만의 생활을 지배할 것이었음에도 불구하고 사실상 그러한 번역이 엄중히 금지되었습니다. 그 법전은 적국에서 작성되었습니다. 콜럼버스가 미국을 발견하기 일세기전에 조선을 군력으로 침입하였으며 그후 조선인의 정복과 지배를 음모하여 온 나라에서 제정되었습니다. 그 법전은 독일 민법이 공포되기도 전 또는 법전의 신시대가 시작되기도 전, 즉 거의 반세기전에 작성되었습니다. 그뿐만 아니라 조선인은 그 민법의 작성이나 제정이나 조선에 있어서의 시행에 관계한 일이 없으며 그 제정자들은 아무도 그 민법을 조선에 시행하리라는 아무 생각도 없었습니다. 그러한 상태 아래서의 민법이 조선에 시행된 것은 오히려 부자연한 현상이었을 것입니다. 조선은 침략국의 시대착오적인 산물에 근거하지 않고 세계의 최신최량의 모본에 기초해서 조선자체의 민법을 제정해야 하겠습니다."[61]고 하였다. 여기에서 로빈기어(Lobingier, C.)가 한국민법초안의 작성에 직접 관여하게 되었음을 알 수 있고, 새로운 민법전을 제정하여야 하는 이유와 배경을 알 수 있다.

한편 로빈기어(Lobingier, C.)는 어떻게 민법전을 편찬하려고 하였는가. 이에 대하여, 로빈기어(Lobingier, C.)는, "현대적 수준에 의하면 법전은 다른 통상의 입법과 분별되는 세 가지의 특성을 구비

---

61) 로빙기어, 「日本民法改正私案」(1947), 8면.

하여야 할 것이다.”고 하면서, ① 그 법전이 취급하는 주제를 지배하는, 현행법을 포함하는 완전성 혹은 통괄성,[62] ② 논리적이며 과학적이며 동시에 편리한 조직 또는 배치,[63] ③ 일반 용담을 피하여 타방 애매성을 피할 명백하고 간단한 용어법[64]을 들고 있다.[65] 또한 로빈기어(Lobingier, C.)는 민법전 편찬에 있어서 '중국의 최근의 법률적 소산'을 들어서 '원동의 로마'인 중국을 본받을 것을 주장하였다. 이와 같은 로빈기어(Lobingier, C.)의 민법전 편찬에 대한 지침은, 그에 의하여 한국민법전초안(Proposed Civil Code for Korea, 1949)[66]으로 완성되었던 것이다.

---

62) 이에 대하여, 로빈기어는, “어떠한 특수한 법전에 특유한 정의는 그 법전 속에 정의하는 용어가 제1차로 사용되는 곳에 명기되어야 할 것입니다. 일본 민법 속에는 그러한 정의가 별로 없고 거의 전무하다고도 할 수 있을 것입니다. (……) 1세기 전의 뉴욕 주의 필드법전(Field Code)에 기초한 1872년의 캘리포니아 민법은 참고될 비교재료를 제공할 것입니다.”고 설명하고 있다. 찰스 로빙기어, 「한국민법 제정의 방향」, 崔鍾庫 편역, 『西洋人이 본 韓國法俗』(1989), 209면.

63) 이에 대하여, 로빈기어는, “(……) 이상에 강조한바 사유에 의해서 본인은 제1필리핀 법전위원회의 부위원장으로 있을 때에 시대착오인 스페인 상법을 민법에 합병시키기를 제안하였습니다.”고 설명하였다. 찰스 로빙기어, 「한국민법 제정의 방향」, 崔鍾庫 편역, 『西洋人이 본 韓國法俗』(1989), 216면.

64) 이에 대하여, 로빈기어는, “(……) 새 법전들도 불란서법전과 같이 간명하게 하며 일반원칙을 포함하여 상세한 적용은 법정에 위임하도록 하여야 할 것이라고 본인은 생각합니다. 우리는 다변을 피하고 또 일어날 모든 점에 관하여 입법하려는 경향을 피하여야 할 것입니다. 또 하나 다른 표현의 결함은 어떤 조문에는 판이한 주제를 편입하면서 또 다른 곳에는 한 주제를 분할하여 2~3개소에 떼어 놓았다는 점입니다. 각 조문이 될 수 있는 한 완전하여야 할 것이라고 본인은 믿습니다.”고 설명하였다. 찰스 로빙기어, 「한국민법 제정의 방향」, 崔鍾庫 편역, 『西洋人이 본 韓國法俗』(1989), 219면.

65) 이와 같은 세 가지의 특성에 대하여, 로빈기어는 다시 설명을 하고 있다. 이에 대한 자세한 내용은, 로빙기어, 「日本民法改正草案」(1947), 8~11면 참조.

66) 이에 관한 연구는, 尹大成, 「로빈기어의 韓國民法典草案과 傳貫權」, 『논문집』, 제15권(창원대학교, 1993); 동, 「로빈기어의 韓國民法典草案과 物的擔保法의 體系」, 『논문집』, 제16권(창원대학교, 1994) 및 동, 「韓國民法典編纂에 미친 英美法의 影響: 美軍政時代(1945－1947)의 民法典編纂과 로빈기어(Lobingier, C.)의 韓國民法典草案(Proposed Civil Code for Korea)을 중심으로」, 『比較私法』, 창간호(한국비교사법학회, 1995); 동, 「로빈기어 韓國民法典草案의 體系的 分析」, 『慶南法學』, 제11집(경남대학교법학연구소, 1996) 등이 있다.

제4절 美軍政時代(1945~1948)의 韓國民法典編纂事業이 미친 影響

Ⅰ. 英美法의 影響과 反響

1. 미 군정청 법전기초국 내지 법전기초위원회의 구성원으로서 한국인 법률가의 참여에 의하여 우리나라에 영미법의 영향을 주었다. 즉 미 군정청 법전기초위원회의 위원장 내지 위원으로 미군정시대에 한국 민법전의 편찬에 참여함으로써, 당시 일본 민법을 중심으로 한 대륙법에 익숙하였던 상황에서 미국법을 중심으로 한 영미법과의 접촉을 통하여 그 영향을 받았다고 할 수 있다. 따라서 이들의 대부분은 그 후 한국 정부의 수립과 함께 구성된 법전편찬위원회 민법분과위원회에서 민법전 편찬의 책임위원 내지 일반위원으로 활동하게 된 점을 주의하여야 한다.[67]

2. 조미법률가협회(Korean – American Lawyer Society)에서의 한국인 법률가의 활동에 의하여 영미법의 영향을 받았다. 앞에서 본 바와 같이, '조미법률가협회'는 미국인 법률가와 한국인 법률가로 구성된 단체로서 미 군정청의 입법에 직접적인 영향을 주었음을 볼 수 있다. 이와 같은 활동을 통하여 한국인 법률가는 영미법의 영향을 받았던 것이다. 또한 한국인 법률가들은 미국 법률논문의 번역 등을 하면서 한국에 영미법을 수용하는 데 많은 역할을 하였던 것이다.[68]

---

67) 자료, "法政뉴스", 『法政』, 제2권제11호(1947.11), 36면; 鄭鍾休, 『韓國民法典の比較法的研究』(1989), 147頁, 157頁 참조.

68) 이에 대하여는, 崔鍾庫, 「解放後 韓國基本法制의 整備」(1991), 447면.

3. 그러나 미 군정청의 한국 민법전 편찬사업이 영미법에 편중된 것에 영향을 받아 법제편찬위원회의 한국 측에서는 스스로 민법전편찬요강을 만들게 되었다. 여기에서 미 군정청의 법률고문관 주석인 로빈기어(Lobingier, C.)는 영미법을 대폭 수용한 한국민법전초안(Proposed Civil Code for Korea, 1949)을 기초하게 되었고, 이에 반하여 법제편찬위원회 한국 측에서는 대륙법계의 시스템을 취하여 '조선임시민법전편찬요강'을 초안하게 되었던 것이다.

Ⅱ. '朝鮮臨時民法典編纂要綱'의 内容

1. "총칙요강"의 내용

그 내용을 보면, 조선임시민법을 제정함에 있어서는 대륙법계의 시스템을 취하며, 주로 독일 민법에 근거한 현행민법 총칙편의 규정을 기초로 하되 현하 세계문명각국의 입법 급 학설과 우리나라의 실정에 감하여 위선 필요한 한도에 있어서 좌와 여히 규정을 개정 우는 신설함을 요함. (1) 민법전체를 총한 대원칙(통칙)으로서, (一) 관습법 급 조리의 보충적 효력을 규정하고(법례 제2조 침조), (二) 권리의 행사에 관하여 권리남용의 법리를 성문화하며, 동시에 의무의 이행에 관하여 신의성실의 원칙을 일반적으로 선명하는 규정을 세울 것. (2) 행위무능력자로서는, 미성년자, 금치산자, 준금치산자의 3자만을 인정하고, 처는 무능력자에 관한 총칙의 규정에서 분리하여 그에 대한 적절한 능력제한은 혼인의 효과로서 친족편에 적당히 규정할 것. (3) 준금치산자의 행위능력의 범위를 적당히 고

려하며, 그 보좌관계를 법정대리인으로 할 것. (4) 무능력자의 계약은 그 추인이 있을 때까지는 상대방이 이를 철회할 수 있도록 할 것. (5) 공동의 위난에 조우하여 사망한 경우에 있어서 동시사망의 추정의 규정을 둘 것. (6) 사단법인을 비영리법인, 비영리사인[영리법인, 비영리법인]으로 분류하여 영리도 공익도 목적으로 하지 않는 단체를 민법상 법인으로서 성립할 수 있게 할 것. (7) 법인의 설립등기를 대항요건으로 하지 않고 성립요건으로 할 것. (8) 이사의 법인에 대한 연대책임을 규정할 것. (9) 재단법인의 기부행위의 변경방법을 규정할 것. (10) 개인의 궁박 경솔 무능력을 이용한 폭리행위는 무효로 할 것. (11) 법률행위의 총칙적 규정으로서, 법률행위의 해석은 신의성실의 원칙에 의하여 할 것을 규정·선명할 것. (12) 의사표시에 있어서는, 표시주의에 치중하여 상대방의 이익을 보호하기 위하여 착오에 의한 의사표시를 취소할 수 있도록 할 것. (13) 수인의 대리인이 있을 때의 각자대리의 원칙을 선명할 것. (14) 소멸시효 완성의 효과는 권리를 소멸시킬 수 있는 일종의 항변권을 발생하도록 할 것. (15) 취득시효의 규정은 총칙편에서 제외하고 물권편 소유권취득에 규정할 것[69]으로 되었다.

2. "물권법요강"의 내용

그 내용을 보면, 제1 물권법[정]주의, 물권은 본법 기타의 법률에 규정한 것 이외에 이를 창설할 수 없음. 제2 물권행위, (일) 부동산에 관하여, ① 부동산에 관한 물권의 법률행위에 인한 득상변경은

---

69) 資料, "朝鮮法制編纂委員會起草要綱(3)", 『法政』, 제3권 제8호(1948.8.), 41면.

등기를 함으로써 기 효력이 발생함. ② 판결, 경매, 공용징수, 상속 기타 법률의 규정에 인한 부동산에 관한 물권의 취득은 등기를 하지 아니하여도 그 효력을 발생함. 단 그를 등기한 후가 아니면 제3자에 대항할 수 없음. ③ 부동산에 관한 물권의 득상변경을 목적으로 하는 법률행위는 서면으로 함을 요함. 단 유언에 의할 시는 차한에 있지 아니함. (이) 동산에 관하여, ① 동산에 관한 물권의 양도는 그 동산을 인도함으로써 그 효력을 발생함. 단 양수인이 이미 그 동산을 점유하고 있을 때에는 양도의 의사표시만으로 그 효력을 발생함. ② 동산에 관한 물권을 양도하는 경우에 있어서 양도인이 그 동산의 점유를 계속할 때에는 양수인이 간접점유권을 취득할 계약을 체결함으로써 동산의 인도에 갈음할 수 있음. ③ 제3자가 점유하는 동산에 관한 물권을 양도하는 경우에 있어서는 양도인이 그 제3자에 대하여 가진 반환청구권을 양수인에게 양도함으로써 동산의 인도에 갈음할 수 있음. 제3 혼동, 동일한 물건에 대한 소유권과 기타의 물권이 동일한 주체에 귀속하였을 때는 기타의 물권은 소멸함. 단 그 물권의 존속에 관하여 소유자 또는 제3자가 법률상의 이익을 가진 때는 소멸치 아니함. 전항의 규정은 소유권 이외의 물권과 그를 목적으로 하는 다른 권리가 동일한 주체에 귀속한 경우에 이를 준용함. 보류등기부에 기재된 권리관계는 기 권리에 관하여 법률행위를 한 자의 이익을 위하여 진정한 것으로 간주함. 단 기 진정함에 이의 있다는 등기가 있을 때 또는 진정치 않음을 알거나 또는 알 수 있었을 때에는 차한에 있지 아니함[70]으로 되었다.

---

70) 資料 "朝鮮法制編纂委員會起草要綱(3)", 『法政』, 제3권 제8호(1948. 8.), 41면.

Ⅲ. 美軍政時代의 韓國 측이 豫定한 民法典

　　법제편찬위원회의 '조선임시민법전편찬요강'에서 보는 바와 같
이, 한국 측에서는 미 군정청이 한국 민법전 편찬을 지나치게 영
미법을 수용한 것에 대응하여 현행 민법[일본 민법]의 개정 수준인
대륙법적인 민법전을 편찬할 것을 구상한 것으로 볼 수 있다. 이
것은 한국 정부가 수립된 이후 법전편찬위원회 민법분과위원회의
민법전 편찬으로 이어졌다고 볼 것이다.

제 **3** 장

로빈기어(Lobingier, C.)의 「韓國民法典草案」의 內容分析

제1절 序說

지금까지 미군정시대에 전개된 한국 민법전 편찬사업에 대하여 살펴본 바에 따라서 여기에서는 미 군정청 법전기초국 법률고문관 주석이었던 로빈기어(Lobingier, C.)에 의하여 기초된 한국민법전초안 (Proposed Civil Code for Korea, 1949)에 관한 내용을 분석하고자 한다.

이 초안의 내용을 분석함에 있어서, 먼저 초안의 체계적 분석을 하고, 다음으로 초안과 캘리포니아 주 민법전을 비교함으로써 초안의 비교법적 검토를 하며, 끝으로 초안에 있어서 현행 한국 민법전과 관련된 물적담보법과 전세권을 분석 검토하고자 한다.

제2절 로빈기어의 「韓國民法典草案」의 體系的 分析

Ⅰ. 로빈기어의 韓國民法典草案에 관한 槪觀

1. 로빈기어의 「한국민법전초안」(Proposed Civil Code for Korea)의 발견과 보고

로빈기어의 한국민법전초안을 발견하여 보고한 내용에 의하여 이에 대한 개관을 하면 다음과 같다.

(1) 梁彰洙 교수의 보고에 의하면, 1986년 11월에 미국 워싱턴의 국회도서관에서 장서번호 LAW Korea 7 Lobi 1949로 되어 있

는 것을 발견하였고, 이 자료는 복사지를 대고 타자한 것에다 수정 가필한 흔적이 있는 것으로서, 14면의 서문(Introduction)과 전 4편 1,305개조의 본문으로 구성되어 있으며, 그중 서문부분(단 제12면은 탈루되어 있다.)은 鄭鍾休 교수의 논문[1] (주1), 3면 이하에도 소개되어 있는 C. S. Lobingier, "日本民法改正私案", 『法政』 제2권 제2호(1947.2) 4면 이하와 대동소이하다고 하였다.[2]

(2) 崔鍾庫 교수의 보고에 의하면, 이 자료는 총 1,305조문으로, 제1편 인(Person), 제2편 채권(Obligation), 제3편 물권(Property, 상법 포함), 제4편 재산상속(Succession to Property)으로 되어 있으며, 원래 타이프로 친 원고뭉치로 굴러다니던 것을 趙聖潤 박사가 제책을 하여 둔 것으로, 읽기조차 힘든 상태였다고 하였다.[3]

2. 로빈기어의 「한국민법전초안」(Proposed Civil Code for Korea, 1949)에 관한 해제

이 책에서 분석하고자 하는 로빈기어(Lobingier, C.)의 한국민법전초안(Proposed Civil Code for Korea, 1949)[4]은 다음과 같이 되어 있다.

(1) 표지에 표제가 *PROPOSED CIVIL CODE FOR KOREA*로 되어 있고, 그 아래에 초인자의 성명인 *CHARLES LOBINGIER*가 있다.

(2) 다음으로 목차가 16면으로 되어 있고,

(3) 본문이 각주(Foot Note)를 포함하여 438면으로 되어 있다.

---

1) 鄭鍾休, 「韓國民法典의 制定過程」(1985), 3면.
2) 梁彰洙, 「民法案의 成立過程에 관한 小考」(1991), 63면 주) 참조.
3) 崔鍾庫, 「C. 로빙기어博士」(1989), 11면.
4) 여기에서 다루는 것은 원본이 아니고, 앞의 발견에 의하여 B4 용지로 복사하여 온 것을 입수하여 사용함을 밝혀 둔다.

이 자료에 의하여 로빈기어의 한국민법전초안을 보면, 총 4편으로 나눠져 있고, 제1편 인(Person)에는, 자연인(친족 포함)과 법인(회사 및 농협 포함)으로 되었고, 제2편 채권(Obligation)에는, 계약(물적 및 인적 담보계약 포함), 불법행위 및 부당이득 등으로 되었고, 제3편 물권(Property)에는, 소유권, 용익물권 및 무체재산권 등으로 되었으며, 제4편 재산상속(Succession to Property)으로 되어서, 총 1,305조문으로 구성되어 있다.[5]

Ⅱ. 로빈기어의 韓國民法典草案의 編別方式

1. 로빈기어(Lobingier, C.)의 한국민법전편찬에 관한 구상

미 군정청(U. S. Army Military Government in Korea)의 법률고문관인 로빈기어(Lobingier, C.)는 어떻게 한국 민법전을 편찬하려 하였는가. 이에 대하여 그의 논문[6]을 통하여 보면 다음과 같다. 로빈기어는, "현대적 수준에 의하면 법전은 다른 통상의 입법과 분별되는 세 가지의 특성을 구비하여야 할 것이다."고 하면서, ① 그 법전이 취급하는 주제를 지배하는, 현행법을 포함하는 완전성 혹은 통괄성, ② 논리적이고 과학적이며 동시에 편리한 조직 또는 배치, ③ 일반 용담을 피하여 타방 애매성을 피할 명백하고 간단한 용어법을 들고 있다. 이와 함께, 로빈기어는 민법전 편찬에 있어서 '중

---

5) 尹大成, 「로빈기어의 韓國民法典草案과 傳貰權」(1993), 56면; 동, 「韓國民法典編纂에 미친 英美法의 影響: 美軍政時代(1945 - 1947)의 民法典編纂과 로빈기어(Lobingier, C.)의 韓國民法典草案(Proposed Civil Code for Korea)을 중심으로」(1995), 16면.

6) 로빙기어, 「日本民法改正私案」, 『法政』, 제2권 제2호(1947.2), 8~11면.

국의 최근의 법률적 소산'을 들면서 '원동의 로마'인 중국을 본받을 것을 주장하였다.

이와 같은 로빈기어의 민법전 편찬에 대한 지침은 그에 의하여 한국민법전초안(Proposed Civil Code for Korea)으로 완성되었다고 할 것이다.[7]

2. 로빈기어의 한국민법전초안의 편별방식

로빈기어(Lobingier, C.)는, 그의 한국 민법전 편찬에 관한 구상에서 보았던 바와 같이, 법전이 취급하는 주제를 지배하는, 현행법을 포함하는 완전성 혹은 통괄성을 갖게 하고, 논리적이며 과학적이며 동시에 편리한 조직 또는 배치를 하기 위한 편별 방식을 취하였다. 따라서 그의 초안은, 제1편에 인(Persons), 제2편에 채권(Obligations), 제3편에 물권(Property) 및 제4편에 재산상속(Succession to Property)으로 편별하여, 법률관계를 중심으로 한 민상법통일법전으로 하였던 것이다.

이와 같은 민법전의 편별 방식은, 프랑스 민법전(Le Code Civil, 1804)이 제1편 인(Des Personnes), 제2편 재산과 소유권의 변동(Des Biens et Des Différentes Modifications de la Propriété) 및 제3편 재산권의 취득(Des Différentes dont On Acquiert la Propriété)으로 편별한 것과 유사한 것이다.[8] 그러나 이것은 민법과 상법의 통일법전으로 한 점[9]과 더불어 우리나라의 실정에 맞도록 프랑스 민법전

---

7) 尹大成, 「韓國民法典編纂에 미친 英美法의 影響」(1995), 15면.

8) 尹大成, 「韓國民法典編纂에 미친 英美法의 影響」(1995), 16면.

9) 이와 같은 民商法統一法典의 編別方式은 中華民國民法典의 編別과 같다.

의 편별 방식을 변용한 것으로 볼 수 있다.

Ⅲ. 로빈기어의 韓國民法典草案의 內容分析

1. 서

여기에서 로빈기어의 한국민법전초안(Proposed Civil Code for Korea, 1949)에 관한 내용을 분석함에 있어서, 그 편별에 따라서 초안의 규정내용을 분석하는 방법에 의한다. 따라서 제1편 인(Persons), 제2편 채권(Obligations), 제3편 물권(Property) 및 제4편 재산상속(Succession of Property)의 순서에 따라서 그 규정내용이 어떠한 것인가를 분석하고자 한다.

2. 제1편 인(Persons)편의 내용

로빈기어의 한국민법전초안은, 인(Person)을 자연인(Natural)과 법인(Juristic Persons)으로 나누어 규정하고 있다. 따라서 권리의 주체에 관하여 자연인과 법인을 모두 인정한 것이다. 그 규정내용의 체계를 보면, 다음과 같다.

(1) 자연인

자연인(Natural)에 관하여,[10] 권리능력(Legal Capacity, Art. 1~7), 친족관계(Kinship, Art. 8~10), 가(Household or Clan, Art. 11~

---

10) Lobingier, C., Proposed Civil Code for Korea(1949), pp.1~18.

34), 혼인(Matrimony, Art. 35~53), 이혼(Dissolution, Art. 54~58), 친자(Parentage, Art. 59~76), 후견(Tutelage or Curatorship, Art. 77~87), 부양(Maintenance, Art. 88~90)으로 나누어 규정하고 있다.

(aa) 권리능력: 자연인의 권리능력에 관하여, 권리능력은 법률행위를 행하는 능력이라고 정의하고(Art. 1), 그 시기(commencement)는 출생(birth)으로 시작되고(Art. 3), 성년(majority)은 만 20세(completion of the twentieth year)로 하였으며(Art. 4), 종기(termination)는 사망(death)으로 하였다(Art. 7).

(bb) 친족관계: 자연인의 친족관계(Kinship)에 관하여, 혈족은 혈연(blood relatives) 간에 존재하는 것이고, 인척은 배우자의 혈족 간에 존재하는 것이며, 혈족은 직계(lineal/direct)와 방계(collateral)로 나누고 있다(Art. 8). 촌수계산(Art. 9) 및 다른 친족관계로 입양(adoption)과 계모자관계(the step-parent and the step-children)를 들고 있다(Art. 10).

(cc) 가: 자연인의 가(Household or Clan)에 관하여, ⓐ 통칙(General Provisions)에서, 가는 동일 호적(hojok) 내에 있는 한 집단의 사람들이라고 하고(Art. 11), 가의 창설(foundation, Art. 12) 및 폐가(extinction, Art. 13)를 규정하였다. ⓑ 수재(Seat)에서, 주소(domicile, Art. 14) 및 거주(residence, Art. 15)를 규정하고, 그 주거의 불가침성(inviolability, Art. 16)을 규정하였다. ⓒ 성(Names)에서, 가족의 성(surname, Art. 17) 및 법적보호(judicial protection, Art. 18)를 규정하였다. ⓓ 호주(Household Head)에서, 권리와 의무에 관하여 그의 권리로 지배권(domestic rights, Art. 19)과 재산적 권리(property rights, Art. 20)를 규정하고, 그의 의무로 비용부담

(expenses, Art. 21)과 유지의무(maintenance, Art. 22)를 규정하고서, 그 호주권의 제한(limitations, Art. 23)을 각각 규정하였다. 호주상속(Succession)에 관하여 호주상속의 개시원인(Art. 24), 상속순위(the order of succession, Art. 25), 법적 폐적(judicial disinheritance, Art. 26), 유언(testamentary, Art. 27), 폐적의 취소(revocation, Art. 28), 호주의 선임(designation by head, Art. 29), 선임의 결격사유(absence of designation, Art. 30)를 각각 규정하였다. ⓔ 친족회(Household Council)에 관하여 구성(composition, Art. 31), 회의(meetings, Art. 32), 통지와 청문(notice and hearing, Art. 33), 호주상속인(household successor, Art. 34)을 각각 규정하였다.

(dd) 혼인: 자연인의 혼인(Matrimony)에 관하여, ⓐ 통칙(General Provisions)에서, 혼인은 남녀가 부부로 영원히 동거하기 위한 계약에 의한 상태라고 정의하면서(Art. 35), 혼인장애사유(impediments, Art. 36), 혼인등록(registration, Art. 40) 등 혼인절차 및 효과(effects, Art. 43)를 규정하였다. ⓑ 부부재산(Marital Property)에서, 분리소유(separate ownership, Art. 44), 재산관리(management, Art. 45), 비용(expenses, Art. 46), 성립(creation, Art. 47), 책임(liability, Art. 48), 상환(reimbursement, Art. 49), 이혼의 경우(dissolution, Art. 50)를 각각 규정하였다. ⓒ 혼인해소(Termination)에서, 일반적인 경우(in general, Art. 51), 취소(annulment, Art. 52~53) 및 이혼(Dissolution, Art. 54~58)을 규정하였다. 이혼에는 재판상 이혼(judicial, Art. 54~56)과 협의상 이혼(conventional separation, Art. 57~58)을 규정하였다.

(ee) 친자: 자연인의 친자(Parentage)에 관하여, ⓐ 친권(Parental

Authority)에서, 범위(extent, Art. 59), 친권의 행사(exercise, Art. 60), 자의 권리(rights, Art. 61) 및 당연상실(automatic termination, Art. 62)을 각각 규정하였다. ⓑ 인지(Legitimacy)에서, 정의(defined, Art. 63), 인지의 추정(the presumption of legitimacy, Art. 64), 적법성(legitimation, Art. 66), 집행(enforcement, Art. 67) 및 유효기간(operation, Art. 68)을 각각 규정하였다. ⓒ 입양(Adoption)에서, 정의(defined, Art. 69), 요건(requisites, Art. 70), 예외(exceptions, Art. 71), 형식(mode, Art. 72), 효과(effect, Art. 73), 소멸(법적)(termination; judicial, Art. 74), 관습상 입양(conventional adoption, Art. 75) 및 효과(effect, Art. 76)를 각각 규정하였다.

(ff) 후견: 자연인의 후견(Tutelage)에 관하여, 정의(defined, Art. 77), 선임(selection, Art. 78), 업무의무(service compulsory, Art. 79), 보수(compensation, Art. 80), 종류(kinds, Art. 81), 친족회(the household council, Art. 82), 결격사유(disqualifications, Art. 83), 직무(functions, Art. 84), 후견인(guardian, Art. 85), 후견의 종료(termination of guardianship, Art. 86) 및 근거사유(grounds, Art. 87)를 각각 규정하였다.

(gg) 부양: 자연인의 부양(Maintenance)에 관하여, 정의(defined, Art. 88), 상호 의무(mutual obligations, Art. 89), 수인의 부양권자(several obligers, Art. 90), 수인의 부양의무자(several obligees, Art. 91), 우선권(priority, Art. 92), 부양의 형식(the mode of maintenance, Art. 93) 및 소멸(termination, Art. 94)을 각각 규정하였다.

이상과 같이 권리의 주체 가운데 자연인에 관하여 권리능력과 함께 친족관계를 모두 규정하고 있다. 이 점에 있어서 자연인에 관한 법률관계를 함께 규정하려는 입법의사를 알 수 있다.

(2) 법인

법인(Juristic persons)에 관하여,[11] 통칙(General Provisions, Art. 95~100), 책임(Liability, Art. 101~104) 및 종류(Classes, Art. 105~204)로 나누어 규정하고 있다.

(aa) 통칙: 법인의 통칙(General Provisions)에 관하여, 정의(defined, Art. 95), 등기(registration, Art. 96), 운영(management, Art. 97), 능력(capacity, Art. 98), 주소(domicil, Art. 99) 및 목적(operations, Art. 100)을 각각 규정하였다.

(bb) 책임: 법인의 책임(Liability)에 관하여, 불법행위(delictual, Art. 101), 징벌적 손해(punitive damages, Art. 102), 범죄와 불명예(crimes and contempt, Art. 103) 및 민사책임(civil liability, Art. 104)을 각각 규정하였다.

(cc) 종류: ⓐ 내국회사(Domestic (Corporations))에 관하여, 첫째, 본질 및 조직(Nature and Composition)에 대하여 통칙(General Propositions, Art. 105~108), 주식(Shares, Art. 109~124), 주주(Shareholders, Art. 125~127a), 법인조항(Articles of Incorporation, Art. 128~132), 정관(By-laws, Art. 133~134) 및 기관(Officers, Art. 135~142)을 각각 규정하고 있다. 둘째, 운영(Operation)에 대하여 통칙(In General, Art. 143~149), 권한(Powers, Art. 150~151), 배당(Dividends, Art. 152~158a), 보고(Reports, Art. 159~160) 및 사채(Debentures, Art. 161~180)를 각각 규정하고 있다.

---

11) Lobingier, C., op.cit., pp.35~57.

셋째, 합병(Consolidation or Merger, Art. 181~187)을 규정하였다. 넷째, 해산 및 청산(Dissolution and Liquidation)에 대하여 임의 및 법외 해산(Voluntary and Extrajudicial, Art. 188~189), 강제해산 (Involuntary, Art. 190~193) 및 청산(Liquidation, Art. 194~198)을 각각 규정하고 있다. 이 가운데 주식(Shares)에 대하여는 통칙(In General, Art. 109~110), 청약(Subscriptions, Art. 111~118) 및 양 도(Transfer, Art. 119~124)를 나누어 규정하였고, 주주(Shareholders) 에 대하여는 통칙(In general, Art. 125), 권리(Rights, Art. 126~ 127) 및 의무(Duties, Art. 127a)를 나누어 규정하였다. 그리고 사채 (Debentures)에 대하여 통칙(In general, Art. 161~165), 발행(Issue, Art. 166~168), 등록(Registration, Art. 169~170), 양도(Transfer, Art. 171~172) 및 사채권자회의(Debenture Holders Meetings, Art. 173~180)로 나누어 각각 규정하였다.

ⓑ 외국회사(Foreign Corporations)에 관하여, 정의(defined, Art. 199), 신청(application, Art. 200), 본국제한(home restrictions, Art. 201), 허가(licence, Art. 202), 외국법인(foreign juristic person, Art. 203) 및 취소(withdrawal, Art. 204)를 각각 규정하였다.

ⓒ 농업협동조합(Agriculture Cooperative Associations)에 관하여, 첫째, 본질 및 목적(Nature and Purpose)에 대하여 정의(defined, Art. 205), 일반기업법(the general corporation law, Art. 206), 조건 (conditions, Art. 207), 명칭(name, Art. 208) 및 목적(objects, Art. 209)을 각각 규정하였다. 둘째, 설립 및 구조(Formation and Composition)에 대하여 조직(organization, Art. 210~211), 조합원 (membership, Art. 212~215), 구좌(shares, Art. 216~221), 규약

(regulations, Art. 222〜229) 및 기관(officers, Art. 230〜236)을 각각 규정하였다. 셋째, 운영(operation)에 대하여 통칙(in general, Art. 237〜246) 및 적립금(reserves, Art. 247〜249)을 각각 규정하였다. 넷째, 해산(dissolution)에 대하여 형태(mode, Art. 250), 청산(liquidation, Art. 251), 배분(distribution, Art. 252), 채무 또는 보증(credits or certificates, Art. 253) 및 해산등기(registration of dissolution, Art. 254)를 나누어 각각 규정하고 있다.

ⓓ 재단(Foundations/ Endowments)에 관하여, 정의(defined, Art. 255), 설립(establishment, Art. 256) 및 등기(registration, Art. 257)를 각각 규정하였다.

이상과 같이 권리의 주체에 있어서 법인으로 비영리법인뿐만 아니라 영리법인인 회사에 관하여 국내회사와 외국회사를 포함하고, 나아가서 농업협동조합과 재단까지 망라하여 규정하고 있다. 이 점에서 법인에 있어서 민상법통일법전으로 규정하려는 입법의사를 알 수 있다.

3. 제2편 채권(Obligations)편의 내용

로빈기어의 한국민법전초안은 제2편 채권(Obligations)에 관하여, 총칙(Provisions Common to All)과 각종의 채권관계(Kinds of Obligations)로 나누어 규정하였다. 그 규정내용의 체계를 보면 다음과 같다.

(1) 총칙

총칙(Provisions Common to All)에 관하여,[12] 본질(Nature, Art.

---

12) Lobingier, C., op.cit., pp.106〜115, 126〜133.

273~274), 종류와 당사자(Classes and Parties, Art. 275~287), 양도(Assignment or Transfer, Art. 288~296), 해석(Interpretation, Art. 297~302) 및 이행과 소멸(Discharge and Extinction, Art. 203~385)로 나누어 각각 규정하였다.

(aa) 본질: 채권(Obligations)의 본질(Nature)에 관하여, 정의(defined, Art. 273) 및 원인(sources, Art274)을 각각 규정하였다.

(bb) 종류와 당사자: 채권의 종류와 당사자(Classes and Parties)에 관하여, 가분채권(divisible obligation, Art. 275), 책임(liability, Art. 276), 불가분채권(indivisible obligation, Art. 277), 연대채권(correal or solidary obligations, Art. 278), 이행(performance, Art. 279), 이행의 청구(demand for performance, Art. 280), 양도(release, Art. 281), 변제(discharge, Art. 282), 부담부분(contribution, Art. 283), 부족액(dificiency, Art. 284), 상계(set off/compensation, Art. 285), 경합과 선택(conjunctive and alternative, Art. 286) 및 주된 채권과 종된 채권(principal and accessory, Art. 287)을 각각 규정하였다.

(cc) 양도: 채권의 양도(Assignment or Transfer)에 관하여, 제한(limits, Art. 288), 부수적 권리(accessory rights, Art. 289), 장래의 권리(future rights, Art. 290), 방식(form, Art. 291), 수표 또는 어음(check or other bill of exchange, Art. 293), 일부양도(partial assignment, Art. 294), 통지(notice, Art. 295) 및 양도인의 권리와 항변(assignee's right and defences, Art. 296)을 각각 규정하였다.

(dd) 해석: 채권관계의 해석(Interpretation)에 관하여, 당사자의 의지(intent of the parties, Art. 297), 서면(written instruments, Art. 298), 효과(effect, Art. 299), 불일치(inconsistency, Art. 200), 특수조

건(technical terms, Art. 201) 및 공익(public interest, Art. 202)을 각
각 규정하였다.

(ee) 이행(변제)과 소멸: 채권의 이행(변제; Discharge)과 소멸
(Extinction)에 관하여, 동의의 결여(Lack of Consent, Art. 203∼
204), 이행(Performance, Art. 205∼327), 불능(Impossibility, Art.
328∼330), 전문가 철회(experts rescission, Art. 331∼334), 합의
(agreement, Art. 335∼340), 상계(compensation/set off, Art. 341∼
342), 법의 적용(operation of law, Art. 343∼344) 및 파산
(bankruptcy, Art. 345∼386)을 각각 규정하였다.

ⓐ 동의의 결여(Lack of Consent)에 관하여, 사기(fraud, Art. 302)
및 강박(duress, Art. 304)을 각각 규정하였다.

ⓑ 이행(Performance)에 관하여, 총칙(in general, Art. 305∼312),
방식(modes, Art. 313∼318) 및 효과(effect, Art. 319∼330)를 각각
규정하였다.

ⓒ 불능(Impossibility)에 관하여, 정의(defined, Art. 328), 불가능
한 일(an impossible undertaking, Art. 329) 및 효과(effect, Art. 330)
를 각각 규정하였다.

ⓓ 전문가 철회(Experts Rescission)에 관하여, 근거(grounds, Art.
331), 방식(modes, Art. 332), 결과(consequences, Art. 333) 및 소멸
(extinction, Art. 334)을 각각 규정하였다.

ⓔ 합의(Agreement)에 관하여, 면제(release, Art. 335), 화해
(compromise/transactio, Art. 336), 취소(revocation, Art. 337), 효과
(effect, Art. 338), 당사자교체갱개(novation, Art. 339) 및 소멸
(extinction, Art. 340)을 각각 규정하였다.

ⓕ 상계(Compensation/Set off)에 관하여, 본질(nature, Art. 341) 및 의사표시(delaration of intention, Art. 342)를 각각 규정하였다.

ⓖ 법의 적용(Operation of Law)에 관하여, 소멸시효(extinctive prescription, Art. 343) 및 파산(bankruptcy, Art. 344)을 각각 규정하였다.

ⓗ 파산(Bankruptcy)에 관하여, 본질 및 구조(nature and institution, Art. 345～352), 파산재산(bankrupt estate, Art. 353～356), 파산청구(bankruptcy claims, Art. 357～360), 채권자(creditors)의 권리(rights, Art. 361～366), 회의(meetings, Art. 367～370), 화의(composition, Art. 371～373), 배분(distribution, Art. 374～377) 및 해제와 부당이득(discharge and restitution)의 절차(proceedings, Art. 378～383), 효과(effect, Art. 384～385)를 각각 규정하였다.

이상과 같이 채권총칙에 관한 규정을 하고 있다. 여기에서 채권의 본질을 비롯하여 채권의 성립, 채권관계의 변동 및 소멸을 규정하면서 법률행위의 해석에 대하여도 규정을 한 것이 특색이라고 할 것이다.

(2) 각종의 채권관계

각종의 채권관계(Kinds of Obligations)에 관하여,[13] 계약(Contractual, Art. 386～922), 준계약(Quasi – Contractual, Art. 923～932), 불법행위(Delictual, Art. 933～950) 및 준불법행위(Quasi – Delictual, Art. 951～955)로 나누어 각각 규정하였다.

(aa) 계약: 계약(Contractual)에 관하여, 본질과 성립(Nature and

---

13) Lobingier, C., op.cit., pp.150～153, 157～174, 188～209, 230～234, 244～246, 253 ～268, 287～291, 300～302, 310～323, 338～339, 342～344.

Formation, Art. 386〜395), 당사자(Parties, Art. 396〜417), 특수형태의 계약(Particulary Forms of Contracts, Art. 418〜523), 물적담보계약(Pignorative/Pledge Contracts, Art. 524〜569), 그 밖의 담보계약(Other Security Contracts, Art. 570〜652), 매매(Purchase and Sale, Art. 653〜679), 임대차(Leases, Art. 680〜695), 고용과 용역(Employment and Services/Labor Law, Art. 696〜796), 위임(Mandate/Agency, Art. 797〜824), 조합(Partnership, Art. 825〜832) 및 유가증권(Negotiable Instruments, Art. 833〜922)을 각각 규정하였다.

ⓐ 계약의 본질과 성립(Nature and Formation)에 관하여, 정의(defined, Art. 386), 의사표시(manifestation, Art. 387), 청약(offer, Art. 388), 방식(form, Art. 389), 변제의 상대방(to whom tendered, Art. 390), 효과(effect, Art. 391), 취소(revocation, Art. 392), 그 밖의 방식(other modes, Art. 393), 승낙(acceptance, Art. 394) 및 방식(form, Art. 396)을 각각 규정하였다.

ⓑ 계약의 당사자(Parties)에 관하여, 주된 당사자(Primary)에 대하여 수(number, Art. 396), 권리능력(legal capacity, Art. 397), 다수당사자(plurality of parties, Art. 398), 청약자의 의사(intention of the promisor, Art. 399), 공동청약자(joint promisors, Art. 400), 몇 가지의 약속(several promises, Art. 401), 공동 및 몇 개의 채권관계(joint and several obligations, Art. 402), 공동청약자(joint promisors, Art. 403), 정당한 판단(a valid judgement, Art. 404), 이행(performance, Art. 405), 진술(statement, Art. 406) 및 생존자에의 재산귀속(survivorship, Art. 407)을 각각 규정하였고, 수익자(Beneficiaries)에 대하여 종류(kinds, Art. 408), 계약(contractual, Art. 409) 등(Art.

410~417)을 각각 규정하였다.

ⓒ 특수형태의 계약(Particular Forms of Contracts)에 관하여, 증여 (gifts/donations, Art. 418~425), 교환(exchange/barter, Art. 426), 소비대차(mtuum/deferred barter, Art. 427~430), 사용대차(commodatum/loan for use, Art. 431~435) 및 임치(deposit/bailment, Art. 436~523)를 나누어 규정하였다. 임치에 대하여 통칙(in general, Art. 436~441) 및 특수한 형태의 수탁자(special types of depositaries, Art. 442~523)를 나누어 규정하고, 다시 특수한 형태의 수탁자(special types of depositaries)에 대하여 숙박업자(inkeepers, Art. 442), 창고업자 (warehousemen/storage, Art. 443~446) 및 운송업자(carriers)를 나누어 규정하였으며, 다시 운송업자(carriers)에 대하여 통칙(provisions common to all types, Art. 447~456), 육상운송(surface freight carriers, Art. 457~464), 해상운송(carriers by water), 여객운송(passenger carriers), 항공운송(air carriers) 및 운송주선업(forwarding agents, Art. 520~523)을 규정하였다. 또한 해상운송(carriers by water)에 대하여 총칙 (in general, Art. 465~468), 책임(liability, Art. 469~472), 선적 (loading, Art. 473~478), 해제(rescission, Art. 479~481), 항해 (voyage, Art. 482~487), 저하(cargo, Art. 488~495) 및 인도 (delivery, Art. 496~499)를 각각 규정하였다. 그리고 여객운송 (passenger carriers)에 대하여 통칙(provision common to all types, Art. 500~504) 및 해상여객운송(maritime passenger carriers, Art. 505~509)을 각각 규정하고, 항공운송(air carriers)에 대하여 총칙(in general, Art. 510~515) 및 운영(operation, Art. 516~518)을 각각 규정하였다.

ⓓ 물적담보계약(Pignorative/Pledge Contracts)에 관하여, 통칙(provisions applicable to all, Art. 524~525), 동산질권(pledge/pignus/pawn of movables), 저당권(hypotheca/mortgage, Art. 537~545), 전세권(antichresis/Chinese Dien, Art. 546~551), 환매(sale with right of redemption, Art. 552~559) 및 유치권(possessory liens/right of retention)을 각각 규정하였다. 다시 동산질권(pledge of movables)에 대하여 총칙(in general, Art. 526~529) 및 무형질(pledge of intangibles, Art. 531~536)을 각각 규정하였다. 또한 유치권(possessory liens)에 대하여 총칙(in general, Art. 560~565) 및 종류(classes, Art. 566~569)를 각각 규정하였다.

ⓔ 그 밖의 담보계약(Other Security Contracts)에 관하여, 선취특권(Non-possessoy Lien), 보증(Suretyship) 및 보험(Insurance)을 나누어 각각 규정하였다. 먼저 선취특권(Non-possessory Lien)에 대하여 선박(maritime, Art. 570~574) 및 임금선취특권(hireallowance lien, Art. 575)을 각각 규정하였다. 보증(Suretyship)에 대하여 통칙(general provisions, Art. 576~578), 의무(duties, Art. 579), 이행(discharge, Art. 580~582) 및 권리(rights)를 각각 규정하고, 권리(rights)에 대하여 대위변제(subrogation, Art. 583~585)와 구상관계(contribution, Art. 586~588)를 각각 규정하였다. 또한 보험(Insurance)에 대하여 통칙(provisions common to all forms), 해상보험(marine insurance), 화재보험(fire insurance, Art. 634~637), 생명보험(life and health insurance, Art. 638~643), 연금(annuities, Art. 644~648), 운송보험(transport insurance, Art. 649~651) 및 신원보증보험(fidelity insurance, Art. 652)을 나누어 각각 규정하였다. 다시

통칙(provisions common to all forms)에 대하여 총칙(general provisions, Art. 589~600), 양도우선보험증권보험(negotiations preceding policy insurance, Art. 601~606)과 보험금(loss, Art. 607~610)을 각각 규정하였다. 또한 해상보험(marine insurance)에 대하여 총칙(general provisions, Art. 611~618), 항해(voyage, Art. 619~620), 보험금과 정산(loss and adjustment, Art. 621~628) 및 위부(abandonment, Art. 629~633)를 각각 규정하였다.

ⓕ 매매(Purchase and Sale)에 관하여, 총칙(General Provisions, Art. 653~658), 이행(Performance, Art. 659~664), 담보책임(Warranty, Art. 665~675) 및 특수한 매매(Special Kinds, Art. 676~679)를 각각 규정하였다. 담보책임(warranty)에 대하여 적용조건(subjects, Art. 665~666) 및 그 실행(enforcement)을 각각 규정하였고, 실행(enforcement)에 대하여 다시 계약해제(rescision, Art. 667~670), 감액청구(reduction of price, Art. 671), 손해배상청구(damages, Art. 672~673) 및 특정이행(specific performance, Art. 674~675)을 각각 규정하였다. 또한 특수한 매매(specific kinds)에 대하여 견본매매(sale by sample or description, Art. 676), 할부매매(payment by installment, Art. 677), 시미매매(approval, Art. 678) 및 공(경)매(public/auction sales, Art. 679)를 규정하였다.

ⓖ 임대차(Leases)에 관하여, 총칙(General Provisions, Art. 680~682), 당사자(Parties, Art. 683~687) 및 종료와 보상(termination and reparation, Art. 688~695)을 각각 규정하였다.

ⓗ 고용과 용역(Employment and Service)에 관하여, 노동법(Labor Law)에 관한 규정으로, 계약(Contract), 당사자(Parties), 종료

(Termination) 및 행정기관(Administration)을 각각 규정하였다. 계약
(Contract)에 대하여 통칙(In general, Art. 695~700) 및 단체협약
(Collective agreements, Art. 701~704)을 각각 규정하였고, 당사자
(Parties)에 대하여 통칙(In general, Art. 705~706), 피용자(Employee,
Art. 707~776), 견습생(Apprentices, Art. 777~779) 및 사용자
(Employers, Art. 780~784)를 각각 규정하였다. 또한 피용자
(Employee)에 대하여 통칙(In general, Art. 707~708) 및 특전과 급
여(Privileges and benefits)를 규정하였고, 다시 특전과 급여
(Privileges and benefits)에 대하여 선취특권(Liens/preferential rights,
Art. 709~710), 조직(Organization), 임금(Wages), 안전과 위생시설
(Safety and sanitation, Art. 737~744), 근로와 휴식시간(Working
and rest hours, Art. 745~751), 교육과 소양(Education and recreation,
Art. 752~753) 및 재해보상(Compensation for injuries)을 각각 규정
하였다. 특히 조직(Organization)에 대하여 통칙(In general, Art. 711
~715), 구성(Formation, Art. 716~717), 운영(Operation) 및 해산
(Dissolution, Art. 727~728)을 규정하였고, 다시 운영(Operation)에
대하여 조정과 중재(Conciliation and arbitration, Art. 718~720), 파
업(Strikes, Art. 721~723) 및 부당노동행위(Unfair labor practices,
Art. 724~726)를 각각 규정하였다. 또한 임금(Wages)에 대하여 통
칙(In general, Art. 729~732) 및 지급(Payment, Art. 733~736)을
각각 규정하였다. 그리고 재해보상(Compensation for injuries)에 대
하여 책임(Liability, Art. 754~758), 담보(Security), 노동력상실
(Disability, Art. 765~766), 보상금계산(Amount of compensation,
Art. 767~775) 및 사망급여(Death benefits, Art. 776)를 각각 규정

하였고, 다시 담보(Security)에 대하여 보험(Insurance, Art. 759~763) 및 의료보호(Medical care, Art. 764)를 규정하였다.

ⓘ 위임(Mandate/Agency)에 관하여, 통칙(Provisions Common to All, Art. 797~807)과 특수한 형태(Particular Forms)를 각각 규정하였고, 다시 특수한 형태(Particular Forms)에 대하여 중개업(Brokerage, Art. 808~810), 상업사용인(Commercial Agents, Art. 811~816), 위탁판매업(Commission Agents or Factors, Art. 817~820) 및 지배인(Managers, Art. 821~824)을 각각 규정하였다.

ⓙ 조합(Partnership)에 관하여, 본질(nature, Art. 825), 각종의 조합원과 조합(classes of partners and partnership, Art. 826), 관리(management, Art. 827), 조합원의 권리(rights of partners, Art. 828), 책임과 제한(liabilities and limitations, Art. 829), 조합원의 분리(separation, Art. 830), 해산(dissolution, Art. 831) 및 청산(liquidation, Art. 832)을 각각 규정하였다.

ⓚ 유가증권(Negotiable Instruments)에 관하여, 본질과 종류(Nature and Classes, Art. 833~835), 양도성(Nagotiability, Art. 836~840), 성립과 효과(Form and Effect, Art. 841~846), 해석(Interpretation, Art. 847~850) 및 당사자(Parties)를 각각 규정하였고, 당사자(Parties)에 대하여 총칙(In general, Art. 851), 배서인(Indorsers, Art. 852), 소지인(Holder), 인수(Acceptance), 양도(Negotiation), 지급거절(Dishonor) 및 책임(Liability)을 각각 규정하였다. 또한 소지인(Holder)에 대하여 필수요건(requisites, Art. 853~857) 및 권리(rights, Art. 858~864)를 규정하였고, 인수(Acceptance)에 대하여 총칙(In general, Art. 865~868) 및 어음인수(for honor, Art. 869~872)를 규정하였

고, 양도(Negotiation)에 대하여 총칙(In general, Art. 873~878), 각종의 배서(kinds of indorsement, Art. 879~883) 및 횡선수표(crossed checks, Art. 885~886)를 규정하였고, 지급거절(Dishonor)에 대하여 총칙(In general, Art. 887~888), 소구(presentment, Art. 889~894), 통지(notice, Art. 895~897), 거절증서(protest, Art. 898~900) 및 면제(when inapplicable, Art. 901~902)를 규정하였으며, 책임(Liability)에 대하여 기본책임(grounds, Art. 903~911)과 책임이행(discharge, Art. 912~922)을 각각 규정하였다.

(bb) 준계약: 준계약(Quasi‒Contractual)에 관하여, 정의(defined, Art. 922), 사무관리(voluntary services, Art. 924), 통지(notice, Art. 925), 책임(liability, Art. 926), 반환(reimbursement, Art. 927), 부당이득(undue enrichment, Art. 928), 수령(receptions, Art. 929), 유실물의 회복(recovery of lost movables, Art. 930), 보호의무(custody and care, Art. 931) 및 최후양여(final disposition, Art. 932)를 각각 규정하였다.

(cc) 불법행위: 불법행위(Delictual)에 관하여, 책임(Liability, Art. 933~939) 및 각종의 불법행위(Classes of delicts/Torts)를 규정하였고, 각종의 불법행위(Classes of delicts)에 대하여 신체상해(injuries to person, Art. 940~941), 명예훼손(injuries to reputation, Art. 942~944) 및 재산침해(injuries to property, Art. 945~950)를 각각 규정하였다.

(dd) 준불법행위: 준불법행위(Quasi‒Delictual)에 관하여, 본질(Nature, Art. 951), 국가(State, Art. 952), 감독자(Supervisors, Art. 953), 동물의 소유자, 조련사와 보호자(Owners, correctors and custodians of animals, Art. 954) 및 건물 등의 소유자와 점유자(Owners and occupants, Art. 955)를 각각 규정하였다.

이상과 같이 채권각칙에 관하여 규정을 하였다. 여기에서 채권의 발생원인으로서 계약과 불법행위 이외에 준계약과 준불법행위를 규정하고, 특히 계약에 있어서 채권계약 이외에 물적담보계약뿐만 아니라, 상행위법, 보험법, 해상법 및 유가증권법의 계약 나아가서 노동법의 계약 등을 포함하고 있는 것이 특색이다. 이 점은 단순한 민상법통일법전으로서 보기에는 곤란하다. 오히려 우리의 법률생활에 있어서 계약관계가 성립되는 모든 경우를 포함하려는 입법의사이었다고 볼 수 있다.

4. 제3편 물권(Propery/Real Rights)편의 내용

로빈기어의 한국민법전초안은 제3편 물권(Property/Real Rights)에 관하여, 본질(Nature)과 종류(Classes)로 나누어서 규정하였다. 그 규정내용의 체계를 보면 다음과 같다.

(1) 본질

물권의 본질(Nature)에 관하여,[14] 정의(Defined, Art. 956), 과실(Fruits, Art. 957) 및 종물(Accessories, Art. 958)을 각각 규정하였다.

(2) 종류

물권의 종류(Classes)에 관하여,[15] 소유권일반(As to Dominium/Ownership), 유체재산권(Corporeal Property) 및 무체재산권(Intangible/

---

14) Ibid., p.349.

15) Ibid., pp.349~359, 373~401, 413~423.

Incorporeal Property)으로 나누어 규정하였다.

(aa) 소유권일반: 소유권일반(As to Dominium/Ownership)에 관하여, 소유권(ownership, Art. 959), 사소유권(private, Art. 960~961) 및 주된 종류(the principal classes, Art. 961)를 각각 규정하였다.

(bb) 유체재산: 유체재산(Corporeal Property)에 관하여, 권리취득(Acquision, Art. 962~991)과 소유권(Ownership/Dominium, Art992~1052)으로 나누어 규정하였다.

ⓐ 권리취득(Acquision)에 관하여, 통칙(In general, Art. 962~965), 점유(Possession, Art. 966~976), 취득시효(Acquisitive Prescription, Art. 977~981) 및 부합(Accession, Art. 982~991)을 각각 규정하였다.

ⓑ 소유권(Ownership)에 관하여, 통칙(In general, Art. 992~993), 공동소유(Joint and co-ownership, Art. 994~1002) 및 제한물권(Limited Dominium)을 나누어 규정하였다. 다시 제한물권(Limited Dominium)에 관하여, 지역권(Servitudes), 용익물권(Usufruct), 지상권(Superficies/Di-Shang-Tsuam, Art. 1038~1045) 및 영소작권(Emphyteusis/Yung-Tien, Art. 1046~1052)을 각각 규정하였다. 다시 지역권(Servitudes)에 대하여, 본질(nature, Art. 1003~1004), 종류(Classes, Art. 1005~1009), 취득(acquisition, Art. 1010~1012), 행사(excercise, Art1013~1018) 및 소멸(extinction, Art. 1019~1023)을 각각 규정하였고, 용익물권(Usufruct)에 대하여, 본질 및 종류(nature and classes, Art. 1025~1026), 당사자(parties) 및 종료(termination, Art. 1036~1037)를 각각 규정하고, 당사자(parties)에 대하여 용익권자(usufructuary, Art. 1027~1033) 및 소유권자(propriator, Art. 1034~1035)를 각각 규정하였다.

(cc) 무체재산: 무체재산(Intangible/Incorporeal Property)에 관하여, 행정기구(The Office), 저작권(Copyrights), 특허권(Patent Rights) 및 상표와 상호권(Trade Mark and Trade Name Rights)을 나누어 규정하였다.

ⓐ 행정기구: 행정기구(The Office)에 관하여, 기구조직(Organization, Art. 1053~1056), 관할(Jurisdiction, Art. 1057~1060) 및 절차(Administration, Art. 1061~1074)를 각각 규정하였다.

ⓑ 저작권: 저작권(Copyrights)에 관하여, 본질(Nature, Art. 1075~1080), 출원(Application, Art. 1081~1083), 등록(Registration, Art. 1084~1085), 사용과 행사(Use and Excercise)를 나누어 규정하였고, 사용과 행사에 대하여 침해(Infringement, Art. 1086~1087), 양도(Transfer, Art. 1088~1089) 및 종료(Termination, Art. 1090~1091)를 각각 규정하였다.

ⓒ 특허권: 특허권(Patent Rights)에 관하여, 본질(Nature, Art. 1092~1099), 출원(Application, Art. 1100~1106), 심사(Examination, Art. 1107~1115), 재심(Review and Reconsideration) 및 특허(Patents)를 각각 규정하였다. 또한 재심(Review and Reconsideration)에 대하여 항소(Appeals, Art. 1116~1120)와 특허심판청구(Administrative Patent Suits, Art. 1121~1131)를 각각 규정하고, 특허(Patents)에 대하여 통칙(In general, Art. 1132~1138), 형식과 내용(Form and Contents, Art. 1139~1141), 등록(Registration, Art. 1142~1148), 사용과 행사(Use and Exercise) 및 종료(Termination, Art. 1167~1178)를 규정하였다. 다시 사용과 행사(Use and Exercise)에 대하여 당사자(Parties, Art. 1149~1150), 보호(Protection), 정정(Correction,

Art. 1160) 및 양도(Transfer, Art. 1161~1166)를 각각 규정하고, 또 다시 보호(Protection)에 대하여 통칙(In general, Art. 1151~1153)과 구제방법(Remedies, Art. 1154~1159)을 각각 규정하였다.

ⓓ 상표와 상호권: 상표와 상호권(Trade Mark and Trade Name Rights)에 관하여, 본질(Nature, Art. 1179~1181), 출원(Application, Art. 1182~1201), 사용과 행사(Use and Operation) 및 종료(Termination)를 각각 규정하였다. 또한 사용과 행사(Use and Operation)에 대하여 양도(Transfer, Art. 1202~1204)와 침해(Infringement, Art. 1205~1207)를 각각 규정하고, 종료(Termination)에 대하여 기간(Duration, Art. 1208~1209)과 말소(Cancellation, Art. 1210~1211)를 각각 규정하였다.

이상과 같이 물권에 관하여 규정을 하였다. 여기에서 물권을 소유권을 중심으로 파악하면서, 객체의 유체성과 무체성에 따라서 물권을 분류하고, 유체물권은 소유권과 소유권에 대한 제한물권으로 규정하면서, 무체물권으로 저작권, 특허권 및 상표와 상호권을 규정함으로써 그 특색을 보였다. 이 점에서 민법전에 민사특별법 내지 상법의 요소까지를 포함하고 있는 것을 알 수 있다.

5. 제4편 재산상속(Succession to Property)편의 내용

로빈기어의 한국민법전초안은 제4편 재산상속(Succession to Property)에 관하여, 무유언상속(Intestate), 유언상속(Testamentary) 및 실행(Administration)으로 나누어 규정하고 있다. 그 규정내용의 체계를 보면 다음과 같다.

(1) 무유언상속

재산상속에 있어서 무유언상속(Intestate)에 관하여,[16] 상속순위 (Order of Succession, Art. 1212~1219), 상속분(Shares, Art. 1220~ 1225), 상속인의 부존재(Default of Successors, Art. 1226~1231) 및 상속재산의 분할(Separation of Property, Art. 1232~1236)을 각각 규정하였다.

(2) 유언상속

재산상속에 있어서 유언상속(Testamentary)에 관하여,[17] 통칙(In general, Art. 1237~1242), 유언집행(Execution of Testament, Art. 1243~1252), 유증(Lagacies), 철회(Revocation, Art. 1268~1270) 및 유언의 검인(Probate, Art. 1271~1273)을 각각 규정하고, 다시 유증(Lagacies)에 대하여 통칙(In general, Art. 1253~1259)과 유증의 환원(Reduction of Lagacies, Art. 1260~1267)을 각각 규정하였다.

(3) 재산상속의 실행

재산상속의 실행(Administration)에 관하여,[18] 통칙(In general, Art. 1274~1281), 선정(Election, Art. 1282~1295), 청산(Liquidation, Art. 1296~1300) 및 뷰배(Distribution, Art. 1301~1304)를 각각 규정하였다.

이상과 같이 재산상속을 친족관계와 별도로 규정하였다. 이러한 편별방식은 프랑스 민법전에서 볼 수 있다. 여기에서 재산상속을

---

16) Ibid., pp.413~415.
17) Ibid., pp.416~419.
18) Ibid., pp.419~423.

유언의 유무에 따라서 분류하여 규정한 점이 특색이다.

6. 결어

이와 같은 체계적 분석을 통하여, 로빈기어가 미군정시대(1945
～1948)에 한국의 민법전을 제정하고자 한 방향과 그가 예정한 한
국 민법전에 대한 입법의사를 발견할 수 있다.

첫째로, 로빈기어(Lobingier, C.)의 민법전의 제정방향은, 당시의
민법전에 관한 입법례를 참조하여 민법전이 규율하려는 법률관계
를 지배할 수 있도록 완전하고 통괄적인 법전으로 하려는 것이었
음을 확인할 수 있다. 따라서 중국의 민법전을 중심으로 하여 대
륙법뿐만 아니라 영미법을 포함하여 많은 입법례를 참조하면서, 그
편별 방식은 프랑스 민법전에 따랐음을 알 수 있다.

둘째로, 로빈기어(Lobingier, C.)가 예정한 한국 민법전은, 독일
민법전을 바탕으로 한 일본 민법전을 벗어나서 당시 최근의 법전
을 모두 섭렵하여 시민으로서의 생활에 있어서 발생할 법률관계를
중심으로 편리한 조직과 배치를 하고, 그 용어법에 있어서 명백하
고 간결하게 하고자 하였음을 알 수 있다.

이와 같이 미군정시대에 미 군정청의 법률고문관인 로빈기어
(Lobingier, C.)가 한국민법전초안을 기초한 것은, 한국 정부가 수립
되면서 민법전편찬위원회를 구성하여 민법전의 편찬을 가속화시킨
동기를 부여하게 되었음을 인식하여야 할 것이다. 왜냐하면 한국
정부의 민법전편찬위원회에서 민법전의 편찬을 위하여 마련한 민
법전편찬요강은 이미 미군정시대의 법제편찬위원회 한국 측에서

마련한 '조선임시민법전편찬요강'에서부터 논의되었던 것이고,[19) 이것은 로빈기어(Lobingier, C.)가 영미법을 대폭 수용한 초안에 대하여 독일 민법에 근거한 대륙법의 체제를 갖추게 되었기 때문이다.[20) 여기에서 양자의 비교법적 연구가 긴요한 것이다.

제3절 로빈기어의 「韓國民法典草案」과 美國 캘리포니아 州 民法典과의 比較

Ⅰ. 序說

로빈기어의 「한국민법전초안」(Proposed Civil Code for Korea, 1949)은 그 초안을 작성함에 있어서 초안의 각주[21)에 참조한 입법례 가운데 주로 미국 캘리포니아 주 민법전(Civil Code of the State of California, 1872)[22)을 참조하였음을 확인할 수 있다. 그렇다면

---

19) 尹大成, 「韓國民法典編纂에 미친 英美法의 影響」(1995), 30면.

20) 尹大成, 「韓國民法典編纂에 미친 英美法의 影響」(1995), 29~31면.

21) Lobingier, C., Proposed Civil Code for Korea(1949), pp.19~34, 58~76, 89~95, 98~99, 116~125, 134~149, 154~156, 175~187, 210~229, 235~243, 247~252, 269~286, 292~299, 303~309, 324~337, 345~348, 360~372, 402~412, 424~432.

22) Friedman, Lawrence M. 교수에 의하면, 미국이 독립전쟁을 통하여 독립한 후 첫 세대 동안에는 대륙법의 영역, 특히 프랑스와 스페인 계통의 대륙법은 미시시피 강과 그 지류의 하구인 카스카스키아(Kaskaskia), 세인트루이스(St. Louis), 뉴 마드리드(New Madrid), 세인트 찰스(St. Charles) 지역 그리고 뉴올리언스(New Orleance)의 번잡한 항구, 플로리다, 텍사스 등에서 시행되고 있었고, 이 지역이 미국의 통치를 받게 됨에 따라서 미국 법정은, 미합중국이 대륙법에 근거하여 확정된 재산권을 침해하지 않았기 때문에, 여러 해 동안 대륙법상의 여러 문제와 씨름하여야만 했으며, 텍사스는 대륙법의 상당부분을 실체법으로 흡수하였고 루이지애나 주는 민법전의 법전화 운동을 통하여 대륙법이 그대로 살아 있게 되었다고 한다. 이와 같은 대륙법의 영향은, 특히 서부

로빈기어가 그의 초안을 입안함에 있어서 미국 캘리포니아 주 민법전을 어떻게 참조하였는가를 규명하기 위하여, 두 민법전을 구체적으로 그 체계 및 규정의 내용에 대하여 실증적으로 비교 연구할 필요가 있다.

여기에서 두 민법전의 실증적 비교연구를 위하여, 먼저 두 민법전의 체계를 비교하고, 다음으로 두 민법전의 구체적 내용에 있어서 비교 대상을 로빈기어가 초안의 각주에 인용한 것을 선정하여 그 규정의 내용을 비교 검토를 함으로써 밝혀 보고자 한다. 특히 계약법, 불법행위법과 혼인법의 비교는 제4장에서 다루고자 한다.

신생주들에 의하여 Field의 법전에 의한 개혁운동을 받아들여졌고, 캘리포니아 주는 1851년에 의회의 입법으로 Field 법전을 제정하기에 이르렀다고 한다. Friedman, Lawrence M./안경환 역, 『미국법역사(History of American Law)』, 한국학술진흥재단번역총서 58, (서울: 대한교과서주식회사, 1988), 189~200면, 477~487면. 로빈기어 초안에 인용된 것은 1851년에 채택된 법전에 의한 것으로 보이나, 여기에서 인용하는 캘리포니아 주 민법전은 1872년 3월 11일에 채택된 법전에 의한다.

Ⅱ. 두 民法典의 體系比較

1. 로빈기어의 「한국민법전초안」의 체계23)

로빈기어의 한국민법전초안(이하 로빈기어 초안이라 한다)은, 제
1편 인(Persons), 제2편 채권(Obligations), 제3편 물권(Property/Real
Rights) 및 제4편 재산상속(Succession to Property)의 4편으로 구성
되었다.

그 구체적인 내용을 보면, 다음과 같다.

(1) 제1편 인(Persons)편의 체계

제1편 인(Persons)은, 자연인(Natural)과 법인(Juristic Persons)으로
나누었다.

(a) 자연인(Natural)은, 권리능력(Legal Capacity), 친족관계(Kinship),
가(Household or Clan), 혼인(Matrimony), 이혼(Dissolution), 친자
(Parentage), 후견(Tutelage or Curatorship) 및 부양(Maintenance)으로
구성되었다.

(b) 법인(Juristic Persons)은, 통칙(General Provisions), 책임(Liability)
및 종류(Classes)로 구성되었다.

(2) 제2편 채권(Obligations)편의 체계

제2편 채권(Obligations)은, 총칙(Provisions Common to All)과 각
종의 채권관계(Kinds of Obligations)로 나뉘었다.

---

23) 이에 대한 상세한 것은, 尹大成, 「로빈기어 韓國民法典草案의 體系的 分析」(1995),
204~218면.

(a) 총칙(Provisions Common to All)은, 본질(Nature), 종류와 당사자(Classes and Parties), 양도(Assignment or Transfer), 해석(Interpretation) 및 이행과 소멸(Dischare and Extinction)로 구성되었다.

(b) 각종의 채권관계(Kinds of Obligations)는, 계약(Contractual), 준계약(Quasi – Contractual), 불법행위(Delictual) 및 준불법행위(Quasi – Delictual)로 구성되었다.

(3) 제3편 물권(Property/Real Rights)편의 체계

제3편 물권(Property/Real Rights)은, 본질(Nature)과 종류(Classes)로 나뉘었다.

(a) 본질(Nature)은, 정의(Defined), 과실(Fruits) 및 종물(Accessories)로 구성되었다.

(b) 종류(Classes)는, 소유권일반(As to Dominium/Ownership), 유체재산권(Corporeal Property) 및 무체재산권(Intangible/Incorporeal Property)으로 구성되었다.

(4) 제4편 재산상속(Succession to Property)편의 체계

제4편 재산상속(Succession to Property)은, 무유언상속(Intestate), 유언상속(Testamentary) 및 실행(Administration)으로 나누었다.

(a) 무유언상속(Intestate)은, 상속순위(Order of Succession), 상속분(Shares), 상속인의 부존재(Default of Successors) 및 상속재산의 분할(Separation of Property)로 구성되었다.

(b) 유언상속(Testamentary)은, 통칙(In general), 유언집행(Execution of Testament), 유증(Legacies), 철회(Revocation) 및 유언의 검인(Probate)으로 구성되었다.

(c) 재산상속의 실행(Administration)은, 통칙(In general), 선정(Election), 청산(Liquidation) 및 분배(Distribution)로 구성되었다.

2. 「캘리포니아 주 민법전」의 체계[24)

미국의 「캘리포니아 주 민법전」(Civil Code of the State of California, 1872, 이하 캘리포니아 주 민법전이라 한다.)은, 제1편 인(Persons), 제2편 물권(Property), 제3편 채권(Obligations) 및 제4편 총칙(General Provisions)의 4편으로 구성되었다.

그 구체적인 내용을 보면 다음과 같다.

(1) 제1편 인(Persons)편의 체계

제1편 인(Persons)은, 인(Persons), 인적권리(Personal Rights), 인적관계(Personal Relations) 및 법인(Corporations)으로 나누었다.

(a) 인(Persons)은, 미성년자(Minors), 성년자(Adults), 권한의 위임(Delegation of Power), 기타 행위무능력자의 계약(Contracts of persons without understanding/Contracts by persons of unsound mind) 등으로 구성되었다.

(b) 인적권리(Personal Rights)는, 인적권리 일반(General Personal Rights), 명예훼손(Defamation), 문서비훼(Liable) 등으로 구성되었다.

(c) 인적관계(Personal Relations)는, 혼인(Marriage), 친자(Parent and Child), 후견(Guardian and Ward) 및 도제(Master and Apprentice)로 구성되었다. 그리고 혼인(Marriage)은, 혼인계약(The Contract of

---

24) The Publisher's Editional Staff(revised by), Deering's Civil Code of the State of California, adopted March 11, 1872(San Francisco: Bancroft－Whitney Co., 1949)에 의함.

Marriage), 이혼(Divorce) 및 부부(Husband and Wife)로 구성하였고, 친자(Parent and Child)는, 친생자(Children by Birth), 양친자 (Children by Adoption) 및 친생관계의 확인(Declaration of Parental Relation)으로 구성되었고, 후견(Guardian and Ward)은 1872년에 입법되었으나 1931년에 별도의 입법25)으로 폐지되었으며, 도제 (Master and Apprentice)도 1872년에 입법하였으나 별도의 입법26) 으로 폐지되었다.

(d) 법인(Corporations)은, 모든 법인에 적용될 총칙(General Provisions Appricable to All Corporations), 보험회사(Insurance Corporations), 철도 회사(Railroad Corporations), 도시철도회사(Street Railroad Corporations), 화물운송회사(Wagon Road Corporations), 연안부두회사(Bridge, Ferry, Wharf, Chute and Pier Corporations), 전신전화회사(Telegraph and Telephone Corporations), 내수운송회사(Water and Canal Corporations), 자영농지회사(Homestead Corporations), 예출금회사(Savings and Loan Corporations), 광업회사(Mining Corporations), 상공회의소, 무역협회 등 설립을 위한 법인(Corporations for the Formation of Chambers of Commerce, Boards of Trade, Mechanics' Institutes and Other Kindred Associations), 비영리법인(Nonprofit Corporations), 아동동물 학대방지협회(Societies for the Prevention of Cruelty to Children and Animals), 묘지회사(Cemetery Corporations), 농업공진흥회사(Agricultural Fair Corporations), 공공조명회사(Corporations to Furnish Light for Public Use), 건축소비대차회사(Building and Loan Associations), 교

____

25) 이것은 The Probate Code(1931)의 입법에 의하여 폐지 흡수되었음. Ibid., p.94.
26) 이것은 Labor Code(1937)에 흡수 폐지되었음. Ibid., p.94.

84

육시설 및 신학교(Colleges and Seminaries of Learning), 고등교육기관 연합(Consolidation of Colleges and Institutions of Higher Education), 협동조합경영회사(Co‐operative Business Corporations), 협동조합경 영협회(Co‐operative Business Associations), 비영리 농업, 포도재배, 원예협동조합협회(Non‐profit Co‐operative Agricultural, Viticultural and Horticultural Associations), 비영리협동조합법인(Non‐profit Co ‐operative Corporations), 비영리무자본협동조합협회(Non‐profit Co ‐operative Associations With or Without Capital Stock), 도서관법 인(Library Corporations) 및 협동조합법인(Co‐operative Corporations) 등으로 구성되었다. 그러나 보험회사(Insurance Corporations),[27] 화물 운송회사(Wagon Road Corporations),[28] 광업회사(Mining Corporations),[29] 상공회의소, 무역협회 등 설립을 위한 법인(Corporations for the Formation of Chambers of Commerce, Board of Trade, Mechanics' Institutes and Other Kindred Associations),[30] 비영리법인(Nonprofit Corporations),[31] 묘지회사(Cemetery Corporations),[32] 공공조명회사 (Corporation to Furnish Light for Public Use),[33] 건축소비대차회사 (Building and Loan Associations),[34] 교육시설 및 신학교(Colleges

---

27) 이것은 The Insurance Code(1935)에 의하여 흡수 폐지되었음. Ibid., p.101.

28) 이것은 1872년에 입법되었으나, 1947년에 Sts.&H.C. 50009, 500036에 의하여 폐지되 었음. Ibid., p.126.

29) 이것은 1872년 입법되었으나 Code Amdts.(1875‐6), The Public Resources Code(1905) 등에 의하여 폐지되었음. Ibid., pp.140~141.

30) 이것은 The Corporation Code(1947)에 의하여 폐지되었음. Ibid., p.141.

31) 이것은 The Corporation Code(1947)에 의하여 폐지되었음. Ibid., pp.141~142.

32) 이것은 The Health and Safety Code((1931)에 의하여 폐지되었음. Ibid., p.146.

33) 이것은 1915년에 Stats에 의하여 폐지되었음. Ibid., p.147.

34) 이것은 1872년에 입법되어 1891년에 추가 입법되었으나, 1931년에 Stats에 의하여 폐

and Seminaries of Learning),35) 고등교육기관연합(Consolidation of Colleges and Institutions of Higher Education),36) 협동조합경영회사(Co - operative Business Corporations),37) 협동조합경영협회(Co - operative Business Associations),38) 비영리 농업, 포도재배, 원예협동조합협회(Nonprofit Co - operative Agricutural, Viticultural and Horticultural Associations),39) 비영리협동조합법인(Nonprofit Co - operative Corporations),40) 도서관법인(Library Corporations)41)과 협동조합법인(Co - operative Corporations)42)은 폐지(repealed)되었다.

(2) 제2편 물권(Property)편의 체계

제2편 물권(Property)편은, 물권총칙(Property in General), 부동산(또는 물적)물권(Real or Immovable Property), 동산(또는 인적)물권(Personal or Movable Property) 및 물권취득(Acquisition of Property)으로 나뉘었다.

(a) 물권총칙(Property in General)은, 물권의 본질(Nature of Property), 소유권(Ownership) 및 일반정의(General Definitions)로 구성되었다.

(b) 부동산(또는 물적) 물권(Real or Immovable Property)은, 총칙(General Provisions), 물권인 부동산권(Estates in Real Property), 소

지되었음. Ibid., p.147.
35) 이것은 The Education Code(1940)에 의하여 흡수 폐지되었음. Ibid., p.147.
36) 이것은 The Education Code(1935)에 의하여 흡수 폐지되었음. Ibid., p.148.
37) 이것은 Stats에 의하여 1931년에 폐지되었음. Ibid., p.148.
38) 이것은 Stats에 의하여 1931년에 폐지되었음. Ibid., p.148.
39) 이것은 Stats에 의하여 1931년에 폐지되었음. Ibid., p.148.
40) 이것은 Stats에 의하여 1931년에 폐지되었음. Ibid., p.148.
41) 이것은 The Education Code(1943)에 의하여 흡수 폐지되었음. Ibid., p.150.
42) 이것은 The Corporation Code(1947)에 의하여 흡수 폐지되었음. Ibid., p.151.

유권자의 권리와 의무(Rights and Obligations of Owners), 유스와 신탁(Uses and Trusts) 및 권한(Powers)으로 구성되었다. 그러나 권한(Powers)[43]은 폐지(repealed)되었다.

(c) 동산(또는 인적) 물권(Personal or Movable Property)은, 인적물권총칙(Personal Property in General) 및 특수한 인적물권(Particular Kinds of Personal Property)으로 구성되었다.

(d) 물권취득(Acquisition of Property)은, 물권취득형태(Modes in Which Property may be Acquired), 무주물점유(Occupancy), 부합(Accession), 양도(Transfer), 자영농지법에 의한 농지취득(Homestead), 유언(Wills), 상속(Succession), 수리권(Water Rights), 수압채광(Hydraulic Mining), 채광청구, 갱도권 및 분쇄기부지(Mining Claims, Tunnel Rights and Mill Sites)로 구성되었다. 그러나 유언(Wills),[44] 상속(Succession),[45] 수압채광(Hydraulic Mining)[46] 및 채광청구, 갱도권 및 분쇄기부지(Mining Claims, Tunnel Rights and Mill Sites)[47]는 폐지(repealed)되었다.

(3) 제3편 채권(Obligations)편의 체계

제3편 채권(Obligations)편은, 채권총칙(Obligations in General), 계약(Contracts), 법정채권(Obligations Imposed by Law) 및 특수거래상의 채권(Obligations Arising from Particular Transactions)으로 나뉘었다.

---

43) 이것은 Code Amdts.(1873－4)에 의하여 폐지되었음. Ibid., p.192.

44) 이것은 The Probate Code(1873－4)에 의하여 흡수 폐지되었음. Ibid., pp.244~5.

45) 이것은 The Probate Code(1931)에 의하여 흡수 폐지되었음. Ibid., p.245.

46) 이것은 Public Resources Code에 의하여 흡수 폐지되었음. Ibid., p.249.

47) 이것은 Public Resources Code에 의하여 흡수 폐지되었음. Ibid., p.249.

(a) 채권총칙(Obligations in General)은, 채권의 정의(Definition of Obligations), 채권의 해석(Interpretation of Obligations), 채권양도 (Transfer of Obligations) 및 채권의 소멸(Extinction of Obligations) 로 구성되었다.

(b) 계약(Contracts)은, 계약의 본질(Nature of a Contract), 계약체 결방식(Manner of Creating Contracts), 계약의 해석(Interpretation of Contracts), 불법계약(Unlawful Contracts) 및 계약의 소멸(Extinction of Contracts)로 구성되었다.

(c) 법정채권(Obligations Imposed by Law)은, 권리침해(Abstinence from injury), 사기(Deceit) 등으로 구성되었다.

(d) 특수거래상의 채권(Obligations Arising from Particular Transactions) 은, 상품매매(Sale of Goods), 교환(Exchange), 임치(Deposit), 소비대 차(Loan), 고용(Hiring), 역무(Service), 운송(Carriage), 신탁(Trust[s]), 대리 (Agency), 조합(Partnership), 비법인비영리조합(Unincorporated Nonprofit Associations and Their Members), 보험(Insurance), 보상계약(Indemnity), 보증계약(Suretyship), 선취특권(Lien), 유통증권(Negotiable Instruments), 총칙(General Provisions)으로 구성되었다. 그러나 교환(Exchange),[48] 비법인비영리조합(Unincorporated Nonprofit Associations and Their Members),[49] 보험(Insurance[50])은 폐지(repealed)되었다.

(4) 제4편 총칙(General Provisions)편의 체계

제4편 총칙(General Provisions)편은, 권리구제(Relief), 채권자채무

---

48) 이것은 Stats에 의하여 1931년에 폐지되었음. Ibid., p.339.

49) 이것은 The Corporation Code(1947)에 의하여 흡수 폐지되었음. Ibid., p.446.

50) 이것은 The Insurance Code(1935)에 의하여 흡수 폐지되었음. Ibid., pp.446~448.

자특별관계(Special Relations of Debtor and Creditor), 생활방해(Nuisance) 및 법학의 법격언(Maxims of Jurisprudence)으로 나뉘었다.

(a) 권리구제(Relief)는, 구제총칙(Relief in General), 전보적 보상구제(Compensatory Relief) 및 특수예방적 구제(Specific and Preventive Relief)로 구성되었다.

(b) 채권자채무자특별관계(Special Relations of Debtor and Creditor)는, 일반원칙(General Principles), 사기적 수단 및 양도(Fraudulent Instruments and Transfers) 및 채권자를 위한 재산양도(Assignments for the Benefit of Creditors)로 구성되었다.

(c) 생활방해(Nuisance)는, 일반원칙(General Principles), 공해(Public Nuisances) 및 사해(Private Nuisances)로 구성되었다.

(d) 법학의 법격언(Maxims of Jurisprudence)은, 35개의 조문으로 구성되었다.

3. 두 민법전의 체계에 있어서 비교

지금까지 두 민법전의 체계를 분석한 바에 의하여 두 민법전의 구성에 있어서 그 체계를 비교하면, 다음과 같은 점을 발견할 수 있다.

로빈기어 초안은, 제1편 인(Persons), 제2편 채권(Obligations), 제3편 물권(Property/Real Rights) 및 제4편 재산상속(Succession to Property)으로 민법전의 체계를 구성하였다. 그러나 캘리포니아 주 민법전은, 제1편 인(Persons), 제2편 물권(Property), 제3편 채권(Obligations) 및 제4편 총칙(General Provisions)으로 민법전의 체계를 구성하였다. 그러므로 두 민법전의 체계에 있어서 그 편별의 체계적 차이는,

로빈기어 초안이 채권편을 물권편의 앞에 구성하였고, 재산상속을 별도의 편별을 하면서 총칙편을 별도로 구성하지 않았다는 점에서 캘리포니아 주 민법전과 다른 것이다. 여기에서 로빈기어 초안이 채권편을 물권편의 앞에 편별한 것은 재산의 이동관계를 우선한 것이라 할 것이지만, 오히려 독일 민법전의 체계에 따르고 있다 할 것이다. 그리고 로빈기어 초안이 총칙편을 별도로 구성하지 않은 것은, 각 편에 총칙 규정을 설치함으로써 각 법률관계에 있어서의 총칙적 규정을 두어서 따로 민법전 전반에 걸친 총칙편을 별도로 구성할 필요가 없다는 것이라고 할 것이다. 또한 로빈기어 초안이 재산상속(Succession to Property)을 별도로 편별한 것은 캘리포니아 주 민법전이 재산상속을 물권편의 재산취득에 규정하였다가 폐지하고 별도의 입법을 한 것을 고려한 것으로 보이고, 이와 같은 구성은 프랑스 민법전의 입법에 따른 것으로 보인다. 그렇지만, 두 민법전은 그 편별의 구성에 있어서, 그 체계를 독일 민법(BGB)의 체계와 같이 권리를 중심으로 하지 않고, 법률관계를 중심으로 구성함으로써 프랑스 민법전(Code Civil)의 체계에 따랐다는 점에서 동일한 것이라고 볼 수 있다. 이와 같이 로빈기어 초안은 실질적으로 미국의 캘리포니아 주 민법전을 모본으로 그 편별의 체계를 구성하였음을 확인할 수 있다.

Ⅲ. 두 民法典의 具體的 規定內容의 比較

1. 서

로빈기어 초안에서의 규정내용 가운데 미국의 캘리포니아 주 민법전에서의 규정과 유사한 제도의 규정내용을, 로빈기어 초안의 각 주(foot note)를 중심으로 하여, 그 비교 대상을 선정하여 구체적으로 비교하고자 한다. 왜냐하면, 두 민법전의 모든 규정의 내용을 비교하는 것은 이 연구의 목적을 벗어나기 때문이다. 그러므로 이 비교에 있어서 비교의 대상은 두 민법전이 규정하고 있는 유사한 제도에 한정하고, 비교의 방법으로는 두 민법전의 규정 내용을 원문에 의하여 조문 비교의 방식에 의한다.

2. 제1편 인(Persons)편의 규정내용

(1) 자연인(Natural)에 관한 규정내용의 비교

(a) 자연인의 권리능력(Legal Capacity)에 관한 규정[51]

자연인의 권리능력에 대하여, 로빈기어 초안 제2조는 외국인(alien)을 포함한 모든 사람(all persons)은 법적 한계(within legal limits)에서 동등한 능력(equal capacity)을 갖는다고 규정하였고, 이는 캘리포니아 주 민법전 제671조가 주(state) 소유권자(owner)를 시민(citizen) 또는 외국인(alien)이더라도 된다고 규정한 것을 참조하였다. 그러나 로빈기어 초안이 외국인을 포함한 것(including

___

51) Lobingier, C., op.cit., pp.1~2; Deering's Civil Code, op.cit., pp.10~16.

alien)으로 표현한 것은 캘리포니아 주 민법전이 시민 또는 외국인 (citizen or alien)으로 표현한 것과 다르다고 할 수 있다. 그리고 권리능력의 시기에 대하여, 로빈기어 초안 제3조는 출생(at birth)으로부터 시작되고, 그때부터 계산되는(is reckoned therefrom) 것으로 규정하였고, 이는 캘리포니아 주 민법전 제26조에서 미성년의 기간계산(period of minority, how calculated)에 관하여 출생일 시작부터 계산되고(must be calculated from the first minute of the day on which persons are born) 그때부터 미성년기가 시작되는 것으로 규정한 것을 참조하였다. 또한 로빈기어 초안이 태아(the not born)는 출생 후(after birth)에 그의 이익을 보호받는 것으로 하였고, 이는 캘리포니아 주 민법전 제29조(Unborn child as existing person: Limitation of actions to recover for injuries suffered before birth)에서 규정한 내용을 참조하였다. 여기에서 양 법전은 권리능력의 시기와 태아의 지위에 관하여 동일한 취지를 규정하고 있다.

(b) 친족관계(Kinship)에 관한 규정[52]

먼저 양친자관계에 대하여, 로빈기어 초안 제10조는 입양일(the date of adoption)로부터 양친(the adopter)과 친족(consanguineal kindred)과의 혈족관계가 발생하는 것으로 규정하였고, 다음으로 계모자 및 적모서자의 관계에 대하여도, 로빈기어 초안 제10조는 혈족관계가 존재하는 것으로 규정하였다. 이에 대하여, 캘리포니아 주 민법전 제288조(Effect of adopted child: Effect of adoption)에서 양자는 양친의 성(the family name of the person adopting)을 따르고, 입양 후

---

52) Lobingier, C., op.cit., p.3; Deering's Civil Code, p.93.

에는 친자의 관계를 갖게 되는 것으로 규정하였고, 또한 제229조
(Effect on former relations of child)에서 양친(the parents of an
adopted child)은 입양 후 부모로서의 의무와 책임이 있는 것으로
규정한 것을 로빈기어 초안은 참조하였다. 그러나 로빈기어 초안이
법정혈족으로 입양 이외에 계모자 및 적모서자의 관계를 포함하고
있는 것이 캘리포니아 주 민법전과 다른 점이다.

(c) 혼인(Matromony)에 관한 규정53)

혼인의 정의(nature)에 대하여, 로빈기어 초안 제35조는 남녀가
부부로서 동거하기 위한 계약에서 이뤄지는 신분이라고 하였다. 이
에 대하여, 캘리포니아 주 민법전 제55조(What constitutes marriage)
에서 계약을 체결할 수 있는 당사자의 의사에 의하여 체결되는 사
적계약(a civil contract)에서 발생하는 인적관계(a personal relation)
라고 정의하고 있다. 로빈기어 초안은 캘리포니아 주 민법전 제55
조를 참조하고 있으나, 캘리포니아 주 민법전이 인정하고 있는 '의
사에 의하지 않은 결혼'을 받아들이지 않은 것이 차이점이다. 그리
고 혼인계약의 해소사유에 대하여, 로빈기어 초안 제38조는 7개
사유를 들고 있고 그 가운데 결혼식에 의도적으로 나타나지 않는
것(동조 제7호)을 들고 있다. 이에 대하여, 캘리포니아 주 민법전
제62조(Release from promise to marry: Unchastity)는 당사자의 부정
(unchastity)을 혼인의 해소사유로 규정하고 있다. 따라서 로빈기어
초안은 혼인의 해소사유를 규정함에 캘리포니아 주 민법전을 참조
하였으나, 그 정신을 받아들인 것에 불과한 것이다. 또한 부부재산

---

53) Lobingier, C., pp.8~13; Deering's Civil Code, pp.27, 64~74.

(Marital Property)에 대하여, 로빈기어 초안 제44조는 부부별산제를
규정하였고, 이는 캘리포니아 주 민법전 제162조(Separate property
of the wife), 제163조(Separate property of the husband) 및 제164조
(Property acquired after marriage: Presumptions: Limitation of
certain actions)를 참조하였다. 또한 부의 재산관리(Management)에
대하여, 로빈기어 초안 제45조는 부는 처의 재산을 자신의 재산과
동일하게(as well as of his own) 관리할 수 있는 것으로 규정하였
고, 이는 캘리포니아 주 민법전 제172조(Management of community
personal property: Limitations: Consent of wife)에서 부(husband)가
처의 서면에 의한 의사가 없어도(without the written consent of the
wife) 공동재산을 관리(the management and control of the community
personal property)할 수 있는 것을 받아들인 것이다. 한편 비용부담
(Expenses)에 대하여, 로빈기어 초안 제46조는 부 또는 호주가 된
처는 양육비, 배우자의 채무 등을 포함한 혼인생활비용(the
matrimonial expenses)을 부담하는 것으로 규정하였고, 이에 대하여
캘리포니아 주 민법전 제143조(Community and separate property
may be subjected to support and educate children) 및 제687조
(Community property)를 받아들인 것이다. 그리고 부부재산의 성립
(Creation)에 대하여, 로빈기어 초안 제47조는 배우자(the spouses)는
혼인 전후에 서면계약(a written contract)에 의하여 성립되고, 부
(husband)는 분할소유권(in separate ownership)과 같이 관리하고 그
비용은 공동재산에서 지불하는 것으로 규정하였고, 이에 대하여 캘
리포니아 주 민법전 제687조(Community property)를 받아들인 것
이다. 이와 함께 배우자의 책임(Liability)에 대하여, 로빈기어 초안

제48조는 각 배우자(each spouse)는 각자 책임을 지고, 혼인 전의 채무(debts incurred before marriage)와 다른 배우자의 대리(the agency of the other spouse)에 의한 채무는 공동재산의 확대로 보아 책임을 지는 것으로 규정하였고, 이에 대하여 캘리포니아 주 민법전 제170조(Liability for premarriage debts of wife)와 제171조(Liability of separate property of wife)를 받아들인 것이다. 마지막으로 혼인의 해소(Termination)에 대하여, 로빈기어 초안 제52조는 혼인의 무효사유(Annulment)를 규정하였고, 이에 대하여 캘리포니아 주 민법전 제82조(Causes for annuling marriages)가 6개의 사유를 규정한 것과 제92조(Grounds for divorce)가 이혼사유로 7개의 사유를 규정한 것을 받아들인 것이다. 특히 이혼 가운데 재판상 이혼(Dissolution, Judicial)에 대하여, 로빈기어 초안 제54조는 그 사유를 부정행위(Adultery) 등 8개의 사유를 규정하였고, 이에 대하여 캘리포니아 주 민법전 제93조(Adultery defined), 제90조(Marriage, how dissolved), 제111조(Divorces denied, on showing what) 및 제91조(Effect of divorce)를 참조하여 받아들인 것이다.

(d) 친자(Parentage)에 관한 규정[54]

먼저 친권의 범위(Parental Authority, Extent)에 대하여, 로빈기어 초안 제59조는 어린이의 감독(custody of the child) 등 7개의 항목으로 규정하였고, 이에 대하여 캘리포니아 주 민법전 제196조(Obligation of parents for the support and education of their children) 및 제197조(Custody of legitimate child)를 참조하여 받아

---

54) Lobingier, C., pp.13~15; Deering's Civil Code, pp.75~94.

들인 것이다. 그리고 친권의 행사(Exercise)에 대하여, 로빈기어 초안 제60조는 부(the father)의 동의가 없는 경우와 부모 모두가 불가능한 경우에는 다른 사람에 의하여 행사하여야 한다고 규정하였고, 이에 대하여 캘리포니아 주 민법전 제197조 및 제198조(Husband and wife living separate, neither to have superior right to custody of children)를 참조하여 그 정신을 받아들인 것이다. 부모에 대한 어린이의 권리(Rights)에 대하여, 로빈기어 초안 제61조는 부양, 보호, 교육을 받고, 호주의 성(the household surname)을 가질 권리를 규정하였고, 이에 대하여 캘리포니아 주 민법전 제196조(Obligation of parents for the support and education of their children) 및 제198조를 참조하여 받아들인 것이다. 친권의 자동소멸(Automatic termination)에 대하여, 로빈기어 초안 제62조는 어린이가 성년이 되거나, 혼인을 하거나 후견인이 있는 경우에는 친권이 정지된다고 규정하였고, 이에 대하여 캘리포니아 주 민법전 제204조(When parents authority ceases)에서 3개의 사유를 규정하고 있는 것을 참조하여 받아들인 것이다. 준정(Legitimacy)의 정의(Defined)에 대하여, 로빈기어 초안 제63조는 혼인상태(in wedlock)에서 태어나거나 혼인해소 후 10월 이내의 모로부터 태어난 모든 어린이는 준정이 된다고 규정하였고, 이에 대하여 캘리포니아 주 민법전 제193조(Legitimacy of children born in wedlock) 및 제194조(Children after dissolution of marriage)를 참조하여 받아들인 것이다. 그리고 준정의 추정(the presumption of legitimacy)에 대하여, 로빈기어 초안 제64조는 준정의 추정은 배우자 또는 3촌 이내의 그 상속인에 의하여 법적으로 다툴 수 있다고 규정하였고, 이에 대하여 캘리포니아 주 민법전 제195조(Who may dispute the legitimacy of a child)를 참조하여 받아들인 것이다. 비준정이고, 혼인하지 않은 미성년자의 모의 권리에 대하여, 로빈기어 초안 제65조는 보호, 봉사 및 소득이 인정된다고 규정하였고, 이에 대하여 캘리포니아 주 민법전 제200조(Custody of an illegitimate child)를 그대로 받아들인 것이다. 또한 준정절차에 대하여, 로빈기어 초안 제66조는 비준정의 어린이는 그의 부모의 혼인 또는 부의 추인에 의하여 준정이 되는 것으로 규정하였고, 이에 대하여 캘리포니아 주 민법전 제215조(When child becomes legitimate)에서의 부모의 혼인(the subsequent marriage of its parents)으로 준정되는 것과 제230조(Adoption of illegitimate child)에서 부의 공적인 추인(by publicly acknowledging it as his own)에 의한 준정을 받아들인 것이다. 준정의 강제(Enforcement)에 대하여, 로빈기어 초안 제67조는 추인은 모 또는 비준정인 어린이를 대리하는 후견인의 소송상 청구(the suit of the mother or guardian in behalf of an illegitimate child)로 부성추정(by providing paternity)을 강제할 수 있다고 규정하였고, 이에 대하여 캘리포니아 주 민법전 제196조a(Liability for support of illegitimate child: Action to enforce obligation)를 받아들인 것이다. 그리고 입양(Adoption)의 정의(Defined)에 대하여, 로빈기어 초안 제69조는 입양은 어른(adult)이 다른 사람의 미성년인 어린이에 대하여 친권(paternal authority)을 취득하는 절차라고 규정하였고, 이에 대하여 캘리포니아 주 민법전 제228조(Name of adopted child: Effect of adoption)를 참조하여 그 정신을 받아들인 것이다. 입양의 필수조건(Requisites)에 대하여, 로빈기어 초안 제70

조는 (1) 입양자보다 적어도 15세 이상일 것(at least fifteen years older than the adopted one), (2) 혼인한 경우에는 배우자의 동의가 있을 것(have the spouse's consent if married)을 규정하였고, 이에 대하여 캘리포니아 주 민법전 제222조(Who may adopt), 제223조 (Consent of other spouse necessary), 제225조(Consent of child) 및 제224조(Consent of parents: When mother alone may consent: Illegitimate children: When consent of parents unnecessary)를 참조 하여 받아들인 것이다.

 (e) 후견인(Tutelage)에 관한 규정[55]

후견의 종류(Kinds)에 대하여, 로빈기어 초안 제81조는 후견인이 (1) 미혼의 미성년자를 위하여(for unmarried minors), 그리고 (2) 금 치산자를 위하여(for interdicts) 지정후견인을 두게 되고, 일반후견 인은 피후견인의 재산에서 보수(charge)를 받을 수 있다고 규정하 였고, 이에 대하여 캘리포니아 주 민법전 제239조 및 제240조 이 하의 후견인(Guardian and Ward)에 관한 규정을 참조하였으나, 1872 년에 폐지되었고, 이에 관한 규정은 Probate Code by State(1931)에 로 옮겨졌다. 그리고 후견의 종료(Termination)에 대하여, 로빈기어 초안 제86조는 미성년자의 혼인(the infant ward's marriage), 성년 (attainment of majority), 금치산선고의 취소(the interdicted ward's recovery), 피후견인 또는 후견인의 사망(death of either ward or guardian) 및 후견인의 사퇴(removal)를 규정하였고, 이에 대하여 캘 리포니아 주 민법전 제254조를 참조하여 받아들였으나, 이에 관한

---

55) Lobingier, C., pp.15～17; Deering's Civil Code, p.94.

규정은 폐지되었다. 후견인의 해임에 대하여, 로빈기어 초안 제87조
는 친족회(the Household Council)에 의하여 해임될(may be removed)
수 있음을 규정하였고, 이에 대하여 캘리포니아 주 민법전 제253
조를 참조하여 받아들였으나, 이에 관한 규정은 폐지되었다.

(f) 부양(Maintenance)에 관한 규정56)

부양의 정의(Defined)에 대하여, 로빈기어 초안 제88조는 생계수
단이 없는 돈이 없는 사람은 사회적 지위(the social status)와 수단
(their means)에 비례하여 다른 사람으로부터 지원을 받을 수 있다고
규정하였고, 이에 대하여 캘리포니아 주 민법전 제206조(Reciprocal
duties of parents and children in maintaining each other)를 참조하
여 받아들인 것이다. 그리고 부양의무(Mutual obligations)에 대하여,
로빈기어 초안 제89조는 (1) 직계혈족(lineal kindred), (2) 동일한 가
에 있는 다른 배우자의 배우자와 부모(a spouse and parents of the
other spouse in the same household), (3) 형제자매(brothers and
sisters) 및 (4) 호주와 가족(the household head and members) 사이
에 부양의무가 있는 것으로 규정하였고, 이에 대하여 캘리포니아
주 민법전 제196조(Obligation of parents for the support and
education of their children) 및 제206조(Reciprocal duties of parents
and children in maintaining each other)를 참조하여 받아들인 것이다.

---

56) Lobingier, C., pp.17~18; Deering's Civil Code, p.79.

(2) 법인(Juristics Persons)에 관한 규정내용의 비교

(a) 법인(Juristic persons) 총칙에 관한 규정[57]

법인에 관한 총칙(General Provisions)에 있어서, 로빈기어 초안은 제95조에서 제100조까지 법인의 정의(Defined), 능력(Capacity) 등 통칙적인 규정을 하고, 법인의 책임(Liability)을 제101조에서 제104조까지 규정하였다. 이에 대하여 캘리포니아 주 민법전은 법인의 총칙(General Provisions Applicable to All Corporations)을 제277조에서 제413조까지 규정하였던 것을 회사법(Corporation Code)의 제정과 더불어 제290조a, 제330.24조, 제330.25조 및 제331조를 제외하고 모두 삭제 내지 폐지되었다. 따라서 법인의 설립허가(Certificate of approval)에 관하여 제290조a를 규정하고, 주식의 양도와 인증에 있어서 상호음료수회사(Mutual water companies)에 관하여 제330.24조 및 제330.25조를 규정하였으며, 과세(Assessments)에 관하여 제331조를 규정한 것에 불과하다. 여기에서 로빈기어 초안은 캘리포니아 주 민법전을 전혀 참조하지 않은 것이다.

(b) 법인의 종류(Classes)에 관한 규정[58]

법인의 종류에 대하여, 로빈기어 초안은 국내회사(Domestic), 외국회사(Foreign Cooporations), 농업협동조합(Agriculture Coorporative Associations) 및 재단(Foundations/Endowments)으로 나누고, 국내회사에 있어서는 주로 주식회사의 조직(주주, 정관 및 기관), 운영, 합병 및 해산 등에 관하여 규정을 하였고, 외국회사에 있어서는

---

57) Lobingier, C., p.35; Deering's Civil Code, pp.96~98.
58) Lobingier, C., pp.36~57, 77~88; Deering's Civil Code, pp.101 et seq.

제한과 허가 등에 관하여 규정하였으나, 이에 대하여 캘리포니아 주 민법전은 보험회사(제414조 내지 제453.14조), 철도회사(제454 조 내지 제494조), 도시철도회사(제497조 내지 제511조), 화물운송 회사(제512조 내지 제524조), 연안부두회사(제528조 내지 제531조), 전신전화회사(제536조 내지 제541조), 내수운송회사(제548조 내지 제552조), 자작농지회사(제557조 내지 제566조), 예출금회사(제571 조 내지 제583조a), 광업회사(제584조 내지 제590조), 비영리법인 (제593조 내지 제606조), 아동동물학대방지협회(제607조 내지 제 607조g), 묘지회사(제608조 내지 617조) 등 각종의 회사에 관하여 각각 규정을 하였으나 삭제되거나 폐지되어 단행법률로 됨에 따라 서 로빈기어 초안은 이를 직접 받아들이지 않은 것 같다. 그러나 로빈기어 초안은 농업협동조합에 있어서 상세한 규정을 하면서 캘 리포니아 주 민법전이나 캘리포니아 주 농업법(California Agricultural Code)을 참조한 것은 특색이라고 할 것이다. 이에 대한 캘리포니아 주 민법전은 농업공진회회사(제620조 내지 제622조)에서 농지소유 의 상한, 부채 및 책임의 한도, 비영리 등을 규정하고 있다. 그러 나 로빈기어 초안은 농업협동조합의 목적, 설립 및 구조, 운영 등 에 관한 상세한 규정을 한 것에서 서로 다른 것이다. 그리고 재단 에 있어서 로빈기어 초안은 설립 및 등기 등에 관하여 규정하였지 만, 캘리포니아 주 민법전은 비영리법인에 관하여 각종의 회사형식 으로 규정함으로써 서로 다른 것이다.

3. 제2편 채권(Obligations)편의 규정내용

(1) 두 민법전의 편제에 관한 규정의 비교

로빈기어 초안은 채권(Obligations)을 제2편에 편별을 함으로써, 캘리포니아 주 민법전이 제2편 물권에 이어서 제3편에 편별을 한 것과는 매우 다른 점이다. 이와 같은 캘리포니아 주 민법전의 채권에 관한 편제는 우리나라의 현행 민법전의 편제와 같다고 할 수 있다. 그럼에도 불구하고, 채권편의 규정내용에 있어서는 매우 유사한 것이 특색이라 할 수 있다.

(2) 채권총칙(Provisions Common to All/Obligations in General)에 관한 규정내용의 비교

(a) 채권의 의의, 채권의 해석, 채권양도 및 채권의 소멸에 관한 규정[59]

이에 대하여 로빈기어 초안은 채권총칙(Provisions Common to All, 제273조 내지 제385조)에 규정하였으나, 캘리포니아 주 민법전은 채권총칙(Obligations in General, 제1427조 내지 제1543조) 및 계약 (Contracts, 제1549조 내지 제1701조)에서 규정을 하였다. 다만 로빈기어 초안이 대륙법계의 입법례[60]를 받아들인 것이 약간 다를 뿐이다.

(b) 채권의 발생원인에 관한 규정[61]

이에 대하여 로빈기어 초안은 계약(제386조 내지 제922조), 준계

---

59) Lobingier, C., pp.100~115, 126~133; Deering's Civil Code, pp.250~269.

60) 독일, 일본 및 중국의 민법전 중 채권총칙에 관한 것을 많이 참조하고 있음. Lobingier, C., op.cit., pp.116 et seq.

61) Lobingier, C., pp.150 et seq.; Deering's Civil Code, pp.304 et seq.

약(제923조 내지 제932조), 불법행위(제933조 내지 제950조) 및 준
불법행위(제951조 내지 제955조)를 들고 있으나, 캘리포니아 주 민
법전은 계약(제1549조 내지 제1701조), 법정채권(제1708조 내지 제
1715조) 및 특정거래에 의한 채권(제1721조 내지 제3268조)을 들
고 있다. 여기에서 로빈기어 초안의 계약은 캘리포니아 주 민법전에
서 특정거래에 의한 채권에 관한 규정내용을 받아들이고 있다. 그리
고 로빈기어 초안의 불법행위는 캘리포니아 주 민법전에서 법정채
권에 관한 규정내용을 받아들이고 있다. 그러나 로빈기어 초안의 준
계약이나 준불법행위는 대륙법계의 입법례[62]를 받아들인 것이다.

(3) 계약의 종류에 관한 규정내용의 비교

이에 대하여 로빈기어 초안은 특수형태의 계약으로 증여(제418
조 내지 제425조), 교환(제426조), 소비대차(제427조 내지 제430조),
사용대차(제431조 내지 제435조) 및 임치(제436조 내지 제523조)를
규정하였고, 물적담보계약으로 동산질권(제526조 내지 제536조),
저당권(제537조 내지 제545조), 전세권(제546조 내지 제551조), 환
매(제552조 내지 제559조) 및 유치권(제560조 내지 제569조)을 규
정하였으며, 그 밖의 담보계약으로 선취특권(제570조 내지 제575
조), 보증(제576조 내지 제588조) 및 보험(제589조 내지 제633조)
을 규정하였다. 그리고 매매(제653조 내지 제679조), 임대차(제680
조 내지 제695조), 고용과 용역(제695조 내지 제764조), 위임(제797
조 내지 제824조), 유가증권(제833조 내지 제922조)을 규정하였
다.[63] 그러나 캘리포니아 주 민법전은 모두 특정거래에 의한 채권

---

62) 독일, 프랑스, 일본 및 중국의 입법례를 받아들였음. Lobingier, C., op.cit., pp.346 et seq.

으로 매매(제1721조 내지 제1800조), 교환(제1804조 내지 제1807
조), 임치(제1813조 내지 제1881.3조), 소비대차(제1884조 내지 제
1920조), 고용(제1925조 내지 제1959조), 용역(제1965조 내지 제
2079조), 운송(제2085조 내지 제2209조), 신탁(제2215조 내지 제
2289조), 대리인계약(제2205조 내지 2389조), 조합(제2305조 내지
제2520조), 비영리비법인체(제2523조 내지 제2525조), 보험(제2527
조 내지 제2769조), 배상금(제2772조 내지 제2781조), 보증(제2787
조 내지 제2866조), 선취특권(제2872조 내지 제3080조) 및 유가증
권(제3082조 내지 제3266조d)을 규정하였다.[64] 여기에서 로빈기어
초안은 캘리포니아 주 민법전의 계약유형을 모본으로 하면서 대륙
법계의 계약과 한국에 특유한 전세권 등 담보계약[65]을 규정한 것
이 특색인 것이다.

(4) 불법행위에 관한 규정내용의 비교

이에 대하여 로빈기어 초안은 책임(제933조 내지 제939조)을 규
정하고 각종의 불법행위로 신체상해(제940조 내지 제941조), 명예
훼손(제942조 내지 제944조) 및 재산침해(제945조 내지 제950조)를
규정하였으나,[66] 캘리포니아 주 민법전은 신체상해(제1708조), 사
기(제1709조 내지 제1711조), 불법취득물반환(제1712조), 책임(제
1714조), 자동차소유자책임(제1714조1/2), 자동차사고에 대한 국가
등의 책임(제1714조1/2), 대기오염물책임(제1714.5조[1]), 계엄 등의

---

63) Lobingier, C., pp.157 et seq.

64) Deering's Civil Code, pp.304 et seq.

65) 尹大成, 「로빈기어의 韓國民法典草案과 物的擔保法의 體系」(1994), 156~186면.

66) Lobingier, C., pp.342~344.

포고위반(제1714.5조[2]) 및 기타 채권(제1715조)을 규정하였다.[67] 여기에서 로빈기어 초안은 캘리포니아 주 민법전에서의 불법행위에 관한 유형을 모두 받아들이지 않았음을 알 수 있다. 그러나 기본유형에서 일치하지만, 로빈기어 초안은 이를 불법행위로 편제하였음에 대하여 캘리포니아 주 민법전은 법정책임(Obligations imposed by law)으로 한 것이 크게 다르다 할 것이다.

4. 제3편 물권(Property/Real Rights)편의 규정내용

(1) 물권총칙(Property in General/Nature)에 관한 규정내용의 비교

이에 대하여 로빈기어 초안은 물권의 본질(Nature)에서 정의(제956조), 과실(제957조) 및 종물(제958조)을 규정하였으나,[68] 캘리포니아 주 민법전은 물권총칙(Property in General)에서 물권의 본질(제654조 내지 제663조), 소유권(제669조 내지 제742조) 및 일반정의(제748조 내지 제749조)를 규정하였다.[69] 여기에서 로빈기어 초안에서의 물권의 본질은 캘리포니아 주 민법전의 물권총칙을 모본으로 하되, 대륙법계의 과실 및 종물을 입법하였음을 알 수 있다.

(2) 물권이 종류에 관한 규정내용의 비교

이에 대하여 로빈기어 초안은 물권을 소유권(제959조 내지 제961조), 유체재산(제962조 내지 제1052조) 및 무체재산(제1075조 내지 제1211조)으로 분류하였으나,[70] 캘리포니아 주 민법전은 부

---

67) Deering's Civil Code, pp.300 et seq.

68) Lobingier, C., p.349.

69) Deering's Civil Code, pp.152~155.

70) Lobingier, C., pp.349 et seq.

동산물권(제755조 내지 940조)과 동산물권(제946조 내지 제996조)으로 분류하였다.[71] 여기에서 로빈기어 초안은 캘리포니아 주 민법전과 달리 소유권에서 제한물권으로 지역권, 용익물권, 지상권 및 영소작권을 규정함으로써, 대륙법계의 입법[72]을 수용한 것이 특색이다.

(3) 물권의 변동에 관한 규정내용의 비교

이에 대하여 로빈기어 초안은 별도의 구분을 하지 않고 유체재산과 무체재산에 있어서 그 취득, 변경 및 상실에 대하여 규정을 하였으나,[73] 이와 달리 캘리포니아 주 민법전은 물권의 취득(PART Ⅳ)에 관하여 별도의 규정을 하면서 그 취득의 형태(제1000조 내지 제1001조), 선점(제1006조 내지 제1007조), 승계취득(제1013조 내지 제1033조), 양도(제1039조 내지 제1231조), 자작농(제1237조 내지 제1269조c), 유언(제1270조 내지 제1377조), 상속(제1383조 내지 제1409조), 수리권(제1410조 내지 제1422조), 사금채광(제1424조 내지 제1425조) 및 광산조광권(제1426조 내지 제1426조s)을 규정하였다.[74] 여기에서 로빈기어 초안은 재산상속(Succession to Property)을 제4편에 별도로 편별을 함으로써 캘리포니아 주 민법전과 크게 다르다. 이것은 로빈기어 초안이 프랑스 민법전과 같은 대륙법계의 입법을 모본으로 한 것으로 보인다. 특히 로빈기어 초안에서 물권의 변동을 별도의 구분을 두어서 모아 놓지 않고 각 물

---

71) Deering's Civil Code, pp.170 et seq.

72) 프랑스, 독일, 일본 및 중국의 물권법을 받아들이고 있음. Lobingier, C., op.cit. pp.360 et seq.

73) Libingier, C., pp.350 et seq.

74) Deering's Civil Code, pp.199 et seq.

권에 관하여 규정한 것은 로빈기어의 입법방향에 관련된 것으로
서,[75] 각 물권과 함께 관련된 것을 규정한다는 것임을 알 수 있다.

5. 민법총칙에 관한 규정내용

이에 대하여 로빈기어 초안은 민법의 전체에 관한 총칙규정을
편제하여 입법하지 않았다. 그러나 캘리포니아 주 민법전은 제4편
에 민법총칙에 해당하는 규정으로 신의(제3274조 내지 제3423조),
채권자채무자의 특별관계(제3429조 내지 제3473조), 생활방해(제
3479조 내지 제3503조) 및 법률격언(제3500조 내지 제3543조)을
규정하였다.[76] 여기에서 로빈기어는 민법 전반에 걸친 총칙의 필
요성을 인정하면서도, 그의 입법에 있어서는 그와 같은 필요성을
배제하였음을 알 수 있다.

Ⅳ. 結語

이와 같이 로빈기어 초안을 캘리포니아 주 민법전과 비교 연구
함으로써, 로빈기어가 한국민법전초안을 기초함에 있어서 캘리포니
아 주 민법전을 모본으로 하고 이미 대륙법의 영향을 받은 한국의
실정에 맞는 절충적인 민법전을 만들고자 하였음을 알 수 있다.
이와 같은 입법태도는 미합중국에 있어서 커먼 로(Common Law)

---

75) 尹大成, 「韓國民法典編纂에 미친 英美法의 影響: 美軍政時代(1945 - 1947)의 民法
   典編纂과 로빈기어(Lobingier, C.)의 韓國民法典草案(Proposed Civil Code for Korea)을
   중심으로」(1994), 14~15면.

76) Deering's Civil Code, pp.590 et seq.

와 대륙법의 절충적인 경험을 바탕으로 한 것이라고 할 수 있다. 그 대표적인 것이 필드(Field) 법전이다. 그러나 필드 법전의 확산에 대하여 헨리 잉거솔(Henry Ingersoll)은 '완전히 다른 사회, 경제 환경에 맞게 준비된 소송법전을 타주에 적용하려는 어리석은 시도'라고 비난을 하였다.[77]

우리나라에서도 로빈기어의 한국민법전초안은 미국에서 필드 법전에 대한 비난과 마찬가지의 비판을 받게 된다. 즉 한국 정부가 수립되고 정부 안에 법전편찬위원회가 구성되어 민법전의 입법을 하면서 로빈기어 초안은 지나치게 영미법적인 것이라 받아들일 수 없다고 비판하면서, 당시 시행되고 있던 일본 민법의 개정이라는 수준에서 한국 민법전의 편찬이 추진된 것은 '법적안정성'이라는 것만으로 받아들이기에는 너무 편협하고 졸속한 입법태도이었음을 알 수 있다.

제4절 로빈기어의 「韓國民法典草案」과 物的擔保法의 體系

Ⅰ. 序說

여기에서는 먼저 로빈기어의 한국민법전초안에 있어서 물적담보법의 규정을 살펴보고, 다음으로 물적담보법의 내용을 분석하여, 로빈기어는 물적담보법에 대하여 어떠한 입법의사였는가를 검토하

---

77) Friedman, Lawrence M./안경환 역, 『美國法歷史』(1988), 482~483면. 헨리 잉거솔(Henry Ingersoll)은 테네시 大學校의 學長으로 1891년 예일 로 저널(Yale Law Journal)에 발표한 글 중에서 필드(Field) 法典에 대하여 비판을 하였음.

고, 끝으로 한국 민법전에서의 물적담보법을 어떠한 체계로 하고자
하였는가를 밝히고자 한다.

Ⅱ. 로빈기어의 「韓國民法典草案」에서 物的擔保法의 規定

1. 물적담보법에 관한 개요

로빈기어의 한국민법전초안은, 물적담보법에 관하여, 이를 제2편
채권관계(Obligations, PART Ⅱ)에서 계약(contract)의 한 유형으로
규정하였다. 즉 물적담보법을 채권관계법으로 하여 이를 다음과 같
이 규정하였다.

첫째, 총칙(Provisions applicable to All)에 관하여, 제524조 내지 제
525조에 규정하였다. 둘째, 질권(Pledge; Pignus, Pawn of Movables)
에 관하여, 다시 첫째로 일반질(In general; 동산질)을 제526조 내지
제530조, 둘째로 권리질(Pledge of Intangibles; Rights)을 제531조
내지 제536조에 각각 규정하였다. 셋째, 저당권(Hyptheca; Mortgage)
에 관하여, 제537조 내지 제545조에 규정하였다. 넷째, 전세권
(Antichresis; Chinese Dien)에 관하여, 제546조 내지 제550조에 규
정하였다.78) 다섯째, 환매(Sale with Right of Redemption; Lat.,
Pactum de Retreemendo; Spanish, Pacto de Retro; French, Vente a
Remiere)에 관하여, 제552조 내지 제559조에 규정하였다. 여섯째,
유치권(Possessory Liens; Right of Retention)에 관하여, 다시 첫째로

---

78) 이에 관하여는, 尹大成, 「로빈기어의 韓國民法典草案과 傳貰權」(1993), 56면 이하에
서 詳論하였음.

일반규정(General Provisions)을 제560조 내지 제565조, 둘째로 각종의 유치권(Classes) 및 준용, 소멸(Extinction)을 제566조 내지 제569조에 각각 규정하였다.

이와 같이 로빈기어는, 물적담보법을 채권관계법 가운데 총 46개 조문으로 규정함으로써, 이를 담보계약의 유형으로 하였다. 따라서 민법상의 물적담보계약을 질권, 저당권, 전세권, 환매 및 유치권 등 5개를 예정한 것이다.

2. 로빈기어 초안의 물적담보법의 규정 원문

로빈기어의 한국민법전초안에서의 물적담보법에 관한 규정의 원문을 보면 다음과 같다. 즉 초안 제2편 채권관계(Obligations, PART Ⅱ) 가운데 물적담보계약(Pignorative(Pledge) Contracts)[79]으로서 물적담보법을 규정하고 있다.[80]

---

79) 이 Pignorative Contract는, 민법(civil law)에서, 物的(realy) 擔保契約인 Pledge, hypothecation 또는 mortgage계약을 말한다. Black, Henry C., BLACK'S LAW DICTIONARY, (St. Paul Minn.: West Publishing Co., 1979), p.1033. 또한 Pledge는, 어떤 채무나 계약을 담보하기 위하여 債權者에게 物件의 占有를 移轉하는 것이다(Ibid., p.1038). Hypotheca는, 로마법의 용어로, pledge 또는 mortgage를 가리키며, pignus와의 차이는 pledge에서 債務者에게 포쎄시오(possessio)를 그대로 두는 점이다. 그러므로 Hypotheca는, 債務를 위한 擔保로 物件을 擔保하기 위하여, 그 목적물을 상대방에게 物理的 移轉없이 登記를 해 줌으로써 그 목적물을 賣却할 권리를 갖게 하는 것을 말한다(Ibid., pp.668~669). Mortgage는, 債務의 辨濟 또는 義務履行을 위하여 담보로 함에 文書로써 성립하는 것으로 토지에 있어서 유용한 것이고, 普通法(Common law)에서 不動産은 모게지(mortgage)의 要式契約에 의하여 성립하여 金錢支給 등과 같은 어떤 行爲의 履行을 擔保하였다. 이는 法的名義를 讓渡하지만 그 名義는 債務者의 義務履行 또는 債務支給으로 無效가 되는 것이다(Ibid., pp.991ff).

80) Lobingier, C., op.cit., pp.188~194, pp.210~218.

(a) Provisions Applicable to All

(Art. 524) Definition and Nature. Pignorative contracts are auxiliary to other obligations to secure the performance thereof.[81] Hence they are accessory to the principal obligation and are indivisible.2[82]

The subject matter must be alienable3[83] and the debator must be the owner or otherwise entitled to pledge it.4[84] But it may be sold if the debt is not paid at maturity,5[85] and any agreement to waive such sale and vest ownership in the pledge is void.6[86]

(Art. 525) Exitinction. Pignorative contracts are extinguished by the creditor's renunciation or acquisition of ownership, redemption, adjudication, authorized sale or destruction of the subject matter to the one entitled to receive it.8[87]

---

81) 이에 대하여 로빈기어는, '인적 담보'(personal credit)의 결함을 잘 알았던 옛날 사람들은, 어떤 물건에 대한 채권자의 우선권에 의하여 담보됨으로써 채무가 안전하게 될 수 있도록 신용을 창조할 필요가 있음을 이미 알았다.
"담보된 신용은 특히 토지거래에 있어서 발전하였다. 초기에 있어서 그것의 법적 형식(담보권)은 조잡하고 불안정하였으며 특히 신용거래의 담보에 적합하지 못하였다(비교하자면, 로마법에서의 fiducia cum creditore, 독일법의 Kauf auf Wiedefkauf, 프랑스법의 vente a remere 등). 시간이 흐름에 따라서 이러한 형식들은 더욱 다듬어지고, 복잡해져서, 제공된 재산의 등록부에 청구권이 들어감으로써 물적담보의 성격을 갖게 되었다. 담보된 목적물은 채무자에게 남아 있고, 채무불이행인 경우에 채권자는 담보된 목적물을 경매하여 매각된 대금에서 만족을 얻게 되었다(부동산저당)"고 설명하면서, American Law Institute's Restatement of Security, Sec. 1; Cater v. Merrell, 14, Louisiana Annual, 375, 376; Riasnovsky, Modern Civil Law of China (1927) Vol.1, p.66을 들고 있다. Lobingier, C., op.cit., P.210.

82) 이에 대하여 로빈기어는, 40 Corpus Juris, 1352, notes 16, 17을 들고 있다. Ibid., p.210.

83) 이에 대하여 로빈기어는, 일본 민법 제343조를 들고 있다. Ibid., p.210.

84) 이에 대하여 로빈기어는, 40 Corpus Juris, 1352, n.18을 들고 있다. Ibid., p.210.

85) 이에 대하여 로빈기어는, 상게서 1352 및 Enforcement No.21을 들고서, 멕시코 민법 제1800조, 제1851조; 필리핀민법 제1859조, 제1872조, 제1884조를 들었으며, 저당권자는 어떤 의미에서, 저당권설정자의 대리인 및 수탁자가 저당된 물건을 주의하여 보관하고, 적절하게 재산관리를 하도록 하여야 한다고 설명하였다. Ibid., p.210.

86) 이에 대하여 로빈기어는, 캘리포니아 민법 제2889조; 중국 민법 제873조, 제894조; 일본 민법 제349조를 들고 있다. Ibid., p.210.

(b) Pledge(Pingus, Pawn) of Movables

aa. In general

(Art. 526) Defined. A Pledge is the deposit of one or more movables to secure the payment of a debt,9[88] the interest accruing and defaulted, the cost of executing the pledge and any damages from concealed defects in the subject matter.10[89]

(Art. 527) Creation. A Pledge may be created by manual delivery11[90] and continued possession is essential to its validity.12[91]

(Art. 528) Rights. The accruing fruits of the subject matter may be gathered by the pledgee.13[92] He is entitled to reimbursement for expense incurred in the subject matter's preservation14[93] and may retain possession till payment of foreclosure.15[94] During such

---

87) 이에 대하여 로빈기어는, 각주 7)과 각주 8)을 나눠서 각주를 붙였으나, 원문에는 주 7)이 없어서 여기에서 이를 같이 보면, 각주 7)에 중국 민법 제897조 내지 제899조; 독일 민법 제1253조; 일본 민법 제296조, 제350조, 제520조를 들고, 각주 8)에 중국 민법 제896조를 들고 있는 것으로 보인다. Ibid., p.210.

88) 이에 대하여 로빈기어는, American Law Institute's Restatement of Security, Sec. 1; 캘리포니아 민법 제3986조; 중국 민법 제884조; 독일 민법 제1204조, 제1273조; 일본 민법 제342조; Riasnovsky, "Modern Civil Law of China"(1927), p.71; 40 Corpus Juris, 1352를 들고 있다. Ibid., p.210.

89) 이에 대하여 로빈기어는, 중국 민법 제887조, 독일 민법 제1210조, 일본 민법 제346조를 들고 있다. Ibid., p.211.

90) 이에 대하여 로빈기어는, American Law Institute's Restatement of Security, Sec. 5; 캘리포니아 민법 제2988조; 중국 민법 제885조; 일본 민법 제344조를 들고 있다. Ibid., p.211.

91) 이에 대하여 로빈기어는, 캘리포니아 민법 제2988조; 중국 민법 제885조; 독일 민법 제1205조, 제1206조, 제1292조 내지 제1293조; 일본 민법 제344조, 제345조, 제352조를 들고 있다. Ibid., p.211.

92) 이에 대하여 로빈기어는, American Law Institute's Restatement of Security, Sec. 3; 캘리포니아 민법 제2989조; 중국 민법 제889조를 들고 있다. Ibid., p.211.

93) 이에 대하여 로빈기어는, 40 Corpus Juris, 1357, n.33,35를 들고 있다. Ibid., p.211.

94) 이에 대하여 로빈기어는, 중국 민법 제884조; 일본 민법 제347조를 들고 있다. Ibid., p.211.

possession he may subpledge the subject matter to one who assumes additional liability equal to the pledgee's.16[95] Perishable property in danger of depreciation may be sold by the pledgee and proceeds retained under the pledge.17[96] Several pledgees of the same movable are entitled to payment in order of priority.[97]

(Art. 529) Foreclosure. The pledgor has the right, which cannot be alienated,19[98] to redeem the subject matter by paying at maturity the debt and expenses. In default thereof the pledgee may, after reasonable notice to the pledgee of the time and place thereof, cause a sale of the subject matter,20[99] the proceeds of which must be applied on such debt, any surplus therefrom being payable to the pledgor.21[100]

(Art. 530) Obligation. The Pledgee must excercise the care of a good administrator over the subject matter,22[101] and account to the pledgor for any increase of profits therefrom.23[102]

---

95) 이에 대하여 로빈기어는, 중국 민법 제891조; 일본 민법 제348조를 들고 있다. Ibid., p.211.

96) 이에 대하여 로빈기어는, 중국 민법 제892조; 독일 민법 제1209조; 스위스 민법 제890조를 들고 있다. Ibid., p.211.

97) 이에 대하여 로빈기어는, 일본 민법 제355조; 스위스 민법 제893조를 들고 있다. Ibid., p.211.

98) 이에 대하여 로빈기어는, American Law Institute's Restatement of Security, Sec. 55(1); 중국 민법 제893조; 일본 민법 제368조를 들고 있다. Ibid., p.211.

99) 이에 대하여 로빈기어는, American Law Institute's Restatement of Security, Sec. 48; 캘리포니아 민법 제3000조; 중국 민법 제893조; 일본 민법 제349조를 들고 있다. Ibid., p.211.

100) 이에 대하여 로빈기어는, 캘리포니아 민법 제3008조를 들고 있다. Ibid., p.211.

101) 이에 대하여 로빈기어는, american law institute's restatement of security, secs. 17,19; 캘리포니아 민법 제2997조; 중국 민법 제888조; 일본 민법 제350조를 들고 있다. Ibid., pp.211~212.

102) 이에 대하여 로빈기어는, American Law Institute's Restatement of Security, Sec. 27; 캘리포니아 민법 제3005조; 중국 민법 제890조를 들고 있다. Ibid., p.212.

bb. Pledge of Intangibles(Rights)

(Art. 531) Defined. Intangible and incorporeal rights may, unless otherwise provided herein, be the subject of pledges which are governed by rules affecting pledges of movables.24[103]

(Art. 532) Scope. If the subject matter is a valuable security, the pledge includes all coupons attached to the principal instrument of otherwise delivered.25[104]

(Art. 533) Creation. may be effected by delivery of the principal document evidencing the right26[105] with any necessary indorsements.27[106] The debtor thereby becomes liable to pledge only.28[107]

(Art. 534) Securities purchased by a stockbroker, wholly or partly with his own funds, the upon instructions from a customer, belong to the latter and the broker is a pledgee to secure payment of the amount advanced.29[108]

(Art. 535) Rights. Maturity of the obligation pledged before that secured, entitles the pledgee to the former's proceeds,30[109] but maturity of the former, after the latter, entitles the pledgee to payment by the debtor to the extent of his debt.31[110]

---

103) 이에 대하여 로빈기어는, 중국 민법 제900조 내지 제902조; 독일 민법 제1273조; 일본 민법 제362조; 40 Corpus juris, 1355, n29(e)를 들고 있다. Ibid., p.212.

104) 이에 대하여 로빈기어는, 중국 민법 제910조를 들고 있다. Ibid., p.2121.

105) 이에 대하여 로빈기어는, 중국 민법 제904 제906조; 독일 민법 제1205조 이하; 일본 민법 제363조; 40 Corpus Juris, 1355, no.29(e)를 들고 있다. Ibid., p.212.

106) 이에 대하여 로빈기어는, 중국 민법 제908조; 독일 민법 제1292조; 일본 민법 제366조를 들고 있다. Ibid., p.212.

107) 이에 대하여 로빈기어는, 중국 민법 제909조를 들고 있다. Ibid., p.212.

108) 이에 대하여 로빈기어는, American Law Institute's Restatement of Security, Sec. 12; 중국 민법 제1281조, 제1282조, 제1285조 내지 제1288조; 일본 민법 제367조; 스위스 민법 제905조를 들고 있다. Ibid., p.212.

109) 이에 대하여 로빈기어는, 중국 민법 제905조를 들고 있다. Ibid, p212.

110) 이에 대하여 로빈기어는, 중국 민법 제906조; 일본 민법 제367조; 스위스 민법 제

(Art. 536) Obligations. The pledgee must use reasonable diligence to preserve and collect the debt or to enable the pledgor to do so,32[111] and the latter must refrain from any act which would extinguish, modify or impair the debt without the pledgee's consent.33[112]

(c) Hypotheca(Mortgage)

(Art. 537) Defined. An hypotheca is a pignorative contract by which an immovable, a superficies, emphyteusie or usufruct34[113] secures the performance of another obligation,35[114] without giving possession.36[115]

(Art. 538) Scope. Beside the principal obligation the hypotheca secures interest accrued and accruing accessories of the subject matter, fruits, natural and legal, and all which would pass by an instrument of conveyance.37[116]

(Art. 539) Form. The hypotheca must be evidenced by a proper document which must be registered in the appropriate Koseki office to charge third parties.38[117] The order of registration fixes the

---

906조를 들고 있다. Ibid., p.212.

111) 이에 대하여 로빈기어는, 중국 민법 제901조; 일본 민법 제362조 제2항을 들고 있다. Ibid., p.212.

112) 이에 대하여 로빈기어는, American Law Institute's Restatement of Security, Sec. 18; 중국 민법 제903조를 들고 있다. Ibid., p.212.

113) 이에 대하여 로빈기어는, 중국 민법 제882조를 들고 있다. Ibid., p.212.

114) 이에 대하여 로빈기어는, 캘리포니아 민법 제2920조; 중국 민법 제860조, 제866조; 독일 민법 제1113조; 일본 민법 제369조를 들고 있다. Ibid., p.212~213.

115) 이에 대하여 로빈기어는, 캘리포니아 민법 제2927조; 중국 민법 제860조; deBecker, Annotations to Civil Code, p.307 참조; 일본 민법 제369조; 40 Corpus Juris, 1360, notes 38, 39를 들고 있다. Ibid., p.213.

116) 이에 대하여 로빈기어는, 캘리포니아 민법 제2926조; 중국 민법 제861조 내지 제864조; 독일 민법 제1212조, 제1289조, 제1291조; 일본 민법 제370조, 제371조를 들고 있다. Ibid., p.213.

priority of several hypothecas on the same movable.39[118]

(Art. 540) Buildings on the land may be hypothecated separately from the latter,40[119] and if either is so hypothecated, the superficies is deemed created at the foreclosure sale, the rentals being adjusted by mutual agreement or judicial order, which rule shall also be followed where land and buildings are hypothecated by their owner but sold on foreclosure to different bidders.41[120] Buildings erected on the land after hypothecation may by sold together with it but the hypothecary has no preferential right to the proceeds from the buildings.42[121]

(Art. 541) Rights. The hypothecary is entitled to have the subject matter preserved43[122] and, if it is depreciating seriously, and to be protected by security for compensatory damages or by injunction,4 4[123] at the cost of the hypothecator.45[124]

(Art. 542) Transfer, etc. Each party to the hypotheca may, without impairing it, alienate, encumber or partition his interest4 6[125] but the hypotheca may neither be transferred nor made

---

117) 이에 대하여 로빈기어는, 캘리포니아 민법 제2922조; 중국 민법 제865조; 독일 민법 제1274조; 프랑스 민법 제2127조; 일본 민법 제177조를 들고 있다. Ibid., p.213.

118) 이에 대하여 로빈기어는, 캘리포니아 민법 제2922조; 중국 민법 제865조; 독일 민법 제1274조; 일본 민법 제373조, 제383조를 들고 있다. Ibid., p.213.

119) 이에 대하여 로빈기어는, 중국 민법 제876조; 일본 민법 제370조를 들고 있다. Ibid., p.213.

120) 이에 대하여 로빈기어는, 중국 민법 제876조; 일본 민법 제388조를 들고 있다. Ibid., p.213.

121) 이에 대하여 로빈기어는, 중국 민법 제877조; 일본 민법 제389조를 들고 있다. Ibid., p.213.

122) 이에 대하여 로빈기어는, 캘리포니아 민법 제2927조; 중국 민법 제872조를 들고 있다. Ibid., p.213.

123) 이에 대하여 로빈기어는, 캘리포니아 민법 제2929조; 중국 민법 제872조를 들고 있다. Ibid., p.213.

124) 이에 대하여 로빈기어는, 중국 민법 제871조 제2항을 들고 있다. Ibid., p.213.

security for another obligation by separating it from the original one.47[126)]

(Art. 543) Redamption may be effected at any time prior to foreclosure, by the hypothecator or a grantee thereof, upon full performance of the secured obligation.48[127)] A third party who so redeems is thereby subrogated to the hypothecary's rights.49[128)]

(Art. 544) Foreclosure. Upon default in payment of the obligation, the hypothecary is entitled, upon proper notices and showing, to a judicial decree for sale of subject matter, the proceeds of which shall be applied on such payment.50[129)] But the parties may, in the hypotheca or later, agree on a written power of sale at public auction, without invoking judicial aid.51[130)] An agreement that ownership of the subject matter shall pass to the hypotheca without such sale is void.52[131)] Where there are several hypothecaries, the proceeds of sale shall be distributed in order of priority or pro rata if they are of the same grade.53[132)] If an hypotheca covers more than one immovable without charging a specific sum against them,

---

125) 이에 대하여 로빈기어는, 중국 민법 제866조 내지 제869조; 일본 민법 제377조: 40 Corpus Juris, 1360, notes 39, 40을 들고 있다. Ibid., p.213.

126) 이에 대하여 로빈기어는, 중국 민법 제870조; 쿠바민법 제1878조; 일본 민법 제375조: 멕시코 민법 제1864조를 들고 있다. Ibid., p.214.

127) 이에 대하여 로빈기어는, 중국 민법 제922조, 제924조, 일본 민법 제378조를 들고 있다. Ibid., p.214.

128) 이에 대하여 로빈기어는, 캘리포니아 민법 제2903조, 제2905조; 중국 민법 제879조; 일본 민법 제372조를 들고 있다. Ibid., p.214.

129) 이에 대하여 로빈기어는, 일본 민법 제371조: 스위스 민법 제806조를 들고 있다. Ibid., p.214.

130) 이에 대하여 로빈기어는, 캘리포니아 민법 제2931조; 중국 민법 제873조; 일본 민법 제381조 내지 제387조; 스위스 민법 제816조를 들고 있다. Ibid., p.214.

131) 이에 대하여 로빈기어는, 캘리포니아 민법 제2932조를 들고 있다. Ibid., p.214.

132) 이에 대하여 로빈기어는, 캘리포니아 민법 제2889조; 중국 민법 제873조; 일본 민법 제381조 내지 제349조를 들고 있다. Ibid., p.214.

the hypothecary may collect all or part of his claim form the proceeds of the sale of any.54[133)]

(Art. 545) Extinction of an hypotheca results from acquisitive prescription on the part of another than the hypothecator or obligator,5 5[134)] or destruction of the subject matter; but any compensation for such loss shall be distributed to the hypothecaries in order of priority;56[135)] but extinctive prescription as to them must be simultaneous with that of the obligation secured.57[136)]

(d) Antichresis(Chinese Dien)

(Art. 546) Defined. Antichresis is a pignorative contract by which an immovable is transferred by the owner to a creditor to occupy and collect the fruits thereof and apply them on the debt; but ownership remains in the debtor despite any contrary stipulation.58[137)]

(Art. 547) Duration of the contract is limited to thirty years and it will be so construed even if a longer term in specified.59[138)]

---

133) 이에 대하여 로빈기어는, 스위스 민법 제894조를 들고 있다. Ibid., p.214.

134) 이에 대하여 로빈기어는, 일본 민법 제397조를 들고 있다. Ibid., p.214.

135) 이에 대하여 로빈기어는, 중국 민법 제881조; 독일 민법 제223조; 일본 민법 제397조; 스위스 민법 제807조를 들고 있다. Ibid., p.214.

136) 이에 대하여는, 原註 56)과 동일함. Ibid., p.214.

137) 이에 대하여 로빈기어는, 중국 민법 제911조를 들고서, "그것은 중국에서의 고전적 형태의 質이다."(It is an ancient form of pledge in China)는, Riasnovsky의 Chinese Civil Law(1938), p.344를 인용하였다. 그러나 그것은, 민법전의 번역자가 주장한 바와 같이, "다른 법체계에서 대조적인 것이 없는 것"은 아니다(But it is not, as the translator of the Civil Code claims, "without a counterpart in other legal systems.")고 하면서, 로마 및 중세초의 부동산질(antichresis)과 보통법에서의 부동산담보(vivum vadium) 또는 웨일즈(Welsh)에서의 모게지(mortgage)는 실제로 같은 것이고(40 Corpus Juris, 1362 n.56 (b) 참조), 오늘날의 모게지(mortgage)가 원본과 이자에 대하여 차임(rentals)을 청구하는 것과 유사하다(40 Corpus Juris, 1362 - 3, motes 56, 57)고 하였다. 또한 민주민법 제294를 들고 있다. Ibid., p.214.

138) 이에 대하여 로빈기어는, 중국 민법 제912조; 만주 민법 제299조를 들고 있다. Ibid., p.214.

Where a term of less than fifteen years has been fixed a clause excluding redemption thereafter is prohibited.60[139]

(Art. 548) Rights. Unless otherwise stipulated, the creditor may, within the term of the contract, sublet his interest to a third party for a term and consideration not exceeding those of the original contract61[140] or may transfer it entirely.62[141] If within the term the subject matter is wholly of partly destroyed by force majeure, the creditor may reconstruct of repair it, but only up to its value when destroyed, unless the debtor consents.63[142] For such increase in values or for other necessary disbursement at the time of redemption.64[143]

(Art. 549) Redemption. The debtor may redeem the subject matter at the original figure with interest less credit for fruits collected at any time within two years after the term fixed by the contract expires; or if no such term has been fixed, within thirty years. If he fails so to redeem, the creditor acquires ownership.65[144] If the subject matter is agricultural land, redemption must be effected after the harvest and before the next planting season; in other cases the creditor must have six months notice.66[145]

---

139) 이에 대하여 로빈기어는, 중국 민법 제913조; 만주 민법 제299조를 들고 있다. Ibid., p.215.

140) 이에 대하여 로빈기어는, 중국 민법 제915조; 만주 민법 제306조를 들고 있다. Ibid., p.215.

141) 이에 대하여 로빈기어는, 중국 민법 제917조; 만주 민법 제295조를 들고 있다. Ibid., p.215.

142) 이에 대하여 로빈기어는, 중국 민법 제921조; 만주 민법 제307조를 들고 있다. Ibid., p.215.

143) 이에 대하여 로빈기어는, 중국 민법 제927조; 만주 민법 제309조를 들고 있다. Ibid., p.215.

144) 이에 대하여 로빈기어는, 중국 민법 제923조, 제924조; 만주 민법 제300조, 제301조를 들고 있다. Ibid., p.215.

(Art. 550) Transfer. The debtor may transfer the subject matter to another without prejudice to the creditor's rights; but the latter must first be given the option to purchase at the same price.67[146] The creditor may also, at any payment to the debtor of the difference between the original figure and current value of the property.68[147]

(Art. 551) Destruction, entire of partial, of the subject matter thru the creditor's fault renders him liable up to the original figure and if his negligence was gross or his act intentional, he must repair the additional damage. If the loss was caused by force majeure, the creditor's rights and the debtor's privilege of redemption are extinguished.69[148]

(e) Sale With Rights of Redemption(Lat., Pactum de Retreemendo; Spanish, Pacto de Retro; French, Vente a Remiere)

(Art. 552) Defined. This contract, the in form a sale, is rendered pignorative by a clause reserving to the vendor the right of redemption(repurchase) within a fixed period.70[149]

---

145) 이에 대하여 로빈기어는, 중국 민법 제925조; 만주 민법 제304조를 들고 있다. Ibid., p.215.

146) 이에 대하여 로빈기어는, 중국 민법 제9195조; 만주 민법 제268조, 제311조를 들고 있다. Ibid., p.215.

147) 이에 대하여 로빈기어는, 중국 민법 제915조; 만주 민법 제305조, 제311조를 들고 있다. Ibid., p.215.

148) 이에 대하여 로빈기어는, 중국 민법 제920조; 만주 민법 제305조를 들고 있다. Ibid., p.215.

149) 이에 대하여 로빈기어는, 그 계약은 영국 보통법의 모게지(mortgage)와 실제로 일치한다, 그 모게지(mortgage)는 형평대법정(Court of Chancery)이 종국적으로 점유질(pledge)로 변형시켰다(Schuster, Principles of German Civil Law(1907) 참고)고 하면서, 중국 민법 제379조 내지 제383조; 독일 민법 제479조 내지 제503조; 일본 민법 제

(Art. 553) Time. The period for redemption may not exceed five years; any provision for a longer period is void as to the excess.71[150]

(Art. 554) Condition. In the absence of a specific agreement to the contrary the redemption price is the original one; but the redemptioner must bear the costs of sale and redemption and reimburse the vendee for beneficial improvements,72[151] and for any damage to the subject matter due to the redemptioner's fault.73[152]

(Art. 555) The vendee, upon tender of the amount specified in the preceding article, must return the subject matter unincumbered and with all accessories,74[153] but he may detach fixtures which he has added to the original upon compensating the redemptioner for any damage thereto.75[154]

(Art. 556) Any incumberance of the subject matter subsequent to the sale must be removed by the vendee or, if that is impossible, he must compensate the redemptioner thereafter.76[155]

(Art. 557) Joint redemptioners must excercise their rights jointly; if one is unable or unwilling his concurrence is dispensed with.77[156]

(Art. 558) A co‒owner who sold his share reserving the right of redemption, may redeem his share even after official auction and no

---

579조 내지 제585조; 40 Corpus Juris, 1364 ‒ 1368을 들고 있다. Ibid., p.215.

150) 이에 대하여 로빈기어는, 중국 민법 제380조, 일본 민법 제580조(10년); 40 Corpus Juris,1367, n.76을 들고 있다. Ibid., p.215.

151) 이에 대하여 로빈기어는, 중국 민법 제381조, 제382조; 독일 민법 제497조, 500조, 제501조; 일본 민법 제579조 내지 제583조를 들고 있다. Ibid., p.215.

152) 이에 대하여 로빈기어는, 독일 민법 제498조를 들고 있다. Ibid., p.215.

153) 이에 대하여 로빈기어는, 중국 민법 제383조; 독일 민법 제498조 제1항을 들고 있다. Ibid., p.215.

154) 이에 대하여 로빈기어는, 독일 Schuster, Principles of German Civil Law(1907), p.225(5)를 들고 있다. Ibid., p.216.

155) 이에 대하여 로빈기어는, 독일 민법 제499조를 들고 있다. Ibid., p.216.

156) 이에 대하여 로빈기어는, 독일 민법 제502조를 들고 있다. Ibid., p.216.

partition is valid without prior notice to him.78[157]

(Art. 559) Extinction of the right to redeem by a vendor's obligee may be effected by the vendee's discharge of any unpaid part of the obligation; after deducting it from the subject matter's current value, ascertained by a court appointed expert, and paying the surplus to the vendor.79[158]

(f) Possessory Liens(Right of Retention)

aa. General Provisions

(Art. 560) Defined. A Possessory lien is the right to retain a movable not expressly pledged for the performance of an obligation but securing a demand of the depositary.80[159] The lien covers accretions and substituted movables,81[160] but does not imply personal obligation.82[161]

(Art. 561) Essentials. The right arises only where possession was lawfully obtained, the subject matter is connected with the source of the obligation, and the latter is true.83[162]

(Art. 562) Rights. The lien covers the entire movable.84[163] and

---

157) 이에 대하여 로빈기어는, 이태리 민법 제1522조; 일본 민법 제584조, 제585조를 들고 있다. Ibid., p.216.

158) 이에 대하여 로빈기어는, 이태리 민법 제1521조, 제1522조; 일본 민법 제582조, 제585조를 들고 있다. Ibid., p.216.

159) 이에 대하여 로빈기어는, American Law Institute's Restatement of Security, Sce.59; 캘리포니아 민법 제2872조; 중국 민법 제928조; 독일 민법 제273조; 일본 민법 제295조를 들고 있다. Ibid., p.216.

160) 이에 대하여 로빈기어는, American Law Institute's Restatement of Security, Sec. 66을 들고 있다. Ibid., p.216.

161) 이에 대하여 로빈기어는, 캘리포니아 민법 제2890조, 제3024조를 들고 있다. Ibid., p.216.

162) 이에 대하여 로빈기어는, 캘리포니아 민법 제2881조, 제2882조; 중국 민법 제928조; 독일 민법 제273조; 일본 민법 제295조를 들고 있다. Ibid., p.216.

should the debtor become insolvent before the obligation matures, attaches, the contrary to the debtor's instructions.85[164] The lienor may collect the fruits of the subject matter and apply them on his claim in preference to other obligee86[165] including reimbursement for necessary expenses incurred in keeping or improving the movable.87[166]

(Art. 563) Transfer. Unless otherwise stipulated in the contract a possessory lien except that of an attorney at law may, with the owner's consent, be transferred (assigned) by agreement, oral or written, followed by delivery of the movable subject to the lien.88[167]

(Art. 564) Obligations. The lienor and assignee must excercise the care of a good administrator over such movable89[168] and must not or pledge it except so far as is necessary for its preservation.90[169]

(Art. 565) Foreclosure. If the obligation which the lien secures is not performed at maturity, the lienor, after reasonable notice to the

---

163) 이에 대하여 로빈기어는, 중국 민법 제932조; 일본 민법 제296조를 들고 있다. Ibid., p.216.

164) 이에 대하여 로빈기어는, 중국 민법 제931조를 들고 있다. Ibid., p.216.

165) 이에 대하여 로빈기어는, 중국 민법 제935조; 일본 민법 제297조를 들고 있다. Ibid., p.216.

166) 이에 대하여 로빈기어는, 중국 민법 제934조; 일본 민법 제299조를 들고 있다. Ibid., p.216.

167) 이에 대하여 로빈기어는, "억사적으로 초기의 법에서 유치권(possessory lien)은 양도 될 수 없었고 양도하면 그 기간 만료가 되었다. 최초의 유치권자가 그의 청구에 있어서 소송원인을 갖지 못하였더라도 허용되었다. 그러나 시간이 지남에 따라서, 어떤 채무가 유치권에 의하여 담보되는 경우, 그 채무를 양수받은 사람은 유치권의 이익을 향유하는 것이 허용되었다. 다만 당사자의 숨은 관계 또는 특별한 위임의 조건이 유치권을 양도하는 힘과 모순되는 어떠한 경우는 제외하였다."(American Law Institute's Restatement of Security, Sec. 67)는 것을 들고 있다. Ibid., p.216.

168) 이에 대하여 로빈기어는, American Law Institute's Restatement of Security, Sec 69; 중국 민법 제933조; 독일 민법 제273조; 일본 민법 제298조를 들고 있다. Ibid., p.216.

169) 이에 대하여 로빈기어는, American Law Institute's Restatement of Security, Sec 70, 71; 독일 민법 제276조; 일본 민법 제298조를 들고 있다. Ibid., p.217.

debtor, may have the movable sold at public auction and apply the proceeds on his claim.91[170]

bb. Classes

(Art. 566) Defined. A possessory lien is either (1) specific, where the right of retention is limited to a certain contractual or delictual (tortious) liability, or the consequence thereof; or (2) general, where the lienor retains possession for the balance of a general account with the customer.92[171]

(Art. 567) Specific liens exist in favor of;

(1) Artisans who work upon or add materials to movable at its owner's request.93[172]

(2) Common Carriers on freight for freightage, advances, demurrage, passenger fares, storage and other special services94[173] on movables deposited.

(3) Depositaries (bailees) for storage, advances, insurance and other necessary expenses.95[174]

(4) Finders of lost movables for reasonable reward and reimbursement. 96[175]

(5) Forwarding agents on goods entrusted to them; for compensation

---

170) 이에 대하여 로빈기어는, 중국 민법 제936조를 들고 있다. Ibid., p.217.

171) 이에 대하여 로빈기어는, American Law Institute's Restatement of Security, Sec 60; 캘리포니아 민법 제2873조 내지 제2875조를 들고 있다. Ibid., p.217.

172) 이에 대하여 로빈기어는, American Law Institute's Restatement of Security, Sec 60; 캘리포니아 민법 제3051조를 들고 있다. Ibid., p.217.

173) 이에 대하여 로빈기어는, American Law Institute's Restatement of Security, Sec 60; 캘리포니아 민법 제2128조, 제2144조를 들고 있다. Ibid., p.217.

174) 이에 대하여 로빈기어는, 캘리포니아 민법 제1856조를 들고 있다. Ibid., p.217.

175) 이에 대하여 로빈기어는, American Law Institute's Restatement of Security, Sec 61(e); 캘리포니아 민법 제1867조; 중국 민법 제805조, 제806조; 일본 민법 제295조 내지 제302조; 일본 유실물법 제1조 내지 제7조를 들고 있다. Ibid., p.217.

and disbursements. 97[176]

(6) Hotel (inn) keepers on all customers' accompanying movables except necessary wearing apparel and other effects worn on the person, for board, lodging and advances expressly or impliedly requested.98[177]

(7) Lessors on lessee's movables in their possession for unpaid rent.99[178]

(8) Mandataries (agents) on movables in their possession; for advances of liability incurred in respect thereto.100[179]

(9) Occupants of land, on animals damage peasant.101[180]

(10) Vendors unpaid for property in possession.102[181]

(11) Warehouseman and wharfingers who receive movables for storage or custody at the owner's request.103[182]

(Art. 568) General liens are enlargements of specific ones and exist in favor of

(1) Attorneys at law on clients' papers and other movables in

---

176) 이에 대하여 로빈기어는, 중국 민법 제662조; 일본 상법 제562조를 들고 있다. Ibid., p.217.

177) 이에 대하여 로빈기어는, American Law Institute's Restatement of Security, Sec 61(c),63; 캘리포니아 민법 제1861조, 제1861(a)조; 중국 민법 제612조; 독일 민법 제701조 내지 제702조; 일본 민법 제311조 제3항, 제317조, 제330조 제1항을 들고 있다. Ibid., p.217.

178) 이에 대하여 로빈기어는, American Law Institute's Restatement of Security, Sec. 61(h) 를 들고 있다. Ibid., p.217.

179) 이에 대하여 로빈기어는, American Law Institute's Restatement of Security, Sec. 61(g) 을 들고 있다. Ibid., p.217.

180) 이에 대하여 로빈기어는, American Law Institute's Restatement of Security, Sec. 61(i) 를 들고 있다. Ibid., p.217.

181) 이에 대하여 로빈기어는, American Law Institute's Restatement of Security, Sec. 61(f): 일본 민법 제311조 제6항; 스위스 채무법 제272조, 제452조, 제491조를 들고 있다. Ibid., p.217.

182) 이에 대하여 로빈기어는, American Law Institute's Restatement of Security, Sec. 61(d) 을 들고 있다. Ibid., p.217.

their possession professionally for a general balance due them for legal services and disbursements.104[183]

(2) Bankers on commercial paper and other credit instruments deposited with them in due course for the general balance due them from a customer.105[184]

(3) Factors including commercial agents106[185] on movables entrusted to them for sale and papers in due course for balance due on general account.107[186]

(Art. 569) Extinction of the lien results if the lienor parts with possession of the movable except by assignment with the owner's consent or uses it contrary to the provisions of this code, or if the debtor furnishes other adequate security for the debt.108[187]

---

183) 이에 대하여 로빈기어는, American Law Institute's Restatement of Security, Sec. 62(b); 캘리포니아 민법 제3054조를 들고 있다. Ibid., p.217.

184) 이에 대하여 로빈기어는, American Law Institute's Restatement of Security, Sec. 62(c); 일본 민법 제295조를 들고 있다. Ibid., p.217.

185) 이에 대하여 로빈기어는, American Law Institute's Restatement of Security, Sec. 61(g)(Q)(a)을 들고 있다. Ibid., p.218.

186) 이에 대하여 로빈기어는, 캘리포니아 민법 제3053조, 제3054조; American Law Institute's Restatement of Security, Sec. 62(a); 독일 민법 제273조, 제274조, 제320조, 제1000조; 일본 민법 제295조 참조; 일본 상법 제52조, 제521조를 들고 있다. Ibid., p.218.

187) 이에 대하여 로빈기어는, 캘리포니아 민법 제2909조 내지 제2913조; 중국 민법 제937조, 제938조; 일본 민법 제298조, 제301조, 제302조를 들고 있다. Ibid., p.218.

Ⅲ. 로빈기어의 「韓國民法典草案」에서의 物的擔保法에 관한 內容分析

1. 서

　로빈기어의 한국민법전초안에 규정하고 있는 물적담보법의 체계를 이해하기 위하여 그 규정 내용을 분석하는 것이 필요하다. 이와 같은 물적담보법에 관한 내용을 분석하기 위하여 초안에 규정된 물적담보법의 규정 원문을 기초로 하고, 이와 관련된 자료를 이용하지 않을 수 없다. 한편 이와 같은 내용 분석에 의하여 로빈기어의 물적담보법에 관한 입법의사를 발견할 수 있을 것이다.

2. 물적담보법의 총칙(Provisions Applicable to All)

　로빈기어는, 그의 초안에서, 물적담보법의 총칙 규정으로 제524조 및 제525조의 2개 조문을 규정하고 있다. 그 내용을 보면, 다음과 같다.

(1) 의의 및 성질(definition and nature)

　초안 제524조에서, 물적담보계약의 의의와 성질을 규정하고 있다. 이에 의하면, 물적담보계약은, 채권의 실행을 담보하기 위하여 다른 채권관계를 보조하는 계약이다(제524조 제1문). 이에 대하여, 로빈기어는, 인적담보의 결함을 잘 알고 있던 옛날 사람들은 채무가 어떤 물건에 대한 채권자의 선취특권에 의하여 만족되어서 담보됨으로써 신용이 창조되는 것을 이미 알았다고 하면서, 채무에 의한 신용은 토지에 관한 거래에서 특히 발전되었고, 초기의 법적 성질(담보권)은 조잡하고, 엄격한 성격을 띠었으며 별로 신용거래의 담보에 적합하지 않았지만, 세월이 지남에 따라서 이 형식은 더욱 다듬어지고 복잡해져서 제공된 재산의 등록(등기)에 의하여 청구권의 물적담보로서의 성질을 갖게 되었고, 그 담보된 목적물은 여전히 채무자에게 남아 있으면서 채권자는 채무의 변제가 없는 경우에 담보목적물의 경매에 의하여 그 가치로부터 만족을 얻게 되었다고 설명하고 있다.188) 그리고 그 계약은 주된 채무에 종속하고 불가분적이다(동조 제2문). 이에 대하여, 로빈기어는, Corpus Juris의 규정을 들고 있다.189) 로마법에 있어서 질(pignus)과 저당(hypotheca)은, 공화정기에 이미 질권은 종속성을 갖는다는 원칙이 형성되었고, 채권이 일부 변제되는 경우에도 잔여 채권을 위하여 질권 전부가 구속을 받는 불가분성이 있다.190) 그리고 그 목적물(subject matter)은 양도할 수 있어야 한다(동조 제3문 전단). 이에 대하여, 로빈기어는, 일본 민법 제343조를 들고 있다.191) 또한 채무자는 그 목적물의 소유자이거나 담보권자이어야 한다(동조 제3문 후단). 이에 대하여, 로빈기어는, Corpus Juris의 규정을 들고 있다.192) 즉 로마법에서 질권이 발생하기 위하여 질권이 질권 설정

---

188) Ibld., p.210. 각주 1) 참조.

189) Ibld., p210. 각주 2) 참조.

190) 현승종,『로마法』, (서울: 일조각, 1982), 128면; Nicholas, B., *An Introduction to Roman Law*, (Oxford; Oxford Univ. Press, 1962), pp.149; 이태재,『로마法』, (서울: 진솔, 1990), 156면 이하 참조.

191) Lobingier, op.cit., p.210. 각주 3) 참조. 이와 같이 질권의 목적물이 양도성을 가져야 한다는 것은, 일본 민법 제343조와 함께 우리나라 현행 민법 제331조에도 규정되어 있다.

192) Ibid., p.210. 각주 4) 참조.

당시에 설정자의 재산 안에(in bonis) 있어야 한다[193]는 것을 받아들인 것으로 보인다. 그러나 채무를 변제기에 변제하지 않으면 그 목적물은 매각될 수 있다(동조 제4문 전단). 이에 대하여, 로빈기어는, Corpus Juris의 규정과 멕시코 민법 제1800조 및 제1884조, 필리핀 민법 제1859조, 제1872조 및 제1884조를 들면서, 담보권자는 어떤 의미로 담보설정자의 대리인 및 수탁자로서 담보물을 주의하여 보관하고 적합한 관리를 하여야 한다고 설명하고 있다.[194] 로마법에서도 공화정 후기 이래에 질권을 설정한 때에 채무불이행의 경우에는 질권자의 질물매각을 특약할 수 있었고, 고전기말에는 이 특약이 없더라도 매각권(ius distrahendi)을 승인하였음을 알 수 있다.[195] 그와 같은 매매를 포기하는 특약 및 담보에 의한 소유권의 종속은 무효이다(동조 제4문 후단). 이에 대하여, 로빈기어는, 캘리포니아 민법 제2889조, 중국 민법 제873조, 제893조 및 제894조, 일본 민법 제349조를 들고 있음으로써, 유질계약을 금지하려 하였음을 알 수 있다.[196] 이와 같은 유질계약의 금지에 대하여, 로바법에서는 유질계약(해제약관부매매 lex commissoria, 계약약관 lex contractus)에 의한 유질이 허용되었으나, 콘스탄티누스(Constantinus)제가 유질약관을 금하기에 이르렀던 것이다.[197] 이와 같은 유질계약의 금지는 일본 민법 제349조와 함께 우리나라 민법 제339조에도 규정하게 된 것이다.[198]

---

193) 玄勝鍾, 전게서, 127면.

194) Lobingier, op.cit., p.210. 각주 5) 참조.

195) 玄勝鍾, 전게서, 129면; 李太載, 전게서, 156면 참조.

196) Lobingier, op.cit., p.210. 각주 6) 참조.

197) 玄勝鍾, 전게서, 129면; 李太載, 전게서, 156면 및 157면.

(2) 소멸

초안 제525조는, 물적담보계약의 소멸원인에 대하여 규정하였다. 즉 물적담보계약은 채권자의 포기 또는 소유권의 취득, 상환, 재판, 공매 또는 채권자에게 제공된 목적물의 멸실에 의하여 소멸된다고 하였다. 이에 대하여, 로빈기어는, 중국 민법 제897조 내지 제899조, 독일 민법 제1253조, 일본 민법 제296조, 제350조, 제520조와 중국 민법 제896조를 들고 있다.[199] 그러나 로마법에서의 질권의 소멸원인은, 물건의 멸실, 피담보채권의 소멸, 다른 방법에 의한 담보제공, 채권자 지체, 혼동에 의한 것이었다.[200]

(3) 동산질권(Pledge(Pignus, Pawn) of Movables)

이 초안은, 동산질권에 관하여, (a) 동산질권의 일반규정(In general)과 (b) 무형질(권리질: Pledge of Intangibles(Right))로 나눠서 제526조부터 제536조에 걸쳐 규정하고 있다.

1) 동산질

(a) 의의(defined): 동산질(Piedge)은 채무의 변제, 발생한 이자의 불이행, 질권의 실행비용 및 목적물의 숨겨진 하자에 의한 손해를 담보하기 위하여 하나 또는 그 이상의 동산의 점유를 이전해 주는 것이다(제526조). 이에 대하여, 로빈기어는, 첫째로 채무의 변제를

---

198) 민법초안 제328조는 일본 민법 제349조와 동일한 취지로 입법한 것이고, 외국입법례로 독일 민법 제1229조, 스위스 민법 제894조, 프랑스 민법 제2078조 제2항, 중국 민법 제893조 제2항 및 만주 민법 제331조를 들고 있다. 民議院 法制司法委員會 民法案審議小委員會, 『民法案審議錄(上卷)』, (서울: 국회민의원, 1957), 204면. 이 초안은 원안대로 민법 제339조로 입법되었던 것이다.

199) Lobingier, op.cit., p.210.

200) 玄勝鍾, 전게서, 130면.

담보하는 것에 American Law Institute's Restatement of Security 제 1조, 캘리포니아 주 민법 제3986조, 중국 민법 제884조, 독일 민법 제1204조, 제1273조, 일본 민법 제342조, Corpus Juris의 규정을 들고, 둘째로 기타의 담보에 대하여는 중국 민법 제887조, 독일 민법 제1210조, 일본 민법 제346조를 들고 있다.[201]

(b) 설정(creation): 동산질은 현실의 인도(manual delivery)에 의하여 설정되고, 계속적 점유가 그 유효요건이다(제527조). 이에 대하여, 로빈기어는, 첫째로 현실의 인도에 의한 설정에 대하여 American Law Institute's Restatement of Security 제5조, 캘리포니아 주 민법 제2988조, 중국 민법 885조, 일본 민법 제344조를 들고, 둘째로 그 유효요건에 대하여 캘리포니아 주 민법 제2988조, 중국 민법 제885조, 독일 민법 제1205조, 제1206조, 제1292조 내지 제1293조, 일본 민법 제344조, 제345조, 제352조를 들고 있다.[202]

(c) 권리(right): aa) 질권자는 과실수취권을 갖는다(제528조 제1문). 즉 목적물로부터 발생한 과실은 질권자가 취득한다. 이에 대하여, 로빈기어는, American Law Institute's Restatement of Security 제3조, 캘리포니아 주 민법 제2989조, 중국 민법 제889조를 들고 있다.[203] bb) 질권자는 비용상환청구권을 갖는다(제528조 제2문 전단). 즉 채권자는 목적물의 보존에 따라 발생한 비용을 상환받을 권리가 있다. 이에 대하여, 로빈기어는, Corpus Juris의 규정[204]을

---

201) Lobingier, op.cit., p.211.

202) Ibld., p.211.

203) Ibid., p.211. 로마법에서의 질권자(채권자)는 질권설정자와 특약이 있는 경우에 질물의 사용과 과실의 수취가 가능하였고, 이 경우 이자와 원본의 순으로 충당하고 나머지가 있으면 이를 질권설정자에게 반환하였다. 또한 과실과 이자의 상계특약은 유효하다. 玄勝鍾, 전게서, 129면.

들고 있다.205) cc) 질권자는 유치권을 갖는다(제528조 제2문 후단).
즉 질권자는 질권을 소멸시키는 변제가 있을 때까지 점유를 계속
할 수 있다. 이에 대하여, 로빈기어는, 중국 민법 제884조, 일본 민
법 제347조를 들고 있다.206) dd) 질권자는 전질권(sudpledge)을 갖
는다(제528조 제3문). 즉 질권자는 점유를 하는 동안 자신에 대하
여 자기의 질권과 동등한 부가적 책임(additional liability)을 취득한
자에게 목적물을 전질할 수 있다. 이에 대하여, 로빈기어는, 중국
민법 제891조, 일본 민법 제348조를 들고 있다.207) ee) 질권자는
목적물매각대금에 의한 질권을 갖는다(제528조 제4문). 즉 질권자
는 가격저하의 위험이 있는 변질된 재산을 매각할 수 있고 그 대
금에 대하여 질권을 갖게 된다. 이에 대하여, 로빈기어는 중국 민
법 제892조, 독일 민법 제1209조, 스위스 민법 제890조를 들고 있
다.208) ff) 질권자는 우선순위에 의하여 변제받을 권리가 있다(제
528조 제5문). 즉 동일한 동산 위에 수인의 질권자가 있는 경우에
우선순위에 따라서 변제를 받을 권리가 있다. 이에 대하여, 로빈기
어는, 일본 민법 제355조, 스위스 민법 제893조를 들고 있다.209)

(d) 실행(foreclosure): 질권설정자는 채무와 비용을 만기일에 지불

---

204) 40 Corpus Juris, 1357, n.33, 35.

205) Ibid., p.211.

206) Ibid., p.211. 로마법의 점유질에 있어서 질물의 점유는 질권설정 시에 채권자에게
　　 이전되고 채무의 변제가 있을 때까지 그 목적물을 유치하는 것이었다. 玄勝鍾, 전게
　　 서, 128면; 李太載, 전게서, 156면.

207) Lobingier, op.cit., p.211.

208) Ibid., p.211.

209) Ibid., p.211. 로마법에서도 고전기에 제2의 채권자를 후순위질권의 설정이 선순위질
　　 권의 소멸을 정지조건으로 하여 인정되었다. 이 경우 순위는 설정된 때를 표준으로
　　 하여 정하여졌다(prior tempore potioriure; 때에 있어서 빠르면 권리에 있어서 강하
　　 다). 玄勝鍾, 전게서, 129면.

함으로써 목적물을 반환받을 권리를 갖는다. 그러나 이 권리를 양도할 수 없다(제529조 제1문). 이에 대하여, 로빈기어는, 첫째로 목적물환수권의 양도금지에 대하여 American Law Institute's Restatement of Security 제48조, 캘리포니아 주 민법 제3000조, 중국 민법 제893조, 일본 민법 제349조를 들고 있다.210) 또한 질권자는 시간과 장소에 있어서 충분한 최고를 한 뒤에 그 목적물을 매각할 수 있고, 그 대금으로 채무를 충당하고 나머지가 있으면 질권설정자에게 지불할 수 있다(제529조 제2문). 이에 대하여, 로빈기어는, 캘리포니아 주 민법 제3008조를 들고 있다.211)

(e) 의무(obligation): 질권자는 목적물에 대하여 선량한 관리자의 주의(the care of a good administrator)로 행사하여야 하고, 그로 인하여 생긴 증가 또는 이익에 대하여 질권설정자에게 계산하여야 한다(제530조). 이에 대하여, 로빈기어는, 첫째로 질권자의 주의의무에 대하여 American Law Institute's Restatement of Security 제17조, 제19조, 캘리포니아 주 민법 제2997조, 중국 민법 제888조, 일본 민법 제350조를 들고, 둘째로 질권자의 계산의무에 대하여 American Law Institute's Restatement of Security 제27조, 캘리포니아 주 민법 제3005조, 중국 민법 제890조를 들고 있다.212)

2) 무형질(권리질: Pledge of Intangibles(Right))

(a) 의의(defined): 무형 및 무체의 권리는 여기에 다른 규정이 없

---

210) Lobingier, op.cit., p.211.

211) Ibid., p.211. 이는 질권자의 경매 및 간이변제충당에 해당하는 것으로 일본 민법 제350조, 제353조와 함께 우리민법 제338조에도 규정하고 있는 것임에도, 로빈기어는, 캘리포니아 민법의 규정을 들고 있다.

212) Ibid., pp.211~212.

는 한 동산질에 적용되는 규정을 따르게 된다(제531조). 이에 대하여, 로빈기어는, 중국 민법 제900조 내지 제902조, 독일 민법 제1273조, 일본 민법 제362조, Corpus Juris의 규정[213]을 들고 있다.[214] 로마법에서도 고전기에 권리일지라도 매각, 양도할 수 있는 것이면 질권의 목적물이 되었고, 이와 같은 권리질에는 채권질(pignus nominis)과 질권질(pignus pignoris) 및 지역권·용익권·영차권 등 제한물권의 질권이 인정되었다.[215]

(b) 범위(scope): 질권의 목적물이 가치적 담보이면, 그 질권은 인도받은 상대방의 주된 권리증서에 첨부된 모든 증서를 포함한다(제532조). 이에 대하여, 로빈기어는, 중국 민법 제910조를 들고 있다.[216]

(c) 설정(creation): 질권의 설정은 필요한 배서(indorsement)를 하여 주된 권리증서의 인도에 의하여 효력이 생긴다(제533조 제1문). 이에 대하여, 로빈기어는, 첫째로 권리증서의 인도에 대하여 중국 민법 제904조, 제906조, 독일 민법 제1205조 이하, 일본 민법 제363조, Corpus Juris의 규정[217]을 들고, 둘째로 배서에 대하여 중국 민법 제908조, 독일 민법 제1292조, 일본 민법 제366조를 들고 있다.[218] 또한 채무자는 이에 의하여 오직 질권에 대하여 책임을 부담하게 된다(동조 제2문). 이에 대하여, 로빈기어는, 중국 민법 제909조를 들고 있다.[219]

---

213) 40 Corpus Juris, 1355, n.29(e).

214) Ibid., p.212.

215) 玄勝鍾, 전게서, 130면; 李太載, 전게서, 157면.

216) Ibid., p.212.

217) 40 Corpus Juris, 1355, n.29(e).

218) Ibid., p.212.

219) Ibid., p.212.

(d) 담보증서(securities): 담보증서는 증권중개인이 그의 자금으로 전부 또는 일부를 양수한다. 구매자(customer)로부터의 높은 지시는 그에게 속하고 중개인은 선불한 액의 변제를 담보한 질권자이다(제534조). 이에 대하여, 로빈기어는, American Law Institute's Restatement of Security 제12조, 중국 민법 905조, 독일 민법 제1281조, 제1282조, 제1285조 내지 제1288조, 일본 민법 제367조, 스위스 민법 제905조를 들고 있다.[220]

(e) 권리(right): 담보 전에 질권이 설정된 채무의 만기는 전자의 대금에 대하여 질권자에게 권리가 이전한다. 그러나 만기는 후자보다 뒤에 채무자가 그의 채무범위에 대한 변제에 대하여 질권자에게 권리가 이전한다(제535조). 이에 대하여, 로빈기어는, 첫째로 전단부분에 대하여 중국 민법 제905조를 들고, 둘째로 후단부분에 대하여 중국 민법 제905조, 일본 민법 제362조 제2항을 들고 있다.[221]

(f) 의무(obligation): 질권자는 채무의 보전 및 수령 또는 질권설정자가 그렇게 하도록 하는 합리적 노력을 하여야 한다. 그리고 후자는 질권자의 동의 없이 채무을 소멸시키거나, 변경하거나, 훼손하는 어떠한 행위도 해서는 안 된다(제536조). 이에 대하여, 로빈기어는, American Law Institute's Restatement of Security 제18조, 중국 민법 제903조를 들고 있다.[222]

(4) 저당권(Hypotheca; Mortgage)

이 초안은, 저당권에 관하여, 제537조부터 제545조에 걸쳐서 규

---

220) Ibid., p.212.

221) Ibid,. p.212.

222) Ibid., p.212.

정하고 있다. 이 규정을 중심으로 내용을 분석하면 다음과 같다.

(a) 의의(defined): 저당권(hypotheca)은 부동산, 지상권(superficies), 영차권(emphyteusie) 또는 용익권(usufruct)을 점유이전 없이 다른 채권관계의 이행을 위하여 담보하는 물적담보계약이다(제537조). 이에 대하여, 로빈기어는, 첫째로 저당권의 목적물에 대하여 중국 민법 제882조를 들고, 둘째로 채무이행의 담보에 대하여 캘리포니아 주 민법 제2920조, 중국 민법 제860조, 제866조, 독일 민법 제1113조, 일본 민법 제369조, Corpus Juris의 규정223)을 들고 있다.224) 여기에서 사용한 'Hyoptheca'는 로마법의 용어였고, 이는 'pledge' 또는 'mortgage'를 이르는 것이다. 로마법에서의 'pignus'와 구별하여 'mortgage'라 하고, mortgage는 토지 또는 상품을 pledge의 목적물로 한 경우에 모게지 설정자 또는 채무자에게 그 점유(possession)를 그대로 두는 것이지만, pignus는 모게지권자 또는 채권자가 점유(possession)를 갖는 것이다.225)

(b) 범위(scope): 주된 채무 이외에 저당권은 목적물의 종물로부터 발생된 이익, 천연·법정과실, 양도증서에 의하여 양도된 모든 것을 담보한다(제538조).226) 이에 대하여, 로빈기어는, 캘리포니아 주 민법 제2926조, 중국 민법 제861조 내지 제864조, 독일 민법 제1212조, 제1289조, 제1291조, 일본 민법 제370조, 제371조를 들고 있다.227)

---

223) 40 Corpus Juris, 1360, n.38, 39.

224) Ibid., pp.212~213.

225) Black, Henry C., *Black's Law dictionary*, (St. Paul Minn.: West Publishing Co., 1979), p.668.

226) Lawson F. H., *Introduction to Law of Property*, (Oxford: Oxford Univ. Press, 1958), p.158.

227) Lobingier, op.cit., p.213.

(c) 형식(form): 저당권은 제3자에게 대항하기 위하여 해당 호적 사무소에 등록(등기)된 정당한 문서에 의하여 증명되어야 한다(제539조 제1문). 등기의 순서는 동일한 물건에의 여러 개 저당권의 선후에 의하여 결정된다(동조 제2문).[228] 이에 대하여, 로빈기어는, 첫째로 저당권의 대항력과 등기에 대하여 캘리포니아 주 민법 제2922조, 중국 민법 제758조 내지 제760조, 독일 민법 제1274조, 프랑스 민법 제2127조, 일본 민법 제177조를 들고, 둘째로 등기의 순서에 대하여 캘리포니아 주 민법 제2922조, 중국 민법 제865조, 독일 민법 제1274조, 일본 민법 제373조, 제383조를 들고 있다.[229]

(d) 건물(buildings): 토지 위의 건물은 토지와 분리하여 저당될 수 있고, 만약 어느 한쪽이 저당된 경우 그 지상권은 환수권매매 시에 설정된 것으로 간주하고, 그 지료는 雙방의 합의 또는 재판 상 명령에 의하여 정해진다. 그리고 그 규정은 토지와 건물이 그 소유자에 의하여 저당되었으나 각각 다른 경락인에게 환매권이 매각된 경우에도 또한 같다(제540조 제1문).[230] 저당권이 설정된 후에 건축된 건물은 토지와 함께 매각될 수 있지만 저당권자는 건물의 대금에 대하여 선취특권(preferential right)이 없다(동조 제2문). 이에 대하여, 로빈기어는, 첫째로 토지와 뷰리한 건물의 저당에 대하여 중국 민법 제876조, 일본 민법 제370조를 들고, 둘째로 법정지상권에 대하여 중국 민법 제876조, 일본 민법 제388조를 들며, 셋째로 동시경매와 선취특권의 불인정에 대하여 중국 민법 제876

---

228) Lawson, F, H., op.cit., p.159.

229) Ibid., p.213. 이 초안 제539조 제1문에서 Koseki라는 용어를 사용하고 있는 데, 이는 일본어 こせき(koseki)＝戶籍을 말한 것으로 보인다.

230) Cf., Lawson, F, H., op.cit., p.160.

조, 일본 민법 제389조를 들고 있다.[231]

(e) 권리(right): 저당권자는 목적물을 유지할 권리가 있다. 그리고 만약 그것의 중대한 침탈이 있으면, 저당권설정자의 비용으로 대담보(security of compensatory damages) 또는 유지명령(injunction)에 의하여 보호된다(제541조). 이에 대하여, 로빈기어는, 첫째로 저당물유지권에 대하여 캘리포니아 주 민법 제2927조, 중국 민법 제872조를 들고, 둘째로 저당물유지권의 침탈과 대담보에 대하여 캘리포니아 주 민법 제2929조, 중국 민법 제872조를 들며, 셋째로 그 비용의 부담에 대하여 중국 민법 제871조 제2항을 들고 있다.[232]

(f) 양도 등(transfer etc.): 저당권의 각 당사자는 저당권을 훼손하지 않는 한 그의 이익을 양도, 저당(encumber) 또는 분할할 수 있다. 그러나 저당권은 원저당권과 분리하여 양도되거나 다른 채무를 담보할 수 없다(제542조). 이에 대하여, 로빈기어는, 첫째로 저당권의 양도 및 전저당 등에 대하여 중국 민법 제866조 내지 제869조, 일본 민법 제377조, Corpus Juris의 규정[233]을 들고, 둘째로 원저당권과의 관계에 대하여 중국 민법 제870조, 쿠바 민법 제1878조, 일본 민법 제375조, 멕시코 민법 제1864조를 들고 있다.[234]

(g) 상환(redamption): 상환은 실행되기 전이면 언제라도 저당권설정자 또는 양수인이 담보된 채무의 완전한 이행에 의하여 유효하게 할 수 있다(제543조 제1문). 이에 대하여, 로빈기어는, 첫째로 저당권의 상환에 대하여 중국 민법 제922조, 제924조, 일본 민법

---

231) Ibid., p.213.
232) Ibid., p.213.
233) 40 Corpus Juris, 1360, n.39, 40.
234) Ibid., pp.213~214.

제378조를 들고, 둘째로 상환한 제3자의 지위에 대하여 캘리포니아 주 민법 제2903조, 제2905조, 중국 민법 제879조, 일본 민법 제372조를 들고 있다.[235]

(h) 실행(foreclosure): 채무의 변제가 없으면 저당권자는 상당한 최고 및 주장에 의하여 목적물의 매매에 대한 판결(judicial decree)로서 그 대금을 변제에 충당할 수 있다(제544조 제1문). 그러나 당사자는 저당권설정과 함께 또는 그 후에 법적구조의 청구 없이 공경매로 매각할 문서상 권한(a written power)에 합의할 수 있다(동조 제2문). 목적물의 소유권이 이와 같은 매매에 의하지 않고 저당권자에게 넘어가는 합의는 무효이다(동조 제3문). 여러 명의 저당권자가 있는 경우에 매각대금은 그들이 동등하다면 우선순위(order of priority)[236] 또는 비율에 따라서(pro rata) 배당된다(동조 제4문). 저당권이 특정한 금액을 충당할 수 없어 하나의 부동산 이상에 미치는 경우 저당권자는 어느 것의 매매대금에서 그의 청구권 전부 또는 일부를 청구할 수 있다(동조 제5문). 이에 대하여, 로빈기어는, 간이변제충당권에 대하여 일본 민법 제371조, 스위스 민법 제806조를 들고, 둘째로 공경매에 의한 실행에 대하여 캘리포니아 주 민법 제2931조, 중국 민법 제873조, 일본 민법 제381조 내지 제387조, 스위스 민법 제816조를 들고, 셋째로 유저당 합의의 무효에 대하여 캘리포니아 주 민법 제2932조를 들고, 넷째로 저당권자 상호간의 배당에 대하여 캘리포니아 주 민법 제2889조, 중국

---

235) Ibid., p.214.

236) The character of hypotheca as a mere 'charge' gave it the advantage also that successive mortgage were now possible, the earlier taking priority over the later. Nicholas, B., op.cit., p.152.

민법 제873조, 일본 민법 제349조를 들며, 다섯째로 공동저당에 대하여 스위스 민법을 들고 있다.237)

(i) 소멸(extinction): 저당권의 소멸은 저당권설정자 또는 채무자의 상대방 측의 취득시효(acquisitive prescription), 목적물의 멸실에 의한다(제545조 본문). 그러나 그러한 손실의 보상은 우선순위에 따라서 저당권자에게 배분한다(동조 단서). 그러나 저당권의 소멸시효는 담보된 채권의 소멸시효와 동시에 소멸된다(동조 단서). 이에 대하여, 로빈기어는, 첫째로 상대방의 취득시효에 의한 소멸에 대하여 일본 민법 제397조를 들고, 둘째로 목적물의 멸실에 의한 손실보상에 대하여 중국 민법 제881조, 독일 민법 제223조, 일본 민법 제397조, 스위스 민법 제807조를 들며, 셋째로 저당권의 소멸시효에 대하여 캘리포니아 주 민법 제2932조를 들고 있다.238)

(5) 전세권(Antichresis; Chinese Dien)

이 초안은 전세권(Antichresis; Chinese Dien; 부동산질; 전권)에 대하여 제546조 내지 제551조까지 총 6개 조문을 규정하였다. 이에 대하여는 이 장 제5절에서 따로 다루기로 한다.

(6) 환매 (Sale with Right of Redemption: Pactum de Retreemendo; Pacto de Retro; Vente a Remiere)

이 초안은 환매에 관하여 제522조 내지 제559조에 걸쳐서 총 8개 조문을 규정하고 있다. 이 초안에 규정한 환매의 내용을 분석

---

237) Ibid., p.214. 로마法에서 流抵當(저당직류)의 특약이 성행하고 그로 인해 채무자가 저당물을 빼앗기는 예가 많아 콘스탄티누스帝는 lex commissoria라는 勅法에 의하여 流抵當을 금지하였다. 李太載, 전게서, 148면, 157면.

238) Ibid., p,214.

하면 다음과 같다.

(a) 의의(defined): 매매로 이뤄지는 이 계약은 확정기간 내에 환매권(right of redemption(repurchase))을 매도인에게 유보하는 조항에 의하여 물적담보를 하여 주는 것이다(제552조). 이에 대하여, 로빈기어는 중국 민법 제379조 내지 제383조, 독일 민법 제479조 내지 제503조, 일본 민법 제579조 내지 제585조, Corpus Juris의 규정239)을 들고 있다.323)

(b) 기간(time)과 조건(condition): i) 환매기간은 5년을 초과할 수 없다(제553조 전단). 이보다 장기간의 조항은 초과한 것으로 무효이다(동조 후단). 이에 대하여 로빈기어는, 중국 민법 제380조, 일본 민법 제580조 등을 들고 있다.324) ii) 환매가격에 대하여 특약이 없으면 매매가격으로 한다(제554조 본문). 그러나 환매자는 매매 및 환매비용을 부담하고, 매수인에게 유익한 개량에 대하여 상환하여야 하며, 환매자의 과실로 인하여 목적물에 발생한 손해에 대하여 배상하여야 한다(동조 단서). 이에 대하여 로빈기어는, 중국 민법 제381조, 제382조, 독일 민법 제497조, 제498조 제500조, 제501조, 일본 민법 제579조 내지 제583조를 들고 있다.325)

(c) 매수인(vendee)의 의무와 담보(incumberance) 등: i) 매수인은, 전조에 의하여 계산된 금액의 제공이 있으면, 담보되었던 목적물과 모든 종물을 반환하여야 한다(제555조 본문). 그러나 매수인은 환

---

239) 40 Corpus Juris, 1364~1368, n.76.

323) Ibid., p.215. 그밖에 이 계약은 영국 보통법의 모게지(mortgage)와 실제로 일치한다고 하면서, 이 모게지는 衡平大法廷(Court of Chancery)이 종국적으로 점유질(pledge)로 변형시켰다고 하였다.

324) Ibid., p.215.

325) Ibid., p.215.

매자에게 손해를 배상하였으면 원물에 부착시킨 부속물을 수거할 수 있다(동조 단서). 이에 대하여 로빈기어는, 첫째로 매수인의 목적물반환의무에 대하여 중국 민법 제383조, 독일 민법 제498조 제1항을 들고, 둘째로 매수인의 부속물 수거에 대하여는 독일 민법의 이론을 들고 있다.[326] ii) 매매 후 목적물의 담보 등은 매수인이 소멸시켜야 하고, 만약 불가능하면 매수인이 추후에 환매자에게 보상하여야 한다(제556조). 이에 대하여 로빈기어는, 독일 민법 제499조를 들고 있다.[327]

(d) 공동환매(joint redemption)와 공유자(co-owner)의 지분환매: i) 공동환매자는 공동으로 권리를 행사하여야 한다(제557조 본문). 그러나 동시에 할 수 없거나 하지 않고자 하면 분리된다(동조 단서). 이에 대하여 로빈기어는, 독일 민법 제502조를 들고 있다.[328] ii) 환매권을 유보하여 자기의 지분을 매도한 공유자는 공경매 후에도 지분을 반환받을 수 있고, 자기보다 앞선 최고가 없다면 분할이 무효로 되지 않는다(제558조). 이에 대하여 로빈기어는, 이태리 민법 제1522조, 일본 민법 제584조, 제585조를 들고 있다.[329]

(ee) 소멸(extinction): 매도인의 채권자가 갖는 환매권의 소멸은 매수인의 미변제 부분의 채무이행에 의하여 유효하게 된다(제559조 전단). 목적물의 현재 가격에서 법원이 지정한 전문가가 확인한 것을 공제하고 그 잔여액을 매도인에게 지불한다(동조 후단). 이에 대하여 로빈기어는, 이태리 민법 제1522조, 일본 민법 제582조, 제

---

326) Ibid., pp.215~216.

327) Ibid., p.216.

328) Ibid., p.216.

329) Ibid., p.216.

585조를 들고 있다.330)

(7) 유치권(Possessory Liens; Right of Retention)

이 초안은, 유치권(Possessory Liens; Right of Retention)에 관하여, (aa) 일반규정(General Provisions)과 (bb) 각종의 유치권(Classes)으로 나눠서 제560조부터 제569조에 걸쳐서 총 10개 조문을 규정하였다.

1) 일반규정(General Provisions)

(a) 의의(defined) 및 본질(essentials): aa) 유치권은 채무이행을 위한 질권 설정이 명백히 아니지만 수탁의 필요를 담보하기 위하여 동산을 유치하는 권리이다(제560조 제1문).331) 유치권은 증가물과 대체물을 포함하지만 인적 채무를 포함하지 않는다(동조 제2문). 이에 대하여 로빈기어는, 첫째로 유치권의 의의에 대하여 American Law Institute's Restatement of Security 제59조, 캘리포니아 주 민법 제2890조, 중국 민법 제928조, 독일 민법 제273조, 일본 민법 제295조를 들고, 둘째로 유치권의 목적물에 대하여 American Law Institute's Restatement of Security 제66조, 캘리포니아 주 민법 제2890조, 제3024조를 들고 있다.332) bb) 그 권리는, 진정한 채무의 근원과 관련된 목적물에 대하여, 오직 점유를 적법하게 취득함으로써 발생한다(제561조). 이에 대하여 로빈기어는, 캘리포니아 주 민법 제2881조, 제2882조, 중국 민법 제928조, 독일 민법 제273조,

---

330) Ibid., p.216.

331) The term 'lien' is generally used to denote equitable securities which arise not from any agreement between the parties but by operation of law. Lawson, F. H., *Introduction to the Law of Property*(1958), p.161.

332) Lobingier, C., op.cit., p.216.

일본 민법 제295조를 들고 있다.[333]

(b) 권리(rights)와 의무(obligations): aa) 유치권은 동산 전부에 미치고, 채무자가 채무변제기 전에 이행불능이 되면 채무자의 의사에 반하여 압류(attach)할 수 있다(제562조 제1문). 유치권자는 목적물의 과실을 수취할 수 있고, 다른 채권자에 우선하여 동산의 유지 및 개선으로 발생한 필요비의 상환을 포함한 자기의 청구에 충당할 수 있다(동조 제2문). 이에 대하여 로빈기어는, 첫째로 유치권자의 압류권에 대하여 중국 민법 제931조를 들고, 둘째로 유치권자의 과실수취권과 우선변제충당권에 대하여 중국 민법 제935조, 제934조, 일본 민법 제297조, 제299조를 들고 있다.[334] bb) 계약으로 약정하지 않았으면 법률변호사의 유치권을 제외한 유치권은 소유자의 동의를 얻어 유치권의 목적인 동산의 인도에 의한 구두 또는 서면의 합의로 양도할 수 있다(563조). 이에 대하여 로빈기어는, American Law Institute's Restatement of Security 제67조를 들면서, 처음에는 유치권의 양도가 허용되지 않았지만, 어떤 채무가 유치권에 의하여 담보된 경우 그 채무를 양수받은 사람은 유치권의 이익을 향유하게 되었다고 설명하고 있다.[335] cc) 유치권자와 양수인은 그 동산에 대하여 선량한 관리자의 주의(the care of a good administrator)를 하여야 하고, 보존에 필요한 경우를 제외하고 그것을 질권으로 할 수 없다(제564조). 이에 대하여 로빈기어는, 유치권자 및 양수인의 유치물보존의무에 대하여 American Law Institute's

---

333) Ibid., p.216.
334) Ibid., p.216.
335) Ibid., p.216.

Restatement of Security 제69조, 제70조, 제71조, 중국 민법 제933조, 독일 민법 제273조, 제276조, 일본 민법 제298조를 들고 있다.[336]

(c) 실행(foreclosure): 유치권으로 담보된 채무가 변제기에 이행되지 않으면, 유치권자는 채무자에게 상당한 최고를 한 뒤에 동산을 공경매(public auction)로 매각하여 그 대금으로 자기의 청구에 충당할 수 있다(제565조). 이에 대하여 로빈기어는, 중국 민법 제936조를 들고 있다.[337]

2) 각종의 유치권(classes)

(a) 의의(defined): 유치권은 (1) 일정한 계약, 불법행위책임, 또는 그 결과에 유치권이 제한되는 특수한 유치권과 (2) 유치권자가 고객과의 일반거래의 유지를 위하여 점유를 갖는 일반유치권이 있다(제566조). 이에 대하여 로빈기어는, American Law Institute's Restatement of Security 제60조, 캘리포니아 주 민법 제2873조 내지 제2875조를 들고 있다.[338]

(b) 특수한 유치권(specific liens): 이 특수한 유치권은, (1) 가공자(artisan),[339] (2) 항공공동운송인(common carriers on freight),[340] (3) 수취인(despositaries; bailees),[341] (4) 유실물습득자(finders of lost movables),[342] (5) 운송주선업자(forwarding agents on good),[343] (6)

---

336) Ibid., pp.216~217.

337) Ibid., p.217.

338) Ibid., p.217.

339) 이에 대하여 American Law Institute's Restatement of Security 제61조a, 캘리포니아 민법 제3051조를 들고 있다. Ibid., p.217.

340) 이에 대하여 American Law Institute's Restatement of Security 제61조b, 캘리포니아 민법 제2128j조, 제2144조를 들고 있다. Ibid., p.217.

341) 이에 대하여 캘리포니아 민법 제1856조를 들고 있다. Ibid., p.217.

호텔관리인(hotel keepers),[344] (7) 임대인(lessors),[345] (8) 수임인
(mandataries),[346] (9) 토지점유자(occupants of land),[347] (10) 매도인
(vendors),[348] (11) 창고업자(warehouseman) 및 부두관리인(wharfingers)[349]
에게 존재한다(제567조).

(c) 일반유치권(general liens): 일반유치권은 특수한 유치권의 확
장으로 (1) 법률변호사(attorneys at law),[350] (2) 은행업자(bankers),[351]
(3) 중매인(factors)[352]에게 존재한다(제568조).

3) 소멸(extinction)

유치권은 유치권자가 소유자의 동의로 양도한 경우를 제외하고

---

342) 이에 대하여 American Law Institute's Restatement of Security 제61조(c), 제63조, 캘
리포니아 민법 제1867조, 중국 민법 제805조, 일본 민법 제295조 내지 제302조, 일
본 유실물법 제1조 내지 제7조를 들고 있다. Ibid., p.217.

343) 이에 대하여 중국 민법 제662조, 일본 상법 제562조를 들고 있다. Ibid., p.217.

344) 이에 대하여 American Law Institute's Restatement of Security 제61조(c), 제63조, 캘
리포니아 민법 제1861조(a), 중국 민법 제612조, 독일 민법 제702조, 일본 민법 제
311조 제3항, 제317조, 제330조 제1항을 들고 있다. Ibid., p.217.

345) 이에 대하여 American Law Institute's Restatement of Security 제61조(h)를 들고 있
다. Ibid., p.217.

346) 이에 대하여 American Law Institute's Restatement of Security 제61조(g)를 들고 있
다. Ibid., p.217.

347) 이에 대하여 American Law Institute's Restatement of Security 제61조(i)를 들고 있
다. Ibid., p.217.

348) 이에 대하여 American Law Institute's Restatement of Security 제61조(f), 일본 민법 제
311조 제6항, 스위스 채무법 제272조, 제452조, 제491조를 들고 있다. Ibid., p.217.

349) 이에 대하여 American Law Institute's Restatement of Security 제61조(d)를 들고 있
다. Ibid., p.217.

350) 이에 대하여 American Law Institute's Restatement of Security 제62조(b), 캘리포니아
민법 제3054조를 들고 있다. Ibid., p.217.

351) 이에 대하여 American Law Institute's Restatement of Security 제62조(c)를 들고 있다.
Ibid., p.217.

352) 이에 대하여 American Law Institute's Restatement of Security 제61조(g)(q)(a), 제62조
(a), 캘리포니아 민법 제3053조, 독일 민법 제273조, 제274조, 제320조, 제1000조,
일본 민법 제295조 참조, 일본 상법 제52조, 제521조를 들고 있다. Ibid., p.218.

동산의 점유를 일탈하거나, 이 법전의 규정에 반하여 사용하거나,
채무자가 채무를 위한 다른 충분한 담보를 제공함으로써 소멸한다
(제569조). 이에 대하여 로빈기어는, 캘리포니아 주 민법 제2909조
내지 제2913조, 중국 민법 제937조, 제938조, 일본 민법 제298조,
제301조, 제302조를 들고 있다.[353]

Ⅳ. 結語

이와 같은 분석의 결과에 의하여, 로빈기어 초안에서의 물적담
보법의 체계가 다음과 같다는 것을 발견할 수 있다.

첫째, 법전의 편별방식에 있어서 인스티투우찌오네스(institutiones)
방식을 채택함에 따라서 물적담보법을 제2편 채권관계법 가운데
편별하였다는 점이다. 이에 의하여 물적담보법을 채권관계법과 함
께 계약관계로 파악하고 있다.[354] 따라서 권리중심으로 편별한 판
덱텐(pandects) 방식에서의 담보물권법과의 차이를 보이고 있다.[355]

둘째, 물적담보제도를 질권(동산질, 권리질), 저당권, 전세권, 환
매 및 유치권으로 한 점이다. 이와 같은 물적담보제도는 로마법
이후에 영미법 및 대륙법에서 발전한 것을 중심으로 5종으로 한정
하였음을 알 수 있다. 여기에서 질권과 저당권은 로마법과 그 이
후 발전한 영미법 및 대륙법의 요소를 포함하여 받아들이고 있음

---

353) Ibid., p.218.

354) 이 점은 인스티투우찌오네스 편별방식을 취한 프랑스 민법이 물적담보법을 제3편
　　 재산취득법에 규정한 것과 비교된다.

355) 판덱텐 방식을 취한 현행 민법전에서의 담보물권은, 민법전 제2편 물권 가운데 제7
　　 장 유치권, 제8장 질권, 제9장 저당권으로 규정하였다.

을 알 수 있고, 환매는 대륙법에서의 발전을 받아들이고, 유치권은 주로 영미법에서의 발전을 받아들이고 있음을 알 수 있다. 그러나 전세권은 중국 민법과 만주 민법의 전권에 관한 내용을 주로 하였다는 것을 알 수 있다. 이와 같은 물적담보제도에 있어서, 질권, 저당권 및 유치권은 다른 입법례356)에서도 일반적으로 인정되는 담보물권이지만, 전세권과 환매를 독립된 물적담보제도로 입법한 것은 특이한 것이 아닐 수 없다. 그러나 로빈기어의 민법전입법방침으로서의 법전이 갖춰야 할 특성357)에 비춰 볼 때에 전세권이나 환매를 독립된 물적담보제도로 입법한 것은 법전이 취급할 주제에 대한 완전성과 통괄성을 갖는 것이었음을 발견할 수 있다.

셋째, 비교법으로서의 물적담보법은, 1) 질권에 대하여 로마법과 영미법인 American Law Institute's Restatement of Security, 캘리포니아 주 민법을 참조하고 있지만, 중국 민법, 일본 민법, 독일 민법 및 스위스 민법 등 대륙법도 참조하였고, 2) 저당권에 대하여 영미법인 캘리포니아 주 민법을 참조하고 있지만, 대륙법인 중국 민법, 독일 민법, 일본 민법을 참조하였고, 프랑스 민법, 쿠바 민법, 멕시코 민법도 참조하였으며, 3) 전세권에 대하여 로마법을 들었으나, 주로 중국 민법과 만주 민법을 참조하였고, 4) 환매에 대하여 영국 보통법을 들고 있으나, 중국 민법, 독일 민법, 일본 민법을 주로 참조하였고, 이태리 민법도 참조하였으며, 5) 유치권에 대하여 영미법인 American Law Institute's Restatement of Security,

---

356) 일본 민법 제2편 물권 제7장 유치권, 제9장 질권, 제10장 저당권.

357) 이에 대하여는, 로빙기어, 「日本民法改正私案」(1947.2.), 8면 이하; 尹大成, 「로빈기어의 韓國民法典草案과 傳貫權」(1993), 49면 이하.

캘리포니아 주 민법을 주로 참조하면서, 대륙법인 중국 민법, 독일 민법, 일본 민법, 일본 상법, 일본 유실물법 등을 참조하였음을 알 수 있다. 여기에서 로빈기어의 입법의사가 무엇인가를 발견할 수 있다. 즉 로빈기어가 민법전을 제정함에 있어서 "침략국의 시대착오인 산물에 근거하지 않고 세계의 최신최량의 모본에 기초해서 조선자체의 민법을 제정해야 하겠다."는 기본적 입법의사는, 당시에 시행되고 있는 일본 민법의 결점을 극복하기 위하여 '원동의 로마'인 중국 민법을 본받으려는 것이었다는 점이다. 그럼에도 불구하고 물적담보법의 입법에 있어서 중국 민법뿐만 아니라 일본 민법이 많이 참조되었음을 발견할 수 있다. 여기에 로빈기어의 물적담보법에 관한 입법의 한계가 있다. 물적담보법은 그 나라의 경제와 신용의 발달을 바탕으로 하기 때문이었을 것이다.

넷째, 로빈기어 초안에서의 물적담보법이 현행 민법의 담보물권법에 미친 영향을 발견할 수 있다. 즉 물적담보제도로서의 질권, 저당권, 유치권은 현행 담보물권법에 수용되었고, 전세권도 현행 민법에 수용되었으나 이를 순수한 담보물권으로 해석함에 논의가 있어 왔다.358) 한편 환매도 현행 민법에 수용되었으나, 이를 독립된 담보물권으로 하지 않고 매매에 규정하였다. 그러나 이를 해석함에 있어서 소유권이전형식에 의한 담보제도의 하나로 취급하는 것이 일반이다.359)

그렇다면 로빈기어의 「한국민법전초안」에 있어서 물적담보법은, 로마법 이후의 근대적 담보물권제도를 입법하려 한 것이었고, 그것

---

358) 이에 대한 상세한 내용은, 尹大成, 『韓國傳貰權法研究』(1988), 17면 이하 참조.
359) 金基善, 『韓國債權法各論』, (서울: 법문사, 1988), 154면 이하 참조.

이 비록 법전의 편별 방식에 의하여 채권관계법 가운데 규정되었더라도 어디까지나 담보물권제도인 점에는 변함이 없는 것이다. 그 물적담보법의 규정형식에 있어서 특이한 점이 있지만, 근대적 담보물권제도를 받아들인 것은 획기적인 것이 아닐 수 없다. 이 초안이 그 시행을 보지 못하였지만, 그 이후에 제정된 현행 민법전의 담보물권법에 많은 영향360)을 주었다는 것을 확인할 수 있다.

제5절 로빈기어의 「韓國民法典草案」과 傳貰權

Ⅰ. 序說

로빈기어의 한국민법전초안에 있어서 전세권을 어떠한 내용으로 어떻게 입법을 하고자 하였는가를 분석하여 검토코자 하는 것이다. 비록 전세권이라는 매우 제한된 문제를 다루는 것이지만, 이를 통하여 우리나라의 민법전의 제정과정에서 영미법과의 교착이 어떻게 이뤄졌는가를 검증할 수 있고,361) 전세권법의 입법에 있어서도

---

360) 특히 전세권의 입법은 현행 민법전의 제정과정에서 논의를 거쳐서 물권으로 규정되었고, 비록 전세권의 법적 구성에 있어서 논의는 있지만, 전세권을 담보물권으로 입법 내지 해석되는 점에서 그 영향이 크다고 할 것이다. 尹大成, 『韓國傳貰權法硏究』(1988), 182면 이하, 239면 이하 참조.

361) 지금까지 우리 민법의 "초안작성, 그의 심의 등에 있어서 독일 민법전을 비롯하여 많은 외국의 민법전을 참고로 하였다고 하지만, 그 내용을 살펴볼 때에, 근본적으로는 구민법 즉 현행 일본 민법을 기초로 하고 있음을 숨길 수 없는 사실이다."고 말한 바와 같이(郭潤直, 『民法槪說』, (서울: 박영사, 1992), 14면), 우리 민법은 독일 민법을 비롯한 대륙법의 법계에 속하는 것으로 보아 왔다. 그러나 민법전의 제정과정에 있어서, 영미법과의 교착이 이뤄졌던 미군정시대의 민법전기초과정을 전혀 고

영미법적 사고가 입법자의사로 어떻게 나타났는가를 확인할 수 있을 것으로 생각된다.

Ⅱ. 로빈기어 草案의 規定 原文

로빈기어의 한국민법전초안에 있어서 전세권에 관한 규정의 원문을 보면,[362] 초안 제546조 내지 제551조의 6개 조문으로 규정하였다.[363]

Ⅲ. 로빈기어 草案에서의 傳貰權에 관한 內容分析

1. 전세권의 의의

로빈기어는, 전세권을 부동산질(Antichresis/anthrese)로 보면서, 초안 제546조에 "부동산질은 부동산을 소유자에 의하여 채권자에게 점유를 이전시키고 그 과실을 취득하여 채무에 충당하는 담보계약"으로 규정하였다. 그리고 그 목적물의 "소유권은 반대의 약정에도 불구하고 여전히 채무자에게 있다."고 함으로써, 목적물의 점유이전과 과실의 취득만이 채권자에게 있는 것이고 소유권은 여전히 채무자에게 있음을 명문화 하였다.

려하지 않은 것에서 비롯된 생각이고, 미군정시대의 영미법과의 교착이 우리 민법전의 제정과정에 어떠한 영향을 주었는가에 대하여 앞으로 연구되어야 할 것으로 본다.

362) Libingier, C., op.cit., pp.190∼191 및 pp.214∼215.

363) 이 전세권에 관한 규정원문은, 이 책 제3장 제4절 Ⅱ. 2. (d) Art. 546∼551 가운데 있기 때문에 중복을 피하기 위하여 생략하였음.

이와 같이 로빈기어가 전세권을 기초함에 있어서는, 중국 민법 제911조와 만주 민법 제294조를 참조한 것임을 알 수 있다. 즉 초안 제546조의 각주(note)에서, 로빈기어는 중국 민법 제911조를 들고서, 이에 덧붙여 "그것은 중국에서 하나의 오래된 담보형태이다."[364]고 하면서, 그러나 그것은 민법전의 번역자가 주장한 바와 같이, "다른 입법례에서 비교될 수 없는 것"은 아니라고 하였다. 로마 및 중세 초의 부동산질(antichresis)이나, 커먼 로(Commom Law)에서의 부동산담보(vivum vadium) 또는 웨일즈에서의 모게지(mortgage) 등은 대단히 비슷한 것이라고 하였다.[365] 그리고 주물과 수익에 대하여 지대의 청구를 하는 오늘날의 모게지(mortgage)와도 비슷하다고 하였다.[366] 여기에서 로빈기어가 들고 있는 중국 민법 제911조는, "전권이라 칭함은 전가를 지불하고 타인의 부동산을 점유하여 사용 및 수익하는 권리를 말한다."고 규정하고 있다. 한편 만주 민법 제294조는, "전권자는 전가를 지불하여 타인의 부동산을 점유하며 또 그 용법에 따라 사용 및 수익하는 권리를 갖는다."고 규정하고 있다. 그렇다면 로빈기어는 중국 민법 및 만주 민법의 전권을 서구의 부동산 점유질 내지 모게지(mortgage)와 같이 보면서 이를 바탕으로 하여 전세권을 기초하였다고 할 것이다.[367]

---

364) Rianovsky, *Chinese Civil Law*(1938), p.244.

365) 이에 대하여는, 40 Corpus Juris, 1362, n.56(b)을 참조하라고 하였음.

366) 이에 대하여는, 40 Corpus Juris, 1362－3, note 56, 57을 참조하라고 하였음.

367) 우리 민법의 전세권과 중국 민법 및 만주 민법의 전권과의 비교법적 연구로, 尹大成, 『韓國傳貫權法研究』(1988), 117～154면 및 173면 이하; 동, 「우리 民法典의 傳貫權과 滿洲國民法典의 典權과의 比較研究」,『논문집』, 제10권제1호(창원: 창원대학, 1988.8), 105～129면. 그러나 梁彰洙 교수는 필자의 비교법적 연구의 결론에 동의할 수 없다고 하지만(梁彰洙, "民法案에 대한 國會의 審議(1)"(1991), 447면 주 79) 참조), 우리 민법전의 제정과정에서 전세권을 입법함에 있어서 만주 민법의 전

2. 전세권의 존속기간

로빈기어는, 전세계약의 존속기간에 대하여, 초안 제547조에 "계약의 기간은 30년으로 제한되고 만약 더 긴 기간을 정하였으면 연장할 수 있다."고 함으로써, 최장기간을 30년으로 하되 그 기간을 연장할 수 있다고 하였다. 한편으로 "15년 이하의 기간을 정하여 그 후에는 상환할 수 없다는 조항을 금지한다."고 함으로써, 최단기간을 15년으로 연장하고 있음을 알 수 있다.

이와 같이 로빈기어가 전세계약의 기간을 기초함에 있어서, 중국 민법 제912조 및 만주 민법 제299조를 참조하였다. 로빈기어가 참조한 중국 민법 제912조는 "전권의 약정기간은 30년을 넘지 못한다. 30년을 넘을 때에는 30년으로 한다."고 함으로써, 최장기간을 30년으로 하고 30년을 넘는 계약을 하였을 때에는 30년으로 단축되는 것으로 하였다. 한편 만주 민법 제299조는 "전권의 기간은 3년 이상 30년 이하로 한다. 그 기간이 3년 미만인 것은 이를 3년으로 신장하며 30년을 초과한 것은 30년으로 단축한다."고 함으로써, 최장기간을 30년으로 한 것은 중국과 같지만, 최단기간을 3년을 제한하여 규정한 것이 다르다. 그럼에도 불구하고, 로빈기어는, 전세계약의 기간에 대하여 최장기간을 30년으로 한 것은 중국 민법 및 만주 민법을 따르면서, 최단기간을 15년으로 함으로써 중국 민법뿐만 아니라 만주 민법과도 다르게 하였다. 여기에서 로빈기어는 전세권의 존속기간을 장기화하려는 의사였음을 발견할 수 있다.

______

권이 영향을 주었음을 뒤의 논문에서 더욱 깊이 검증할 수 있었고, 또한 여기에서도 확인될 수 있음은 매우 의미 있는 일이 아닐 수 없다.

3. 전세권자(채권자)의 권리

로빈기어는, 전세계약에 있어서 채권자의 권리에 대하여, 초안 제548조에 "채권자는 다른 약정이 없는 한 계약기간 내에 원계약의 기간과 약인(consideration)을 초과하지 않는 범위에서 제3자에게 그의 이익을 전대하거나 완전히 그것을 이전할 수 있다."고 함으로써, 전세권자의 전대 및 양도할 권리를 인정하고 있다. 한편 목적물의 수선의무 및 필요비의 상환에 대하여, "그 기간 내에 목적물이 불가항력(force majeure)에 의하여 전부 또는 일부가 파괴되었다면 채권자는 그것을 개축하거나 수선하여야 한다."고 함으로써, 전세권자의 수선의무를 정하고 있으며, 그 반대로 "그러나 오직 그 재산에 대하여 가치를 증가하거나 필요비를 지출한 것에 대하여 채권자는 상환시에 지불받을 권리가 있다."고 함으로써, 전세권자가 목적물에 지출한 유익비 내지 필요비를 상환 받을 권리가 있음을 규정하였다.

이와 같이 로빈기어가 전세권자의 권리 등에 대하여 초안을 작성함에 있어서, 중국 민법 제915조, 제917조, 제921조 및 만주 민법 제306조, 제295조, 제307조, 제309조를 참조하였다고 하지만, 전대 및 양도에 대하여는 중국 민법 제916조 "채권자는 전물이 전전 또는 임대에 인하여 받은 손해에 대하여 배상의 책임이 있다." 및 동법 제919조와 만주 민법 제298조 "전권자는 관리의 비용을 지불하고 기타 부동산의 부담을 맡는다." 및 동법 제305조 후단, 제311조 등의 내용을 참조한 것으로 보인다. 어쨌든 전세권자가 목적물의 수선의무를 부담하는 점은 임차인의 지위와 분명히 다른 것을 알 수 있다.

4. 목적물의 반환

로빈기어는 계약만료와 목적물의 반환에 대하여, 초안 제549조에 "채무자는 계약으로 정한 기간이 만료된 후 2년 내에 취득한 과실로 채무를 충당하고 본래의 상태로 목적물을 반환받을 수 있다."고 규정하고, "그러나 만약 그러한 기간의 정함이 없으면 30년 내로 한다."고 하였다. 한편 전세권설정자(채무자)가 반환받을 수 없는 경우에 대하여, "만약 채무자가 반환받을 수 없으면 채권자는 소유권을 취득한다."고 함으로써, 당연히 전세권자의 목적물소유권 취득을 인정하고 있다. 그러나 전세권의 목적물이 농경지인 경우에 대하여 목적물의 반환시기에 대한 특례를 인정하고 있다. 즉 "만약 목적물이 농경지인 경우에는 그 반환은 추수 후 다음 경작계절 전에 효력이 있다."고 함으로써, 추수를 하고 난 뒤부터 다음의 경작계절이 오기 전에 목적물의 반환을 받을 수 있음을 규정하였다. 그러나 목적물이 농경지가 아닌 그 밖의 경우에 대하여, "그 밖의 경우에는 채권자는 6월의 예고기간을 두어야 한다."고 함으로써, 목적물의 반환에 따른 유예기간을 두고 있다.

이와 같이 로빈기어가 목적물의 반환에 대하여 기초함에 있어서, 중국 민법 제923조, 제924조, 제925조 및 만주 민법 제300조, 제301조, 제302조를 참조하였다. 이것은 계약기간의 만료 시에 전권설정자의 청려를 인정하고 이와 함께 청려가 없을 때에 전권자의 목적물소유권취득에 관한 규정이다. 여기에서 전세권이 전권과 함께 목적물의 소유권을 중심으로 구성된 담보제도임을 확인할 수 있다. 즉 종국적으로 전세권의 목적물소유권의 귀속으로 귀착됨을 알 수 있다.[368]

5. 전세권설정자의 목적물의 양도와 전세권자의 권리

로빈기어는, 전세권의 목적물이 전세권자(채권자)의 귀책사유에 의하여 멸실한 경우에 있어서 책임에 관하여, 초안 제550조에 "채무자는 채권자의 권리를 침해하지 않는 한 목적물을 다른 사람에게 양도할 수 있다."고 함으로써, 전세권설정자가 전세권의 목적물을 양도할 수 있음을 규정하였다. 그리고 이에 대하여 전세권자(채권자)에게 "그러나 채권자는 우선하여 동일한 가격으로 매수할 권리를 갖는다."고 함으로써, 전세권설정자가 목적물을 양도함에 있어서 전세권자가 우선매수권을 갖는 것으로 하였다. 또한 "채권자는 기간 중에 목적물의 원상태와 현재가격의 차액만을 채무자에게 지불함으로써 목적물의 소유권을 취득할 수 있다."고 함으로써, 전세권자가 차액지급에 의한 목적물선매권을 갖도록 하였다.

이와 같이 로빈기어는 전세권설정자가 목적물을 양도함에 있어서 전세권자의 선매권을 인정함에 대하여는, 중국 민법 제919조, 제916조 및 만주 민법 제268조, 제311조, 제305조를 참조하였다. 이것은 만주에 있어서 '영매'(另賣)라는 관습과 '조매'(找賣)라는 관습이 있었던 것을 전권자의 전물선매권으로 입법한 것이다.[369]

6. 목적물의 멸실

로빈기어는, 전세권의 목적물이 전세권자(채권자)의 귀책사유에

---

368) 이와 같은 典權의 回贖(請戻)에 대하여는, 尹大成, 『韓國傳貰權法研究』(1988), 151 ~152면 참조.

369) 典權者의 典物先賣權에 대하여는, 尹大成, 『韓國傳貰權法研究』(1988), 150~151 면 참조.

의하여 멸실한 경우에 있어서 책임에 관하여, 초안 제551조에 "채권자의 과실에 의한 목적물의 전부 또는 일부의 멸실은 채권자에게 본래의 상태로 할 책임이 있다."고 함으로써, 원상회복의무를 규정하고 있다. 또한 "만약에 채권자의 중대한 과실 또는 고의로 인한 경우에는 추가적인 손해를 배상하여야 한다."고 함으로써, 전세권자의 귀책사유가 중대한 과실 또는 고의인 경우에 있어서는 원상회복 이외에 손해배상의 책임이 있다고 하였다. 그러나 목적물의 멸실이 불가항력(force majeure)에 의하여 생긴 경우에 대하여, "만약 손해가 불가항력으로 생긴 경우에는 채권자의 권리와 채무자의 반환청구권은 소멸한다."고 함으로써, 이 경우에는 전세권자뿐만 아니라 전세권설정자도 권리를 잃는 것으로 규정하였다.

　이와 같은 규정을 함에 있어서, 로빈기어는, 중국 민법 제920조 및 만주 민법 제305조를 참조하였다. 즉 중국 민법 제920조는 "전권존속중 전물이 불가항력에 인하여 전부 또는 일부의 멸실이 되었을 때에는 그 멸실한 부분에 관하여 전권이나 청려권은 모두 소멸한다."고 함으로써 불가항력에 의한 목적물의 멸실인 경우에는 전권자의 전권과 전권설정자의 청려권이 모두 소멸하는 것으로 하였다. 또한 만주 민법 제305조라고 하였지만 제307조는 "전물의 일부가 멸실한 경우에 있어 전권설정자가 잔존부분의 청려를 청구할 때는 그 멸실한 부분의 가격의 비율에 따라 감액한 전가를 제공함으로써 족하다."고 한 것을 참조한 것으로 보아야 할 것 같다. 그리고 중국 민법 제922조에 "전권존속 중 전권자의 과실에 인하여 건물의 전부 또는 일부의 멸실을 이룬 때는 전권자는 전가액의 한도 내에 있어서 그 책임을 진다. 단, 고의로 또는 중대한 과실에 인하여 멸실을 이룬 때는 전가로써 손해의 배상에 충당하는 외 만약 부족이 있으면 이도 배상하여야 한다.”고 규정한 것을 참조한 것으로 보아야 할 것이다.

Ⅳ. 結語

이와 같이 로빈기어의 「한국민법전초안」과 현행 민법전에 있어서의 전세권을 비교 검토함으로써, 다음과 같이 로빈기어의 초안에 대한 올바른 인식과 평가를 할 수 있을 것이다.

첫째로, 법전의 체계에 있어서 전세권을 살펴보면, 로빈기어는 '인스티투우찌오네스'(institutiones) 편별 방식을 채택함에 따라서, 전세권을 제2편 채권(Obligation) 가운데 물적담보계약의 하나로 규정을 하였다. 이에 대하여 현행 민법전은 '판덱텐'(pandects) 편별 방식을 채택함에 따라서 전세권을 제2편 물권(Property) 가운데 규정을 하였다.[370]

둘째로, 전세권의 법적구성에 있어서 살펴보면, 로빈기어와 현행 민법전의 기초자인 金炳魯의 입법의사가 모두 중국 민법 및 만주 민법의 典權을 전세권의 모본으로 삼았으며,[371] 이를 바탕으로 기

---

370) 현행 민법전에 있어서 전세권의 제정 및 개정과정에 대한 상세한 내용은, 尹大成, 『韓國傳貰權法硏究』(1988), 182～222면. 다만 민법전의 제정과정에서 전세권을 전세계약으로 하여 임대차와 함께 채권편에 규정하자는 의견이 주장되었으나, 로빈기어가 전세권을 물적담보계약으로 채권편에 규정한 것과는 그 출발이 다른 것이다.

371) 특히 민법전의 제정과정에 있어서 전세권의 초안과 기초취지에 대하여는, 尹大成, 『韓國傳貰權法硏究』(1988), 181～186면. 또한 전세권에 대한 초안 및 수정안과 만주국 민법전의 典權과의 비교연구는, 尹大成, 「우리 民法典의 傳貰權과 滿洲國民法典의 典權과의 比較硏究」(1988) 참조.

초를 하였음을 발견할 수 있다. 그러나 로빈기어는 중국 민법 및 만주 민법의 전권을 부동산점유질로서의 담보계약(Antichresis)과 동등하게 보았으며,372) 그의 초안에서도 물적담보계약의 하나로 전세권(Antichresie/Chinese Dien)을 규정하였던 것이다. 이와 같은 로빈기어의 법적 관점은, 그가 로마법을 비롯하여 대륙법에 대한 연구가 깊은 것에서 비롯된 것으로 볼 수 있다.373) 이러한 로빈기어의 전세권에 대한 법적 관점 내지 법적 구성은, 현행 민법전의 제정 과정에 나타난 전세임대차론374)과는 대조적인 것이 아닐 수 없다.

셋째로, 전세권의 법률관계에 있어서 살펴보면, 로빈기어는 전세권을 점유수익질 형태의 부동산담보계약으로 보았기 때문에 중국 민법 및 만주 민법에서의 전권과 유사하게 장기적인 존속을 보장하려 하였고, 종국적으로 목적물의 소유권 귀속으로 귀착되도록 하였다는 점이다. 이와 같이 전세권을 소유권과 같은 주 물권으로 파악할 때에 그 목적물의 사용 수익이라는 용익성이 나타나게 되는 것이다. 그러나 그 수익이 결국은 채무에 충당되는 점에서 여전히 채무 내지 계약의 담보를 위한 것이라는 것에는 변함이 없게 된다.

이상과 같이 로빈기어 초안과 현행 민법전에 있어서의 전세권에

---

372) Antichresis라 함은, 모게지(mortage)의 일종으로, 부동산을 어떤 채무나 계약을 담보하기 위하여 채권자에게 委託(bailment)하는 것으로 목적물의 점유를 이전하여 그 목적물로부터의 수익을 채권자에게 귀속시켜서 채무를 변제하는 계약인 占有收益質 형태의 不動産擔保契約을 말한다. Black, Henry C., BLACK'S LAW DICTIONARY, (St. Paul Mainn.: West Publishing Co., 1979), p.85, 1038.

373) 로빈기어가 미국 국회도서관의 현대 대륙법관계 명예자문위원으로 있었던 사실, 필리핀, 중국, 쿠바 등에서 입법사업에 자문을 한 사실과 그의 저서에 로마法大全에서의 民法條項(Civil Law Title in Corpus Juris, 1914), 로마法의 진화(Evolution of the Roman Law, 1923) 등이 있음에서도 알 수 있다. 崔鍾庫, 「C. 로빈기어博士」(1989), 11면.

374) 민법전의 제정 및 개정과정에 나타난 전세임대차론에 대한 검토는, 尹大成, 「傳貰賃貸借論의 再檢討」, 『財産法研究』, 제7권제1호(1990), 103면 이하.

대한 비교를 통하여, 전세권의 법적 구조에 대한 지금까지의 전세권이 용익물권인가 담보물권인가의 논의를 함에 있어서 지나치게 전세임대차론이라는 선험논리에 빠져서 개념법학의 방법에 의한 해결을 얻으려 했다는 것을 알 수 있게 되었다. 또한 전세권은 채무 또는 계약을 담보하기 위하여 부동산을 채권자에게 그 점유를 이전시켜 주고 채권자는 목적물을 사용 수익하여 채무에 충당하는 부동산담보물권임을 확인할 수 있었다. 그럼에도 불구하고, "전세권은 그 생성 연혁으로 보나, 신용의 수수라는 사회적 기능으로 보나, 그리고 우선변제권과 경매청구권을 인정하는 우리 민법의 규정으로 보나 그것이 담보물권성을 가지고 있는 권리임을 부정할 수 없다."고 함으로써 담보물권임을 인정하면서도, "그러나 실제의 법률관계에서 전세권의 담보물권성이 가장 두드러지게 나타나는 것은 전세권이 존속기간의 만료나 경매로 인하여 선순위저당권을 따라 소멸함으로써 전세금의 반환 등 전세관계의 청산이 문제로 되는 단계에서라고 할 수 있고 전세권이 유효하게 존속하고 있는 동안에는 목적물의 사용 수익이라는 용익물권적 법률관계만이 표면에 드러나고 담보권으로서의 성격은 내재하고 있을 뿐이라고 보아도 좋을 것이다."고 함으로써, 전세권의 용익물권성에 대한 미련을 버리지 못한 채, 전세권은 용익물권성을 기본으로 하고 담보물권성을 부가적으로 겸유하는 특수한 물권이라고 하는 주장375)은 전세권이 수익질로서의 성질을 갖는 부동산담보물권임을 바로 인정하지 않는 데서 비롯된 것이라고 할 것이다.

---

375) 郭潤直(대표편집), 『民法注解 VI, 物權(3)』, (서울: 박영사, 1992), 173~174면.

제 **4** 장

로빈기어의 「韓國民法典草案」과 美國 캘리포니아 州 民法典의 比較

제1절 로빈기어의 「韓國民法典草案」과 美國 캘리포니아 州民法典에 있어서의 契約法

Ⅰ. 序說

오늘날 사람들의 생활은 계약으로부터 시작하여 계약으로 끝난다고 한다. 그만큼 계약이 우리의 일상생활에 있어서 대부분을 이루고 있다는 뜻이 된다.

여기에서 다루고자 하는 것은, 한국 민법전이 제정되어 시행되기 이전에 미군정시대(1945~1948)에 한국민법전편찬사업의 추진에 의하여 당시 법률고문관이었던 로빈기어(Lobingier, C.)[1]에 의하여 완성된 「한국민법전초안」(Proposed Civil Code for Korea, 1949)[2]의 계약법에 영미법(특히 미국법)이 크게 수용되었던 사실을 미국 캘리포니아 주 민법전과의 비교에 의하여 밝히는 것이다.

지금까지 영미법은 코먼 로(Common Law) 판례법주의의 법원으로로만 인식하였으나, 미국의 몇몇 주에서는 제정법(성문법)주의에 의한 민법전을 법원으로 하고 있음을 알 수 있다. 특히 여기에서 다루고자 하는 미국 캘리포니아 주의 민법전은, 서부에 위치하여 대륙법의 영향도 어느 정도 받아 일찍이 편찬되어 시행하고 있음

---

[1] 미군정시대의 한국민법전편찬사업과 법률고문관의 역할 및 법률고문관 로빈기어 (Lobingier, C.)에 대한 상세한 내용은, 尹大成, 「美軍政時代(1945－1948)의 韓國民法典編纂事業: 法律顧問官의 活動을 中心으로」(1996)를 참조할 것.

[2] 로빈기어의 「韓國民法典草案」(Proposed Civil Code for Korea, 1949)에 관한 解題는, 崔鍾庫, 「C. 로빙기어博士」(法史餘滴 78), ≪法律新聞≫, 1989.2.2. 11면; 尹大成, 「美軍政時代(1945－1948)의 韓國民法典編纂事業과 로빈기어의 ＜韓國民法典草案＞에 관한 研究」, 연구결과보고서(1997.2.), 24~25면.

을 알 수 있다.[3)]

Ⅱ. 契約法의 體系的 比較

1. 서

계약법에 있어서 로빈기어(Lobingier, C.)의 「한국민법전초안」과 미국 캘리포니아 주 민법전[4)]은 어떠한 체계로 규정하고 있는가에 관하여 두 법전을 비교하고자 한다.

2. 로빈기어(Lobingier, C.)의 「한국민법전초안」에 있어서 계약법의 체계

로빈기어의 한국민법전초안은 계약법을 제2편 채권(Obligations)에서 각종의 채권관계(Kinds of Obligations) 가운데 규정하였다.[5)]

---

3) 이와 같은 美國에서의 '改革의 時代'는 뉴욕 州에서 필드(Field, David D., 1805~1894)에 의하여 法典化와 法律改革이 이뤄진 것에서 비롯된다. 이 필드法典(1848)은, 간결하며 격언적이고, 나폴레옹 法典과 같이 축어적이며 추상적 원칙만을 선언하고 있어 앵글로-아메리카 성문법규의 특징인, 군더더기의 나열이나 동의어의 반복의 흔적을 전혀 찾아볼 수 없었다. 이는 특정한 이슈에 관한 제정법(statute)이 아니라 프랑스적인 의미에서의 법전(code)이었다고 한다. 그러므로 필드법전은 코먼로라는 제방에다 무절제하게 갖다 퍼부은 흙덩이가 아니라, 합리적인 원칙들을 과학적으로 정확하게 배열한 격자창과 같은 법전이었다고, 프리드만(Friedman, Lawrence M.)은 서술하고 있다. 특히 서부 주들이 이 법전을 채택한 이유에 대하여, (……) 서부 법조계는 역사가 일천하고 보다 개방적이었고, 서부의 법률가가 모두 코먼로상의 소송절차에 대해 기술적인 훈련이 되어 있지 않았다는 것을 들고 있다. Lawrence M. Friedman/안경환 역, 『美國法歷史(History of American Law)』, 한국학술진흥재단번역총서 58, (서울: 대한교과서주식회사, 1988), 477~487면.

4) 여기에서 인용하는 것은, The Publisher's Editorial Staff(revised by), *Deering's Civil Code of the State of California*, Adopted March 11, 1872, (San Francisco: Bancroft-Whittney Co., 1949)로, 그 출판년도는 로빈기어(Lobingier, C.)가 한국민법전초안을 완성한 시기인 1949년과 같은 것이다.

계약법을 보면, 본질과 성립(Nature and Formation, Art. 386~ 395), 당사자(Parties, Art. 396~417), 특수형태의 계약(Particulary Forms of Contracts, Art. 418~523), 물적담보계약(Pignorative/Pledge Contracts, Art. 524~569), 그 밖의 담보계약(Other Security Contracts, Art. 570~652), 매매(Purchase and Sale, Art. 653~679), 임대차 (Leases, Art. 680~695), 고용과 용역(Emplyment and Services/Labor Law, Art. 696~796), 위임(Mandate/Agency, Art. 797~824), 조합 (Partnership, Art. 825~832) 및 유가증권(Negotiable Instruments, Art. 833~922)을 각각 규정하였다.

(1) 계약의 본질과 성립(Nature and Formation)

이에 관하여, 정의(defined, Art. 386), 의사표시(manifestation, Art. 387), 청약(offer, Art. 388), 방식(form, Art. 389), 변제의 상대방(to whom tendered, Art. 390), 효과(effect, Art. 391), 취소(revocation, Art. 392), 그 밖의 방식(other modes, Art. 393), 승낙(acceptance, Art. 394) 및 방식(form, Art. 396)을 각각 규정하였다.[6]

(2) 계약의 당사자(Parties)

이에 관하여, 주된 당사자(Primary)와 수익자(Beneficiaries)로 나눠 서 다음과 같이 규정하였다.

(a) 주된 당사자(Primary): 이에 대하여, 수(number, Art. 396), 권 리능력(legal capacity, Art. 397), 다수당사자(pluality of parties, Art. 398), 청약자의 의사(intention of the promisor, Art. 399), 공동청약

---

5) Lobingier, C., *Proposed Civil Code for Korea*, 1949, pp.150ff.

6) Ibid., pp.150~151.

자(joint promisors, Art. 400), 몇 가지의 약속(several promises, Art. 401), 공동 및 몇 개의 채권관계(joint and several obligations, Art. 402), 공동청약자(joint promisors, Art. 403), 정당한 판단(a valid judgement, Art. 404), 이행(performance, Art. 405), 진술(statement, Art. 406) 및 생존자에의 재산귀속(survivorship, Art. 407)을 각각 규정하였다.7)

(b) 수익자(Beneficiaries): 이에 대하여, 종류(kinds, Art. 408), 계약(contractual, Art. 409) 등(Art. 410~417)을 각각 규정하였다.8)

(3) 특수형태의 계약(Particular Forms of Contracts)

이에 관하여 증여(gifts/donations, Art. 418 - 425), 교환(exchange/barter, Art. 426), 소비대차(mutuum/deferred barter, Art. 427~430), 사용대차(commodatum/loan for use, Art. 431~435) 및 임치(deposit/bailment, Art. 436~523)로 나눠서 규정하였다.9)

특히 임치(Deposit/Bailment)에 대하여 통칙(in general, Art. 436~441)과 특수한 형태의 수탁자(special types of depositaries)로 나눠서 규정하고, 특수한 형태의 수탁자에 대하여 숙박업자(inkeepers, Art. 442), 창고업자(warehousemen/storage, Art. 443~446)와 운송업자(carriers)를 각각 규정하였다.

다시 운송업자에 대하여 통칙(provisions common to all types, Art. 447~456), 육상운송(suface freight carriers, Art. 457~464), 해상운송(carriers by water), 여객운송(passenger carriers), 항공운송(air

---

7) Ibid., pp.151~152.

8) Ibid., pp.152~153.

9) Ibid., pp.157~174.

carrier)과 운송주선업(forwarding agents, Art. 520～523)을 각각 규정하였다.

그리고 해상운송에 대하여 총칙(in general, Art. 465～468), 책임(liability, Art. 469～472), 선적(loading, Art. 473～478), 해제(rescission, Art. 479～481), 항해(voyage, Art. 482～487), 적하(cargo, Art. 488～495) 및 인도(delivery, Art. 496～499)를 각각 규정하였다.

또한 여객운송에 대하여 통칙(provision common to all types, Art. 500～504)과 해상여객운송(maritime passenger carriers, Art. 505～509)을 각각 규정하였으며, 항공운송에 대하여 총칙(in general, Art. 510～515)과 운영(operation, Art. 516～518)을 각각 규정하였다.

(4) 물적담보계약(Pignorative/Pledge Contracts)

이에 관하여 통칙(provisions applicable to all, Art. 524～525), 동산질권(pledge/pignus/pawn of movables), 저당권(hypotheca/mortgage, Art. 537～545), 전세권(antichresis/Chinese Dien, Art. 546～551), 환매(sale with right of redemptin, Art. 552～559)와 유치권(possessory liens/right of retention)을 각각 규정하였다.10)

다시 동산질권에 대하여 총칙(in general, Art. 526～529)과 무형질(pledge of intangibles, Art. 531～536)을 각각 규정하였다.

그리고 유치권에 대하여 총칙(in general, Art. 560～565)과 종류(classes, Art. 566～569)를 각각 규정하였다.

---

10) Ibid., pp.188～194.

(5) 그 밖의 담보계약(Other Security Contracts)

이에 관하여 선취특권(Non - possessory Lien), 보증(Suretyship)과 보험(Insurance)을 각각 나눠서 규정하였다.[11]

(a) 선취특권(Non - possessory Lien)

이에 대하여 선박(maritime, Art. 570~574)과 임금선취특권 (hireallowance lien, Art. 575)을 각각 규정하였다.

(b) 보증(Suretyship)

이에 대하여 통칙(general provisions, Art. 576~578), 의무(duties, Art. 579), 이행(discharge, Art. 580~582)과 권리(rights)를 각각 규정하고, 다시 권리에 대하여 대위변제(subrogation, Art. 583~585)와 구상관계(contribution, Art. 586~588)를 각각 규정하였다.

(c) 보험(Insurance)

이에 대하여 통칙(provision common to all forms), 해상보험(marine insurance), 화재보험(fire insurance, Art. 634~637), 생명보험(life and health insurance, Art. 638~643), 연금(annuities, Art. 644~648), 운송보험(transport insurance, Art. 649~651)과 신원보증보험 (fidelity insurance, Art. 652)을 각각 규정하였다.

다시 통칙에 대히어 총칙(general provisions, Art. 589~600), 양도우선보험증권보험(negotiations preceding policy insurance, Art. 601~606)과 보험금(loss, Art. 607~610)을 각각 규정하였다.

그리고 해상보험에 대하여 총칙(general provisions, Art. 611~618), 항해(voyage, Art. 619~620), 보험금과 정산(loss and adjustment,

---

11) Ibid., pp.194~209.

Art. 621~628) 및 위부(abandonment, Art. 629~633)를 각각 규정
하였다.

(6) 매매(Purchase and Sale)

이에 관하여 총칙(General Provisions, Art. 653~658), 이행
(Performance, Art. 659－664), 담보책임(Warranty)과 특수한 매매
(Special Kinds)를 각각 나눠서 규정하였다.[12]

(a) 담보책임(Warranty)

이에 대하여 적용조건(subjects, Art. 665~666)과 그 실행(enforcement)
을 각각 규정하였고, 다시 실행에 대하여 계약해제(rescission, Art.
667~670), 감액청구(reduction of price, Art. 671), 손해배상청구
(damages, Art. 672~673)와 특정이행(specific performance, Art. 674~
675)을 각각 규정하였다.

(b) 특수한 매매(Specific Kinds)

이에 대하여 견본매매(sale by sample or description, Art. 676),
할부매매(payment by installment, Art. 677), 시미매매(approval, Art.
678)와 공(경)매(public/auction sales, Art. 679)를 각각 규정하였다.

(7) 임대차(Leases)

이에 관하여 총칙(General Provisions, Art. 680~682), 당사자
(Parties, Art. 683~687) 및 종료와 보상(termination and reparation,
Art. 688~695)을 각각 규정하였다.[13]

---

12) Ibid., pp.230~234.
13) Ibid., pp.244~246.

(8) 고용과 역무(Employment and Service)

이것은 노동법에 관한 규정으로, 이에 관하여 계약(Contracts), 당사자(Parties), 종료(Termination) 및 행정기구(Administration)를 나눠서 규정하였다.[14]

(a) 계약(Contract)

이에 대하여 통칙(In general, Art. 695~700)과 단체협약(Collective agreement, Art. 701~704)을 각각 규정하였다.

(b) 당사자(Parties)

이에 대하여 통칙(in general, Art. 705~706), 피용자(employee), 견습생(Apprentices, Art. 777~779)과 사용자(employers, Art. 780~784)를 각각 규정하였다.

그리고 피용자에 대하여 통칙(in general, Art. 707~708) 및 특전과 급여(privilege and benefits)를 규정하였고, 다시 특전과 급여에 대하여 선취특권(liens/preferential rights, Art. 709~710), 조직(organization), 임금(wages), 안전과 위생시설(safety and sanitation, Art. 737~744), 근로와 휴식시간(working and rest hours, Art. 745~751), 교육과 소양(education and recreation, Art. 752~753) 및 재해보상(compensation for injuries)을 각각 규정하였다. 특히 조직에 대하여 통칙(in general, Art. 711~715), 구성(formation, Art. 716~717), 운영(operation) 및 해산(dissolution, Art. 727~728)을 규정하였고, 다시 운영에 대하여 조정과 중재(conciliation and arbitration, Art. 718~720), 파업(strikes, Art. 721~723) 및 부당노동행위(unfair labor practices, Art. 724~726)를 각각 규정하였다. 또한 임금에 대하여 통칙(in

---

14) Ibid., pp.253~268.

general, Art. 729～732)과 지급(payment, Art. 733～736)을 각각 규정하였다. 그리고 재해보상에 대하여 책임(liability, Art. 754～758), 담보(security) 및 노동력상실(disability, Art. 765～766)을 각각 규정하였고, 다시 담보에 대하여 보험(insurance, Art. 759～763) 및 의료보호(medical care, Art. 764)를 각각 규정하였다.

(9) 위임(Mandate/Agency)

이에 관하여 통칙(Provisions Common to All, Art. 797～807)과 특수한 형태(Particular Forms)를 각각 규정하였다.[15]

그리고 특수한 형태에 대하여 중개업(brokerage, Art. 808～810), 상업사용인(commercial agent, Art. 811～816), 위탁판매업(commission agents ar factors, Art. 817～820) 및 지배인(managers, Art. 821～824)을 각각 규정하였다.

(10) 조합(Partnership)

이에 관하여 본질(nature, Art. 825), 각종의 조합원과 조합(classes of partners and partnership, Art. 826), 관리(management, Art. 827), 조합원의 권리(rights of partners, Art. 828), 책임과 제한(liabilities and limitations, Art. 829), 조합원의 분담(separation, Art. 830), 해산(dissolution, Art. 831) 및 청산(liquidation, Art. 832)을 각각 규정하였다.[16]

---

15) Ibid., pp.287～291.
16) Ibid., pp.300～302.

(11) 유통증권(Negotiable Instruments)

이에 관하여 본질과 종류(Nature and Classes, Art. 833~835), 양도성(Negotiability, Art. 836~840), 성립과 효과(Form and Effect, Art. 841~845), 해석(Interpretation, Art. 847~850) 및 당사자(Parties)를 각각 나눠서 규정하였다.[17]

다시 당사자에 대하여 총칙(in general, Art. 851), 배서인(indorsers, Art. 852), 소지인(holder), 인수(acceptance), 양도(negotiation), 지급거절(dishonor) 및 책임(liability)을 각각 규정하였다. 또한 소지인에 대하여 필수요건(requisites, Art. 853~857)과 권리(rights, Art. 858~864)를 규정하였고, 인수에 대하여 총칙(in general, Art. 865-868)과 어음인수(for honor, Art. 869~872)를 규정하였고, 양도에 대하여 총칙(in general, Art. 873~878), 각종의 배서(kinds of indorsement, Art. 879~883) 및 횡선수표(crossed checks, Art. 885~888)를 규정하였고, 지급거절에 대하여 총칙(in general, Art. 887~888), 소구(presentment, Art. 889~894), 통지(notice, Art. 895~897), 거절증서(protest, Art. 898~900)와 면제(when inapplicable, Art. 901~902)를 규정하였으며, 책임(liability)에 대하여 기본책임(grounds, Art. 903~911)과 이행책임(discharge, Art. 912~922)을 각각 규정하였다.

3. 미국 캘리포니아 주 민법전에 있어서 계약법의 체계

미국 캘리포니아 주 민법전에 있어서 계약법은 제3편 채권

---

17) Ibid., pp.310~323.

(Obligations)에서 계약(Contracts)[18]과 함께 특수거래상의 채권 (Obligations Arising from Particular Transactions)[19]으로 구성하여 규정하였다.

(1) 계약(Contracts)

이에 관하여 계약법 총칙에 해당하는 계약의 본질(Nature of Contract, Sec. 1549~1615), 계약체결방식(Manner of Creating Contract, Sec. 1619~1629), 계약의 해석(Interpretation of Contracts, Sec. 1635~1662), 불법계약(Unlawful Contracts, Sec. 1667~1676) 및 계약의 소멸(Extinction of Contracts, Sec. 1682~1701)을 각각 규정하였다.[20]

(a) 계약의 본질(Nature of Contracts)

이에 대하여 계약의 정의(definition, Sec. 1549~1550), 당사자 (parties, Sec. 1556~1559), 승낙(consent, Sec. 1565~1590), 계약의 목적(Object of a Contract, Sec. 1595~1599) 및 약인(Consideration, Sec. 1605~1615)을 각각 규정하였다.

(b) 계약의 소멸(Extinction of Contracts)

이에 대하여 계약은 어떻게 소멸되는가(contract, how extinguished, Sec. 1682), 해제(rescission, Sec. 1688~1691) 및 변경과 취소(alteration and cancellation, Sec. 1697~1701)를 각각 규정하였다.

---

18) *Deering's Civil Code of the State of California*(1949), Division Third, Part II, pp.250ff.

19) Part IV, Ibid., pp.304ff.

20) Ibid., pp.270~299.

(2) 특수거래상의 채권

(Obligation Arising from Particular Transactions)

이에 관하여 상품매매(Sale of Goods, Sec. 1721~1800), 교환
(Exchange, Sec. 1804~1807), 임치(Deposit, Sec. 1813~1881.3), 소
비대차(Loan, Sec. 1884~1920), 고용(Hiring, Sec. 1925~1959), 역
무(Service, Sec. 1965~2079), 운송(Carriage, Sec. 2085~2209), 신
탁(Trust[s], Sec. 2215~2289), 대리(Agency, Sec. 2295~2389), 조
합(Partnership, Sec. 2395~2520), 비법인비영리조합(Unincorporated
Nonprofit Associations and Their Members, Sec. 2523~2525), 보험
(Insurances, Sec. 2527~2769), 보상계약(Indemnity, Sec. 2772~
2781), 보증계약(Suretyship, Sec. 2787~2866), 선취특권(Lien, Sec.
2872~3080), 유통증권(Negotiable Instruments, Sec. 3082~3266d),
총칙(General Provisions, Sec. 3268)을 각각 규정하였다.[21]

그러나 교환(Exchange),[22] 비법인비영리조합(Unincorporated Nonprofit
Associations and Their Members),[23] 보험(Insurance)[24]은 각각 폐지
(repealed)되었다.

(a) 매매(Sale of Goods)

이에 대하여 계약(The Contract), 재산과 권리의 이전(Transfer of
Property and Title), 계약의 이행(Performance of the Contract), 상품
에 대하여 대가지급이 없는 매도인의 권리(Rights of Unpaid Seller
Against the Goods), 계약위반소송(Actions for Breach of the

---

21) Ibid., pp.304~589.

22) 이것은 Stats에 의하여 1931년에 폐지되었음. Ibid., p.339.

23) 이것은 The Corporation Code(1947)에 의하여 흡수 폐지되었음. Ibid., p.446.

24) 이것은 The Insurance Code(1935)에 의하여 흡수 폐지되었음. Ibid., pp.446~448.

Contract) 및 해석(Interpretation)을 각각 규정하였다.

(b) 임치(Deposit)

이에 대하여 총칙(Deposit in General), 보관임치(Deposit for Keeping), 교환임치(Deposit for Exchange) 및 사인곡물창고(Private Bulk Storage of Grains)를 각각 규정하였다.

(c) 소비대차(Loan)

이에 대하여 사용소비대차(Loan for Use), 교환소비대차(Loan for Exchange) 및 금전소비대차(Loan for Money)를 각각 규정하였다.

(d) 고용(Hiring)

이에 대하여 총칙(Hiring in General), 물적 재산고용(Hiring of Real Property) 및 인적재산고용(Hiring of Personal Property)을 각각 규정하였다.

(e) 역무(Service)

이에 대하여 고용에 의한 역무(Service With Employment), 특수한 고용(Particular Employments) 및 고용에 의하지 않은 역무(Service Without Employment)를 각각 규정하였다.

(f) 운송(Carriage)

이에 대하여 총칙(Carriage in General), 여객운송(Carriage of Persons), 화물운송(Carriage of Property), 우편물운송(Carriage of Messages) 및 공동운송(Common Carriers)을 각각 규정하였다.

(g) 신탁(Trust[s])

이에 대하여 총칙(Trusts in General)과 제3자를 위한 신탁(Trusts for the Benefit of Third Persons)을 각각 규정하였다.

(h) 대리(Agency)

이에 대하여 총칙(Agency in General)과 특수한 대리(Particular Agencies)를 각각 규정하였다.

(i) 조합(Partnership)

이에 대하여 총칙(Partnership in General), 허위명의의 사용(Of the Use of Fictitious Names), 제한된 조합(Limited Partnership) 및 광산조합(Mining Partnership)을 각각 규정하였다.

(j) 보증계약(Suretyship)

이에 대하여 정의(Definities of Suretyship), 계약성립(Creation of Suretyship), 계약해석(Interpretation of Suretyship), 보증책임(Liability of Sureties), 계속보증(Continuing Guaranty), 보증인의 면책(Exoneration of Sureties), 보증인의 지위(Position of Sureties) 및 보증서(Letter of Credit)를 각각 규정하였다.

(l) 선취특권(Lien)

이에 대하여 총칙(Liens in General), 모게지(Mortgage), 조건부 매매(Contional Sales), 질권(Pledge), 신탁영수증(Trust Receipts), 예금양도(Assignment of Accounts Receivable), 기타 선취특권(Other Liens) 및 지불정지(Stoppage in Transit)를 각각 규정하였다.

(2) 유통증권(Negotiable Instruments)

이에 대하여 유통증권일반(Negotiable Instruments in General), 환어음(Bills of Exchange), 약속어음과 수표(Promissory Notes and Checks) 및 총칙(General Provisions)을 각각 규정하였다.

4. 두 민법전에 있어서 계약법의 체계

이상과 같이 로빈기어(Lobingier, C.)의 「한국민법전초안」에 있어서 계약법의 체계를 미국 캘리포니아 주 민법전의 계약법과 비교함으로써 미국계약법의 영향을 받았음을 알 수 있다.

여기에서 두 민법전의 계약법에 있어서 유사한 점과 상이한 점을 요약 정리하면 다음과 같다.

(1) 유사한 점

첫째로, 두 민법전의 계약법의 형식면에 있어서, ① 계약의 유형이 서로 유사하고, ② 담보계약을 계약법의 영역에 구성한 것이 서로 유사하고, ③ 규정형식에 있어서 계약법 총칙을 규정하면서 계약법 각칙으로서 각종의 계약을 규정한 것이 서로 유사하며, ④ 각종 계약에 관한 규정을 함에 있어서 먼저 총칙 규정을 하고 필요한 규정을 하는 것이 서로 유사하다는 것을 발견할 수 있다.

둘째로, 두 민법전의 계약법의 내용 면에 있어서, ① 규정하는 계약관계의 내용이 서로 유사하고, ② 용어법에 있어서 서로 유사하며, ③ 간결하고 중복되지 않게 동일한 계약관계는 같은 계약의 내용에 포섭되도록 하고 있는 것이 서로 유사하다는 것을 발견할 수 있다.

(2) 상이한 점

첫째로, 두 민법전의 계약법의 형식면에 있어서, 로빈기어 초안은 캘리포니아 주 민법전에 비하여 대륙법을 많이 수용함으로써 계약법의 구성을 달리하고 있음을 발견할 수 있다. 즉 로빈기어 초안은 이미 한국에 시행된 일본 민법을 중심으로 한 대륙법을 어

느 정도 수용함으로써 계약법의 구성을 캘리포니아 주 민법전과
다르게 한 점을 보이고 있다.

둘째로, 두 민법전의 계약법의 내용면에 있어서, 로빈기어 초안
은 캘리포니아 주 민법전에 비하여 대륙법과 한국에서의 특수한
관행을 많이 수용함으로써 계약법의 내용을 달리하고 있음을 발견
할 수 있다. 즉 로빈기어 초안은 물적담보계약에 있어서 이미 한
국에 시행된 일본 민법의 담보물권과 한국에서의 특수한 관행인
전세권을 규정함으로써 계약법의 내용을 캘리포니아 주 민법전과
달리한 점을 보이고 있다.

비록 로빈기어 초안의 계약법이 미국 캘리포니아 주 민법전의
계약법과 상이한 점이 있지만, 두 민법전에 있어서 계약법의 체계
를 볼 때에, 로빈기어 초안은 기본적으로 미국 캘리포니아 주 민
법전을 모본으로 하였음을 발견할 수 있다.

Ⅲ. 契約法의 法理的 比較

1. 서

지금까지 살펴본 로빈기어(Lobingier, C.)의 「한국민법전초안」과 미
국 캘리포니아 주 민법전의 계약법에 관한 체계적 분석에 의하여 두
민법전에 있어서 계약법이 어떠한 체계로 구성되었는가를 알 수 있다.

이와 같은 두 민법전의 계약법에 관한 법리를 비교 검토함으로
써 로빈기어의 「한국민법전초안」이 계약법에 있어서 어떠한 법리
를 바탕으로 하였는가를 살펴보고자 하는 것이다. 여기에서 비교하

고자 하는 것은, 첫째로 계약의 성립에 관한 법리이고, 둘째로 계약위반(불이행)의 구제에 관한 법리이다. 따라서 계약의 성립에 관한 법리는 계약의 구속력을 중심으로 살펴보고, 계약불이행의 구제에 관한 법리에 있어서는 그 구제방법을 중심으로 살펴보고자 한다.

2. 계약의 성립에 관한 법리

(1) 영미법에 미친 대륙법적 의사이론의 영향

영국에서 중세적 봉건법인 실체적 정의의 관념에 갈음하여 의사이론을 받아들인 고전적 계약법이론이 형성된 것은 소위 산업혁명(Industrial Revolution) 이후의 단계이었다. 그때까지의 코먼 로의 근본사상은 신분 내지 관계였다고 할 것이다.[25] 그러나 18세기 말부터 법의 사회화 단계에 들어간 1870년경까지 영국은 경제적 자유주의를 기조로 한 개인주의의 시대였다. 이러한 변화에 따라서 벤담(Bentham, J.)류의 자유방임주의가 경제정책의 기조를 이루고, 개인적 자유는 시대사상의 중심을 이루기에 이르렀다. 그러나 이러한 움직임과 대조적으로 19세기의 영국에는 로크(Lock, J.)의 자연권론 내지 사회계약론에 대신하여 홉스(Hobes)의 이론이 부활되어서 벤담(Bentham), 오스틴(Austin, J.)에게 계승되어 법은 주권자의 명령(＝의사)이라는 생각이 크게 영향을 미치게 되었다.[26]

그러나 미국에서는 소위 '1800년의 혁명'을 계기로, 정부의 활동제한과 개인적 자유의 보장을 중심으로 한 제퍼소니안 데모크라시

---

25) 木下毅, 『英美契約法の理論』, (東京: 東京大學出版部, 1985), 42頁.

26) 木下毅, 상게서(1985), 45~46頁.

(Jeffersonian Demoncracy)가 휩쓸고 있었다. 그렇지만 1861년에 시작된 신분과 계약과의 항쟁이었던 남북전쟁(The Civil War) 후에는 미국의 자본주의가 크게 발전하여 대기업이 나타났고 20세기에 들어와서 기업의 독점화 내지 과점화에 의한 폐단이 나타나게 되었다. 이와 같은 변화는 고전적인 계약자유의 원칙에 대하여 수정 내지 변경을 하기에 이르렀다.[27]

이러한 변화는 영미사법에 있어서 19세기에 오스틴(Austin, J.)을 중심으로 한 분석법학(analytical jurisprudence)파에 의하여 독일 판덱텐 법학의 영향을 받아들였던 것이다. 이는 영미법제도를 계약 내지 의사를 중심으로 설명하려는 시도이었다. 이와 같은 의사주의 내지 사적자치의 원칙은 사실 내지 정책의 문제라기보다도 규범적 근거의 문제이었고, 이는 대륙의 자연법학자[28]들에 의하여 약속이 법적 구속력의 원천(the source of the binding power of promise)이라는 문제이었던 것이다. 이것은 코먼 로(Common Law)에 있어서 단순계약(simple contract)[29]도 내심의 합의(mutual assent)를 요건으로 한다는 이론이 주요한 법리로 되기에 이르렀다.[30]

이와 같이 대륙법적인 의사이론의 영향을 받아서 영미에 있어서도 사람이 사람에 대하여 의무를 지는 근거를 자율적인 개인의 자유의사에서 구하고, 계약에 의한 의무를 지는 근거를 의사의 합치

---

27) 木下毅, 상게서(1985), 46~47頁.

28) Grotius, H., Pufendorf, S., Burlamaqui, J. 등.

29) 코먼로(Common Law)에서는 契約의 成立要件으로 捺印證書(deed)라는 일정한 방식 내지 約因(consideration)이 있을 것을 필요로 하였다. 前者에 의한 契約을 方式契約 또는 捺印契約이라 부르고, 後者에 의한 契約을 非方式契約 또는 單純契約이라고 부른다. 木下毅, 상게서(1985), 49頁 주37) 참조.

30) 木下毅, 상게서(1985), 48~49頁.

에서 구하는 의사이론에 터 잡아 계약이론을 설명하기에 이르렀다. 즉 계약이 성립하기 위하여 '의사의 합치'(meeting of the minds)가 있어야만 한다. 그러나 상호적 합의의 표시(expression of mutural assent)와 구별되는 내심의 합의(mental assent)가 있어야 한다는 생각이 일반적으로 되었다.

(2) 두 민법전에서의 구체적 법리

(a) 계약이란 무엇인가: 로빈기어 초안 제386조는, 계약(contract)은 합의(agreement)라고 규정함으로써, 의사이론에 의하여 계약을 정의하였다. 그러나 그 합의는 불이행(non-performance)에 의한 채무를 발생하게 하기 위한 것이다. 즉 법이 규정하는 불이행에 대한 구제로서의 채무를 발생하기 위한 계약인 것이다.[31] 그리고 계약은 계약 성립에 요구된 최종적인 행위(the last act)를 이행하는 때(when)와 그 이행을 하는 장소(at the place)를 포함하여야 한다는 것이다. 이에 대하여 캘리포니아 주 민법전 제1549조도, 계약(contract)은 합의(agreement)라고 규정함으로써, 로빈기어 초안과 동일하게 의사이론에 의하여 계약을 정의하고 있다. 그러나 그 합의(agreement)가 어떤 것을 할 것인가 또는 하지 않을 것인가(to do or not to do a certain thing)에 대한 합의로, 로빈기어 초안과 달리, 계약 자체로서의 의무에 대한 합의인 것이다.[32]

이와 같이 두 민법전은 계약에 관하여, 영미법이 이미 대륙법적인 의사이론을 받아들여 당사자의 합의(agreement)라 하였고, 합의

---

31) Art. 386. A contract is an agreement, constituting an obligation for the non-performance of which the law provides a remedy. Lobingier, C., op.cit., p.150.

32) Deering's CIVIL CODE(1949), p.270.

는 곧 의사의 합치(meeting of the minds)라는 것을 입법하였다고
할 수 있다. 그러나 로빈기어 초안은 계약을 광범위하게 어떤 채
무의 불이행에 대한 법이 정하는 구제에 대한 합의라는 점에서 캘
리포니아 주 민법전과 다르게 하였다. 이와 같은 입법의사의 차이
는 아무래도 미국계약법에 있어서, 계약이란 무엇인가에 대하여,
대법원이 광범위하고 예기치 않은 답변을 한 것에서 비롯된다고
할 것이다.33) 즉 법률에 의한 토지불하, 대학의 설립허가서, 그리
고 법률에 의한 조세감면에 이르기까지 모두 그 개념에 포함시켰
기 때문이다.34) 이와 같은 관점은 미국에서의 계약법이 상업생활
의 여러 분야 중에서 다른 방법으로 규제되지 않는 분야를 다루는
법이라는 데 있다고 할 것이다. 더욱이 로빈기어 초안의 태도는
계약 가운데 통상적인 단순계약은 불법침해소송영장(writ of trespass),
즉 불법행위(torts)법을 통하여 발전되어 왔다35)는 역사성에서도 찾
을 수 있다.

  (b) 계약의 성립은 어떻게 이뤄지는가: 로빈기어 초안은, 계약을 성
립하기 위하여 당사자의 의사(consensual, i.e. the minds of parties)가
합치되어야만 한다(제387조 제1문)36) 하였고, 이와 같은 의사의 합치
는 통상 1인 또는 수인의 청약(offer)과 다른 사람의 승낙(acceptance)

---

33) Friedman, Lawrence M./안경환 역, 『美國法歷史』, (서울: 대한교과서주식회사, 1988),
   331면.

34) Fletcher v. Peck, 6 Cranch 87(1810); Dartmouth College v. Woodward, 4 Wheat,
   518(1819); Piqua Branch of the State Bank of Ohio v. Knoop, 16 How. 369(1853)
   등. Friedman, Lawrence, M./안경환 역, 『美國法歷史』(1988), 331면 주45) 참조.

35) Kempin, Frederick G./이상면 역, 『英美法槪論』, (서울: 법문사, 1988), 154면.

36) Art. 387. Manifestation. Every contract must be consensual i.e. the minds of the parties
   must have met to form it.

으로 이뤄진다(제387조 제2문)[37]고 하였다. 여기에서의 청약(offer)은 하나의 약속(a promise)이고(제388조 전단), 그 약속은 본래의 약속이나 그 이행에 대신하여 어떤 행위(an act), 인용(forbearance) 또는 반대약속(counter promise)을 조건으로 할 수 있다(제388조 후단)고 하였다.[38] 이에 대하여 캘리포니아 주 민법전은, 계약의 필수요소로서, 당사자의 계약체결능력(parties capable of contracting), 당사자의 동의(their consent), 목적의 적법성(a lawful object) 및 약인(a sufficient cause or consideration)[39]을 들고 있다(제1550조).

계약의 성립요소에 관한 두 민법전을 비교하면, 로빈기어 초안은 청약(offer)과 승낙(acceptance)이 있으면 되는 것이고, 캘리포니아 주 민법전은 당사자의 동의(consent) 이외에 약인(consideration)이 있어야 하는 점에서 다르다.

(c) 계약의 구속력은 무엇에 의하는가: 로빈기어 초안은, 하나의 청약(offer)은 법률관계(legal relations)를 만들어 가능하게 한다(제391조 제1문). 그러나 승낙(acceptance)이 있을 때까지 청약은 아무런 계약상의 권리를 만들지 못하고 소멸하거나 취소가 될 수 있다(제391조 제2문). 확정기간(the period fixed)의 만료 또는 상당한 기간이 경과한 뒤에도 아무런 것이 없으면 그것은 사실상의 문제(a question of fact)로 소멸한다(제391조 제3문). 그러나 그때까지 청약은 거절(rejected)되지 않는 한 명백하게 되거나 반대청약(a counter

---

37) Art. 387. (……) Such meeting usually takes the forms of an offer by one or more parties and an acceptance by others.

38) Art. 388. An offer is a promise, conditioned upon an act, forbearance or counter promise, in exchange for the original one or its performance. Lobingier, C., op.cit., p.150.

39) 이것은 1872년에 신설(enacted)되었음.

offer)에 의하게 되는 것이다(제391조 제4문)[40]고 하였다. 이에 대하여 캘리포니아 주 민법전은, 동의(consent)와 계약의 목적(object of a contract)에서, 당사자의 동의(consent)는 자유롭고(free), 상호적이고(mutual), 상호 간의 의사교환(communicated by each to the other)에 의하여 계약이 되어야 한다(제1565조)[41]하고, 계약의 목적(object of a contract)은 할 것인가 하지 않을 것인가에 대한 당사자 측에서 받아들인 약인(consideration)에 대하여 합의(agree)된 것이다(제1595조)[42]고 하였다.

여기에서 영미법에 있어서 약속의 법적 구속력에 대한 근거를 살펴보면, 캘리포니아 주 민법전이나 로빈기어 초안에서의 계약의 정의는 합의(agreement)가 있어야 하는 것으로 되었다. 이 합의는 상호적 동의의 표시(a manifestation of mutual assent)가 있는 것을 말한다. 그러나 이것은 우리 민법이론에서의 양 당사자의 '합의'에 의한 계약과는 달리 일반적으로 법적 구속력이 있는 '약속'(promise=a manifestation of intention)을 말하는 것이다. 그러므로 계약법이라 함은 일반적으로 '약속'에 법적 구속력을 부여하는 법의 분야라고 관념될 수 있다.[43]

---

40) Art. 391. Effect. An offer must be designed for, and capable of, creating legal relations. Until acceptance an offer creates no contract rights and may lapse or be revoked. It lapses at the end of the period fixed, or, if there is none, after a reasonable time, which is a question of fact. Until then the offer remains open unless rejected which may be done expressly or by a counter offer.

41) Sec. 1565. Essentials of contract. The consent of the parties to a contract must be: 1. Free; 2. Mutual; and, 3. Communicated by each to the other. 다만 3. Communicated by each to the other는 1872년에 新設(enacted)되었음. Deering's Civil Code(1949), p.272.

42) Sec. 1595. Object, what. The object of a contract is the thing which it is agreed, on the part of the party receiving the consideration, to do or not to do. [Enacted 1872] Deering's Civil Code(1949), p.278.

영미에서의 전통적인 계약이론에 의하면, 약속이 법적 구속력을 갖기 위하여 그 약속이 인장(seal)이라는 일정한 방식을 구비하여야 한다든가, 약인(consideration)에 의하여 뒷받침될 것을 요한다 할 것이다. 따라서 코먼 로(Common Law)는, 약속의 법적 구속력에 대하여, 하나는 '사기방지법'(Statute of Frauds)에 의한 서면의 요건에 관하여, 다른 하나는 '약인'을 중심으로 실체적인 요건에 관하여 다루게 되었다.44)

그러나 코먼 로에 있어서 약속의 법적 구속력에 관한 다른 접근은 약인, 약속적 금반언(promissory estoppel)과 같은 실체적인 요건에 관한 것이다.

그렇다면 영미에서의 계약체계에 의사이론이 어떠한 형태로 존재하는가. 이미 본 바와 같이, 영미에서 계약이라 함은 법적 구속력이 있는 약속(＝1개의 의사표시)이라고 정의되고, 이 정의에서 명백히 의사표시로서의 약속이 계약을 이루는 필수요건임을 알 수 있지만, 그것만으로 충분한 조건이 되지 못하고 날인이 있거나, 약인의 기초인 교환(exchange)이 있거나, 과거의 약인(past consideration) 내지 도덕적 약인(moral consideration)에 부수하는 이득(benefit)이 있거나, 약속적 금반언의 기초인 신뢰(reliance)가 있어야 한다.45)

이와 같은 약속의 법적 구속력에 관한 두 민법전을 비교하면, 로빈기어 초안은 승낙(acceptance)은 청약의 조건(the offer's terms)

---

43) 木下毅, 전게서(1985), 164頁.

44) 木下毅, 전게서(1985), 165頁.

45) 여기에서 파운드(Pound, R.)는 20세기 초에 契約責任의 實定法的 基礎로서, 意思理論(will theory), 交換的 去來理論(bargain theory), 等價理論(equivalent theory) 및 信賴侵害理論(injurious reliance theory)을 들고 있다. 이에 대한 상세한 내용은, 木下毅, 상게서(1985), 166~180頁.

에 대한 동의의 표시(an expression of assent)라고 함으로써[46] 영미법이 받아들인 대륙법적 의사이론을 입법하였을 뿐이고, 캘리포니아 주 민법전에서의 약인(consideration)[47]에 대하여 입법하지 않았음을 확인할 수 있다. 따라서 로빈기어 초안은 계약의 법적 구속력에 관한 기초를 계약당사자의 의사 내지 의사의 합치인 합의에 두었다고 할 것이다.

3. 계약위반(불이행)의 구제에 관한 법리

(1) 영미계약법의 체계와 엄격책임법

영미계약법은 대륙법과 달리 약속의 법적 구속력의 문제, 계약관계에서의 이탈의 문제 및 계약위반에 대한 구제방법의 문제가 서로 관련되어 삼위일체를 이루고 있다. 특히 미국계약법에서는 계약당사자가 어떠한 계약책임을 부담하는가의 문제는 약속의 법적 구속력의 문제와 밀접하게 관련되어서 논하여지는 것이 많다.[48]

---

46) Art. 394. Acceptance is <u>an expression of assent to the offer's terms</u>. It may take the form of an affirmative answer, a specified act or forbearance, or a choice of authorized terms with which it must correspond exactly and be absolute and unequivocal. Performance, tender or exercise of ownership suffices. Acceptance may be transmitted by any means authorized by the offerer but use of unauthorized means is effective when received within the time probably required for an authorized one. Lobingier, C. op.cit., pp.150～151.

47) 캘리포니아 민법전은 제1605조 이하에서 約因(consideration)에 관하여, Good consideration (Sec. 1605), what; How far legal or moral obligation is a good consideration(Sec. 1606); Consideration lawful(Sec. 1607); Effect of its illegality(Sec. 1608); Consideration executed or executory(Sec. 1609); Executory consideration(Sec. 1610); How ascertained (Sec. 1611); [Contract: Consideration](Sec. 1612); [Same](Sec. 1613); Written instrument presumptive evidence of consideration(Sec. 1614); Burden of proof to invalidate sufficient consideration(Sec. 1615)을 규정하고 있음. Deering's Civil Code(1949), pp.279ff.

48) 木下毅, 상게서(1985), 395頁.

영미계약법의 체계는 그 기본적 발상이 '엄격책임'(strict liability)의 법에 있다. 그렇다면 그것에 부수하는 구제방법에 있어서도 고의 과실(fault)의 유무에 따라서 계약책임을 지게 되는 것이다.[49] 따라서 영미계약법에서의 구제방법은, 손해배상(damage)이 제1차적으로 구제되어짐으로써, 계약위반을 방지하기 위하여 약속자를 강제하는 것이 아니라 계약위반에 대하여 보상을 하여 주는 방향이라는 것이 주목되는 것이다.[50]

그러나 18세기말에서 1870년경에 이르기까지의 법성숙단계에서 대륙법적 의사이론의 영향을 받아 완전미이행계약이 계약의 전형이 되었고, 이득이나 신뢰가 있는 경우에도 약속의 법적 구속력의 근거가 자기완결적으로 자율적인 개인의 의사에서 구하는 것같이 되었다.

특히 1854년 이후에 계약상의 손해배상이론은 하드리 대 백센데일(Hadley v. Baxendale) 사건[51]을 계기로 변화를 맞게 되었다. 이 사건에서 특별손해(special damages)가 아닌 얻을 수 있었던 이익(lost profits)의 일실이익을 손해배상의 범위에 포함하게 되었다.

(2) 두 민법전에서의 구체적 법리

로빈기어 초안은, 이익을 받은 자나 준 자에 대하여 채무를 강제하는 모든 구제방법은 약속자에 대하여 한 것과 마찬가지로 약속자 또는 약속받은 자 모두에 대하여 그들에게도 할 수 있다(제412조)[52]고 하였다. 이에 대하여 캘리포니아 주 민법전은 특별한

---

49) 木下毅, 상게서(1985), 395頁.

50) 木下毅, 상게서(1985), 396頁.

51) Hadley v. Baxendale, 9 Ex. 341, 156 Eng. Rep. 145(1854).

52) Art. 412. All remedies to enforce the obligation due a donee or creditor beneficiary are available to them as well as to the promisee and against either the latter or the

규정을 하지 않았다.

그러나 로빈기어 초안은, 영미계약법이 계약위반의 구제에 관한 법리가 손해배상에 의한 보상의 방향인 것에 대하여, 계약위반을 방지하기 위하여 약속자를 강제하는 방향을 취하고 있음을 확인할 수 있다. 이와 같은 태도는 대륙법이 채무불이행의 경우에 원칙적으로 채무의 강제이행을 청구하는 소위 현실적 이행을 제1차적 구제로 한 것과 그 궤를 같이 한 것이라고 할 것이다.

Ⅳ. 結語

지금까지 로빈기어(Lobingier, C.)의 「한국민법전초안」과 미국 캘리포니아 주 민법전에서의 계약법을 그 체계적 분석을 하고, 그 법리를 비교하여 검토하였다.

여기에서 다음과 같은 결론에 이르게 되었다.

첫째로, 로빈기어 초안의 계약법은, 그 모본을 미국 캘리포니아 주 민법전과 법리에서 구하였다는 것이다. 그 체계에 있어서 약간의 상이한 점이 있지만 그 대개는 캘리포니아 주 민법전의 계약법과 유사하였고, 그 법리에 있어서도 계약위반의 구제방법에 있어서 다르지만 계약의 성립이나 계약의 법적 구속력에 관한 기초는 캘리포니아 주 민법전에서의 법리와 같았음을 확인할 수 있었다.

둘째로, 로빈기어 초안의 계약법은, 미국 캘리포니아 주 민법전의 계약법과 달리, 이미 한국에서 시행되었던 대륙법의 경험을 많

---

promisor. Lobingier, C., op.cit., p.153.

이 수용한 것이 특색이라 할 수 있다. 그것은 계약의 유형에 있어서 캘리포니아 주 민법전과 달리 대륙법적 계약법의 계약유형을 입법하려 한 것에 차이를 보이고 있다.

셋째로, 로빈기어 초안의 계약법은, 한국에서 관행되어 온 계약유형을 입법한 것이 특색이다. 그 대표적인 것이 물적담보계약의 하나로서 전세권을 규정한 것이다.

그러나 앞으로 영미계약법의 연구에 의하여 미군정시대(1945~1948)의 한국 민법전 편찬에 미친 영미법의 영향을 규명하고, 이를 통하여 미군정시대의 한국민법전편찬사업에 의하여 일제가 강제이식하여 시행하였던 일본 민법과의 단절이 과연 어떻게 이뤄졌는가를 재조명함으로써, 현행 민법전의 계약법에 관한 발전을 가져오게 할 것이다.

제2절 로빈기어의 「韓國民法典草案」과 美國 캘리포니아 州 民法典에 있어서의 不法行爲法

Ⅰ. 序說

오늘날 사람들은 위험 속에서 살고 있다. 그 위험에 의한 피해를 어떻게 구제할 것인가는 불법행위법의 주요한 과제이다.

여기에서 다루고자 하는 것은, 우리 현행 민법전이 제정되어 시행되기 이전에 미군정시대(1945~1948)에 한국민법전편찬사업의 추진에 의하여 당시 법률고문관이었던 로빈기어(Lobingier, C.)[53]에 의하여 완성된 「한국민법전초안」(Proposed Civil Code for Korea, 1949)[54]의 불법행위법에 영미법(특히 미국법)이 어떠한 영향을 미쳤는가에 대하여 미국 캘리포니아 주 민법전과의 비교에 의하여 밝히는 것이다.

지금까지 영미법은 코먼 로(Common Law) 판례법주의의 법원으로만 인식되었으나, 미국의 몇몇 주에서는 제정법(성문법)주의에 의한 민법전을 법원으로 하고 있음을 알 수 있다. 특히 여기에서 다루고자 하는 미국 캘리포니아 주의 민법전은, 미국의 서부에 위치하여 대륙법의 영향도 어느 정도 받아 일찍이 편찬되어서 시행되고 있음을 알 수 있다.[55]

그러므로 두 민법전의 비교에 있어서, 첫째로 불법행위법의 체계적인 비교를 하고, 둘째로 불법행위법의 법리적인 비교를 하고자 한다.

---

53) 미군정시대의 한국민법전편찬사업과 법률고문관의 역할 및 법률고문관 로빈기어 (Lobingier, C.)에 대한 상세한 내용은, 尹大成, 『美軍政時代(1945~1948)의 韓國民法典編纂事業: 法律顧問官의 活動을 중심으로』(1996)를 참조할 것.

54) 로빈기어의 「한국민법전초안」(Proposed Civil Code for Korea, 1949)에 관한 해제는, 崔鍾庫, 「C. 로빙기어博士」(法史餘滴 78), ≪法律新聞≫, 1989.2.2. 11면; 尹大成, 「美軍政時代(1945-1948)의 韓國民法典編纂事業과 로빈기어의 <韓國民法典草案>에 관한 研究」, 연구결과보고서, (한국학술진흥재단, 1997.2.), 24~25면.

55) Lawrence M. Friedman/안경환 역, 『美國法史(History of American Law)』, 한국학술진흥재단번역총서 58, (서울: 대한교과서주식회사, 1988), 477~487면.

Ⅱ. 不法行爲法의 體系的 比較

1. 서

여기에서는 불법행위법에 있어서 로빈기어(Lobingier, C.)의 「韓
國民法典草案」과 미국 캘리포니아 주 민법전[56]은 어떠한 체계로
규정하고 있는가를 비교하고자 한다.

2. 로빈기어(Lobingier, C.)의 「한국민법전초안」에 있어서 불법행
위법의 체계

로빈기어의 한국민법전초안은 불법행위법을 제2편 채권(Obligations)
에서 각종의 채권관계(Kinds of Obligations) 가운데 불법행위(Delictual)
와 준불법행위(Quasi − Delictual)로 나눠서 규정하였다.[57]

(1) 불법행위(Delictual)

먼저 불법행위에서 책임(Liability, Art. 933∼939) 및 각종의 불
법행위(Classes of delicts/Torts)를 규정하고, 다시 각종의 불법행위에
대하여 신체상해(injuries to person, Art. 940∼941), 명예훼손(injuries
to reputation, Art. 942∼944) 및 재산침해(injuries to property, Art.
945∼950)를 각각 규정하였다.[58]

---

56) 여기에서 인용하는 것은, The Publisher's Editional Staff(revised by), *Deering's Civil Code
of the State of California*, Adopted March 11, 1872, (San Francisco: Bancroft − Whittney
Co., 1949)로, 그 출판년도는 로빈기어(Lobingier, C.)가 한국민법전초안을 완성한 시기
인 1949년과 같은 것이다.

57) Lobingier, C., *Proposed Civil Code for Korea*, 1949, pp.342∼344.

58) Ibid., pp.342∼344.

(2) 준불법행위(Quasi – Delictual)

그리고 준불법행위에서 본질(Nature, Art. 951), 국가(State, Art. 952), 감독자(Supervisors, Art. 953), 동물의 소유자, 조련사와 보호자(Owners, correctors and custoians of animals, Art. 954) 및 건물 등의 소유자와 점유자(Owners and ocuupants, Art. 955)를 각각 규정하였다.[59]

3. 미국 캘리포니아 주 민법전에 있어서 불법행위법의 체계

미국 캘리포니아 주 민법전은 불법행위법을 제3편 채권(Obligations) 가운데 제3장 법정채권(Obligations Imposed by Law)으로 권리침해(Abstinence from injury), 사기(Fraudulent Deceit) 등을 규정하고,[60] 제4편 총칙(General Provisions) 가운데 제3장 뉴우선스(Nuisance)를 규정하였다.[61]

(1) 법정채권(Obligations Imposed by Law)으로서의 불법행위

법정채권으로서의 불법행위는, 제3편 채권관계의 제3장으로, 권리침해(Abstinence from injury, Sec. 1708),[62] 사기(Fraudulent deceit)에 대하여 사기에 의한 침해(Sect. 1709)[63]와 사기에 속하는 경우

---

59) Ibid., p.344.

60) Deering's Civil Code(1949), Division Third, Part III, pp.300ff.

61) Ibid., Division Fourth, Part III, pp.637~640.

62) Sec. 1708. Abstinence from injury. Every person is bound, without contract, to abstain from injuring the person or property of another, or infringing upon any of his rights.[Enacted 1872]

63) Sec. 1709. Fraudulent deceit. One who willfully deceives another with intent to induce him to alter his position to his injury or risk, is liable for any damage which he thereby suffers.[Enacted 1872]

(Deceit, what, Sec. 1710),64) 공개적인 사기 등(Deceit upon the public, etc., Sec. 1711),65) 불법취득물의 반환(Restoration of thing wrongfully acquired, Sec. 1712)과 반환시기(When demand necessary, Sec. 1713),66) 고의, 과실 등의 책임(Responsibility for willful acts, negligence, etc., Sec. 1714),67) 자동차소유자책임(Liability of owners of motor vehicles: Maximum, Sec. 1714 1/4),68) 자동차과실운행에 대한 국가, 지방자치단체 등의 책임(Liability of state, districts and political subdivisions for negligent operation of motor vehicles, Sec.

---

64) Sec. 1710. Deceit, what. A deceit, within the meaning of the last section, is either; 1. The suggestion, as a fact, of that which is not true, by one who does not believe it to be true; 2. The assertion, as a fact, of that which is not true, by one who has no reasonable ground for believing it to be true; 3. The suppression of a fact, by one who is bound to disclose it, or who gives information of other facts which are likely to mislead for want of communication of that fact; or, 4. A promise, made without any intention of performing it.[Enacted 1872]

65) Sec. 1711. Deceit upon the public, etc. One who practices a deceit with intent to defraud the public, or a particular class of persons, is deemed to have intended to defraud every individual in that class, who is actually misled by the deceit.[Enacted 1872]

66) Sec. 1712. Restoration of thing wrongfully acquired. One who obtains a thing without the consent of its owner, or by a consent afterwards rescinded, or by an unlawful exaction which the owner could not at the time prudently refuse, must restore it to the person from whom it was thus obtained, unless he has acquired a title thereto superior to that of such other person, or unless the transaction was corrupt and unlawful on both sides.[Enacted 1872]
Sec. 1713. When demand necessary. The restoration required by the last section must be made without demand, except where a thing is obtained by mutual mistake, in which case the party obtaining the thing is not bound to return it until he has notice of the mistake.[Enacted 1872]

67) Sec. 1714. Responsibility for willful acts, negligence, etc. Everyone is responsible, not only for the result of his willful acts, but also for an injury occasioned to another by his want of ordinary care or skill in the management of his property or person, except so far as the latter has, willfully or by want of ordinary care, brought the injury upon himself. The extent of liability in such cases is defined by the title on compensatory relief.[Enacted 1872]

68) 이는 1929년에 Ststs에 의하여 追加되었다가 1935년에 Ststs에 의하여 폐지되었음. Vehicle Code Sec. 402에 의함.

1714 1/2),[69] 건물 소유자 또는 점유자의 책임(Liability of owner or occupant of building or premises designated as air shelter, Sec. 1714.5[1]),[70] 계엄포고 등 법령위반행위(Violation of statute or ordinance where act or omission was required by military order or proclamation, Sec. 1714.5[2])[71] 및 기타 채권(Other obligations, Sec. 1715)[72]을 각각 규정하였다.

(2) 뉴선스(Nuisance)

뉴선스(Nuisance)에 관하여는 총칙(general principles, Sec. 3479~

---

69) 이는 1929년에 Stats에 의하여 추가되었다가, 1935년에 Stats에 의하여 폐지되었음. Vehicles Code Sec. 400, 402에 의함.

70) Sec. 1714.5[1]. Liability of owner or occupant of building or premises designated as air raid shelter. There shall be no liability on the part of one who owns or maintains any building or premises which have been designated as an air raid shelter by any council of defense or any public office, body, or officer of this State or of the United States, for any injuries sustained by any person while in or upon said building or premises as a result of the condition of said building or premises or as a result of any act or omission, except a wilful act, of such owner or occupant or his servants, agents or employees when such person has entered or gone upon or into said building or premises for the purpose of seeking refuge therein during an air raid alarm or during an air raid by enemies of the United States.[Added by Stats.1943,ch.463.Sec. 1; Effective May 15,1943]

71) Sec. 1714.5[2]. Violation of statute or ordinance where act or omission was required by military order or proclamation. The violation of any statute or ordinance shall not establish negligence as a matter of law where the act or omission involved was required in order to comply with an order or proclamation of the Commanding General of the Western Defense Command or such other military commander as may be designated by the Secretary of War and authorized to issue such orders or proclamation; No person shall be prosecuted for a violation of any statute or ordinance when violation of such statute or ordinance is required in order to comply with an order or proclamation of the Commanding General of the Western Defense Command or such other military commander as may be designated by the Secretary of War and authorized to issue such orders or proclamations. The provisions of this section shall apply to such acts or omissions whether occurring prior to or after the effective date of this section.[Added by Stats.1943. ch.895, Sec. 1; Effective May 29, 1943]

72) Sec. 1715. Other obligations. Other obligations are prescribed by divisions one and two of this code.[Enacted 1872]

3484), 공적 뉴선스(public nuisance, Sec. 3490～3495) 및 사적 뉴
선스(private nuisance, Sec. 3501～3503)를 각각 규정하였다.

(a) 총칙에서, 뉴선스(nuisance)의 정의(Nuisance, what, Sec. 3479),[73] 공적 뉴선스(Public nuisance, Sec. 3480),[74] 사적 뉴선스(Private nuisance, Sec. 3481),[75] 뉴선스가 될 수 없는 경우(What is not deemed a nuisance, Sec. 3482),[76] 승계한 소유자(Successive owners, Sec. 3483)[77] 및 방치행위의 불배제(Abatement does not preclude action, Sec. 3484)[78]를 각각 규정하였다.

(b) 공적 뉴선스에 대하여, 시간경과의 불법(Lapes of time does not leglize, Sec. 3490),[79] 공적 뉴선스의 구제(Remedies against public nuisance, Sec. 3491),[80] 구제입법(Remedy regulated, how,

---

73) Sec. 3479. Nuisance, what. Anything which is injurious to health, or is indecent or offensive to the senses, or an obstruction to the free use of property, so as to interfere with the comfortable enjoyment of life or property, or unlawfully obstructs the free passage or use, in the customary manner, of any navigable lake, or river, bay, stream, canal, or basin, or any public park, square, street, or highway is a nuisance.[Enacted 1872]

74) Sec. 3480. Public nuisance. A public nuisance is one which affects at the same time an entire community or neighborhood, or any considerable number of persons, although the extent of the annoyance or damage inflicted upon individuals may be unequal.[Enacted 1872]

75) Sec. 3481. Private nuisance. Every nuisance not included in the definition of the last section is private.[Enacted 1872]

76) Sec. 3482. What is not deemed a nuisance. Nothing which is done or maintained under the express authority of a statute can be deemed a nuisance.[Enacted 1872]

77) Sec. 3483. Successive owners. Every successive owner of property who neglects to abate a continuing nuisance upon, or in the therefor in the same manner as the one who first created it.[Enacted 1872]

78) Sec. 3484. Abatement does not preclude action. The abatement of a nuisance does not prejudice the right of any person to recover damages for its past existence.[Enacted 1872]

79) Sec. 3490. Lapse of time does not legalize. No lapse of time can legalize a public nuisance, amounting to an actual obstruction of public right.[Enacted 1872]

80) Sec. 3491. Remedies against public nuisance. The remedies against a public nuisance

194

Sec. 3492),[81] 공적 뉴선스의 구제(Remedies for public nuisance, Sec. 3493),[82] 청구(Action, Sec. 3494),[83] 소멸방법(How abated, Sec. 3495)[84] 등을 각각 규정하였다.

(c) 사적 뉴선스에 대하여, 사적 뉴선스의 구제(Remedies for private nuisance, Sec. 3501),[85] 허용에 의한 소멸(Abatement, when allowed, Sec. 3502)[86] 및 통지가 필요한 경우(When notice is required, Sec. 3503)[87]를 각각 규정하였다.

4. 두 민법전에서의 불법행위법의 체계

로빈기어 초안은 불법행위에 관하여 불법행위와 준불법행위로 구분하였으나, 불법행위는 일반불법행위로서 권리침해, 명예침해

---

are: 1. Indictment or information; 2. A civil action; or, 3. Abatement.[Enacted 1872]

81) Sec. 3492. Remedy regulated, how. The remedy by indictment or information is regulated by the Penal Code.[Enacted 1872]

82) Sec. 3493. Remedies for public nuisance. A private person may maintain an action for a public nuisance, if it is specially injurious to himself, but not otherwise.[Enacted 1872]

83) Sec. 3494. Action. A public nuisance may be abated by any public body or officer authorized thereto by law.[Enacted 1872]

84) Sec. 3495. How abated. Any person may abate a public nuisance which is specially injurious to him by removing, or, if necessary, destroying the thing which constitutes the same, without committing a breach of the peace, or doing unnecessary injury.[Enacted 1872]

85) Sec. 3501. Remedies for private nuisance. The remedies against a private nuisance are: 1. A civil action; or, 2. Abatement.[Enacted 1872]

86) Sec. 3502. Abatement, when allowed. A person injured by a private nuisance may abate it by removing, or, if necessary, destroying the thing which constitutes the nuisance, without committing a breach of the peace, or doing unnecessary injury.[Enacted 1872]

87) Sec. 3503. When notice is required. Where a private nuisance results from a mere omission of the wrong-doer, and cannot be abated without entering upon his land, reasonable notice must be given to him before entering to abate it.[Enacted 1872]

및 재산침해 등을 규정하고, 준불법행위는 특수한 불법행위로서 국가의 책임, 감독자의 책임, 동물의 소유자, 조련사 및 점유자의 책임, 건물의 소유자 및 점유자의 책임 등을 규정하였다.

그러나 캘리포니아 주 민법전은 불법행위를 법정채권으로서 권리침해, 사기, 불법취득물의 반환, 고의 과실의 책임뿐만 아니라 자동차운행책임, 건물의 소유자 및 점유자의 책임 이외에 계엄포고 등 법령위반책임까지를 규정하고 있고, 그밖에 뉴선스(nuisance)를 규정하고 있다.

여기에서 로빈기어 초안은 불법행위에 관한 입법에 있어서 그 체계는 달리하였지만, 기본적으로 캘리포니아 주 민법전에서의 불법행위에 관한 유형을 받아들였음을 알 수 있다. 그러나 캘리포니아 주 민법전에서의 공법적인 성격을 갖는 법령위반 등과 영미법에서 발전한 뉴선스(nuisance)를 받아들이지 않았음은 오히려 대륙법계 불법행위법에 따른 것이라고 할 수 있다.

Ⅲ. 不法行爲法의 法理的 比較

1. 서

지금까지 로빈기어의 「한국민법전초안」과 미국 캘리포니아 주 민법전의 불법행위법에 관한 체계적 분석에 의하여 두 민법전에 있어서 불법행위법이 어떠한 체계로 구성되었는가를 알 수 있게 되었다.

이와 같은 두 민법전의 불법행위법에 관한 법리를 영미법에 있어서 불법행위책임의 형성과정과 그 책임의 기초를 바탕으로 하어 비교 검토함으로써, 로빈기어의 「한국민법전초안」이 불법행위에 있어서 어떠한 법리를 바탕으로 하였는가를 살펴보고자 한다. 여기에서 비교하고자 하는 것은, 첫째로 불법행위책임의 성립에 관한 법리이고, 둘째로 불법행위책임의 일반적 면책사유에 관한 법리를 중심으로 분석 검토하자 한다.

2. 영미법에서의 불법행위책임

(1) 불법행위책임의 형성과 변천

영미법에서는 일반적으로 통용될 수 있는 불법행위(torts)라는 것에 대한 정의가 있지 않다. 어원으로는 단순히 잘못(wrong)을 의미하는 것이다. 그러나 실제로 불법행위는 신체에 관한 권리나 재산 또는 명예에 관한 권리에 대한 침해나 방해를 말하는 것이다.

초기 불법행위법은 범죄(crime)와 불법행위의 구별이 없었다. 그러므로 불법침해의 광범위한 유형 가운데 경범(misdemeanors)이라는 위법행위와 불법행위라는 것이 무차별하게 혼합되어 있었다.[88]

그러나 산업화가 되면서 불법행위법은 인신상해(personal injury)와 관련한 것으로 만들어졌고, 산업화는 다른 법 분야에서도 변화를 가져와서 재산의 공공수용에 대한 보상, 불법방해법(nuisance law) 등에도 나타났다.[89] 무엇보다도 미국에서의 불법행위법(tort law)은 철도법(railroad law)과 함께 탄생한 것이다. 이 불법행위법과 철도

---

88) F. G. 켐핀 Jr./이상면 역, 『英美法槪論』, (서울: 법문사, 1988), 136 – 138면; Friedman, Lawrence M./안경환 역, 『美國法歷史』, (서울: 대한교과서주식회사, 1988), 361면.

89) Friedman, Lawrence M./안경환 역, 『美國法歷史』(1988), 362면.

법에 공통된 기본적 사실의 하나는, 과실의, 부주의의 — 즉 고의가 아니라 표준이 되는 주의의무에 대한 조그만 위반 때문에 발생한 손실에 관한 — 법이라는 것이다.90) 그러나 불법행위법의 기초가 되는 정책은 판례에 의하여 일관된 법칙으로 명백하게 나타나지 않았다. 19세기 중반에 이르러 경솔한 원고를 상대로 설시된 함정이 자리를 잡게 되었다. 그 함정 가운데 주목할 것으로는, 기여과실원칙(doctrine of contributory negligence), 동료종업원원칙(fellow-servant rule) 및 위험인수원칙(doctrine of assumption of risk) 등이었다.91) 이것들은 고의(intention)와 관련되지 않은 사건에서 보상을 부인하는 일련의 법칙이다.92) 여기에서 위험인수원칙은 기여과실과 함께 장애가 되었고, 위험인수원칙은 동료종업원원칙과 제휴하여 발전을 하였다. 한편 실수(fault) 또는 과실(negligence)이 불법행위법의 주요부분을 이루게 되었다. 그러나 과실의 발전과정은 어느 정도 불법침해(trespass)와 뒤얽혀 있다. 또한 특정인에게 업무에 대하여 법이 주어진 주의의무(duty of care)이다. 이것은 자격의무(duty of competence)를 부담시킨 것이다. 이와 같은 과실 개념은 19세기에 불법침해책임의 근거로서 등장하였다.93) 그러나 과실의 입증책임의 부담을 덜어 주는 새로운 두 개의 원칙이 나타났다. 즉 최후의 위험회피기회의 원칙(last clear chance)과 사실추정의 법리(res ipsa loquitur; 사실은 스스로가 말한다)가 그것이다.94) 이와

---

90) Ibid., p.582.

91) Ibid., p.584.

92) 켐핀, F.G./이상면 역, 『英美法槪論』(1988), 137면.

93) 켐핀, F.G./이상면 역, 전게서(1988), 142～143면.

94) Friedman, Lawrence, M./안경환 역, 『美國法歷史』(1988), 592～593면.

같은 불법행위법에서의 과실책임으로의 변천은 대부분 인신이나 재산에 대한 직접침해 사건에서 과실책임으로 변하였지만, 다른 분야에서는 다르게 변천되었다. 즉 사용자의 피용자(employee)가 업무에 기하여 입은 손해에 대한 책임, 발파작업으로 인신이나 건물에 입힌 손해에 대한 책임, 자선기관의 피용인(servant)에 의한 불법행위에 대한 기관의 책임, 제조업자의 물품의 하자로 인한 인신에 대한 피해에 대한 책임 등이 그것이다. 법은 이와 같은 경우에 사실상 사용자가 피용자의 업무에 의한 상해에 대하여 책임이 없다는 입장으로 변천한 것이다.[95] 이것이 바로 앞에서 살펴본 경솔한 원고에게 실시한 함정인 것이다.

이와 같이 미국의 불법행위법은 서로 연관성을 갖고 있는 부분들로 구성되어 있지 못하므로 일반화는 위험한 것이고, 그 법의 변천도 엄격책임(absolute liability), 무책임(no liability), 과실책임이 혼재하면서 변화하였음을 알아야 한다.

(2) 불법행위의 한 유형으로서의 불법방해(Nuisance)

영미법에 있어서 불법행위의 한 유형으로 뉴선스(Nuisance)가 형성되었다. 이 뉴선스는 공적 뉴선스(public nuisance)와 사적 뉴선스(private nuisance)로 나누었다. 공적 뉴선스는 공공의 하천, 교량, 공도를 방해하거나 또는 수리를 게을리 하거나 또는 소음, 매연, 진동 등으로 많은 시민들에게 방해를 주는 행위를 말한다. 이 공적 뉴선스는 범죄로서 소추가 가능할 뿐만 아니라 필요한 경우에는 법무장관(Attorney – General)에 의하여 금지명령(injection)이 청구된다.[96]

---

95) 켐핀, F.G./이상면 역, 전게서(1988), 147~148면.

이에 대하여 사적 뉴선스는 "토지 또는 토지상의 또는 토지에 관련된 권리에 대하여 행하여지는 어떤 사람의 사용 또는 향유에 대한 불법침해"[97]라고 한다. 그러나 실제에 있어서 사적 뉴선스(private nuisance)에 포함되는 침해는 복잡하고 광범위하다. 즉 소음, 매연, 진동, 악취, 증기, 오수 등에 의하여 간접적으로 타인의 토지에 대하여 침해하는 것뿐만 아니라, 통행권, 유수권, 지지권, 일광권, 공기이용권, 어업권, 채광권 등의 토지이용권 및 토지수익권(servitudes; profits à prendre)을 침해하는 것과 공도상 또는 그것에 따라 존재하는 방해물에 의하여 사람의 신체나 재산권에 대하여 침해하는 것 등을 포함한다. 이것은 소위 공해의 개념에 해당한다.[98]

(3) 영미법에 있어서 불법행위책임의 기초와 일반면책사유

1) 불법행위책임의 기초

영미법에 있어서 불법행위책임에 관한 이론적 기초에는 두 가지의 대립된 학설이 있다. 그 하나는, 법에 특정된 불법행위(specipic torts) 가운데 어느 하나에 해당하는 것이 아니면 법은 불법행위책임을 인정하지 않는 것이고, 다른 하나는, 법률상 정당한 면책사유가 없이 다른 사람의 권리를 침해하였을 때에는 모두 불법행위의 책임을 져야 한다는 것이다.[99]

이 두 학설 가운데 첫 번째의 학설은 19세기 후반까지 통설이었

---

96) 서희원, 『英美法講義』, (서울: 박영사, 1984), 376면; 김진, 『英美法』, (서울: 법문사, 1973), 119~120면.

97) Winfield, *Winfield on Tort*, 8th ed., p.358.

98) 서희원, 『英美法講義』(1984), 377면.

99) 서희원, 『英美法講義』(1984), 336면.

다. 그러나 오늘날에는 대체로 어떤 작위 또는 부작위가 특정불법행위에 해당하느냐 않느냐는 것보다 다른 사람의 권리를 침해한 자가 법률상 정당한 면책사유를 갖느냐 갖지 못하느냐가 더욱 중요하게 되었다.100)

2) 불법행위책임에 있어서 일반면책사유

불법행위책임의 면책사유에는 특정불법행위에 관한 것과 일반불법행위에 공통되는 것으로 나눌 수 있다.101)

(a) 특정불법행위의 면책사유: 특정한 불법행위에 있어서 면책사유는 명예훼손소송에 있어서의 정당성(justification)과 같은 것이다.102)

(b) 일반불법행위의 면책사유: 일반불법행위에 있어서 면책사유(general defences in tort)에는 불가피한 사고(inevitable accident),103) 위험의 인수(피해자의 승낙; assumption of risk),104) 정당방위(self-defence),105) 필요행위(necessity),106) 국가행위(act of state), 제정법에 의한 수권(statutory authority),107) 재판관의 특권108) 및 징계(discipline)109) 등이 있다.110)

---

100) 서희원,『英美法講義』(1984), 336면.

101) 이에 대하여, 金辰 교수는, 被害者의 同意(consent), 正當防衛(self-defense), 必要한 行爲(necessity), 財産의 收復(recovery of property), 制定法에 의한 授權, 懲戒(discipline) 및 國王과 國家를 들고 있다. 김진,『英美法』(1973), 80~88면.

102) 서희원,『英美法講義』(1984), 337면.

103) Stanley v. Powell, 1891.

104) Thomas v. Quartermaine, 1887.

105) Vere v. Cawdor, 1809.

106) Cope v. Sharpe, 1910; Watt v. Hartfordshire, C.C., 1954.

107) Attorney General and Hare v. Metropolitan Ry. Co., 1894; Metropolitan Asylum District v. Hill, 1881.

108) Cave v. Mountain, 1840; Law v. Llewlyn, 1906.

109) Aldworth v. Stewart, 1866.

3. 두 민법전에서의 불법행위법의 법리

(1) 불법행위책임은 어떻게 성립하는가.

1) 불법행위란 무엇인가.

이에 대하여, 로빈기어는, "'tortuous' is used throughout the Restatement ……to do not the fact that conduct, whether of act or omission, is of such a character as to subject the actor to liability under ……the law of torts."라고 한 American Law Institute's Restatement of Torts, sec. 6을 인용하였다.[111] 이것은 불법행위책임에 관한 19세기 후반까지의 통설을 받아들인 것이다. 즉 법이 불법행위책임으로 특정한 것 가운데 어느 하나에 해당하는 것이 아니면 그 책임을 인정하지 않는다는 것이다. 이와 같은 입장에서 로빈기어 초안은, 책임능력(capacity) 있는 모든 사람은 다른 사람에게 침해(injury)를 일으킨 자신의 행위(acts) 또는 실수(omissions)에 대하여 책임이 있다고 하였다(제923조 제1문).[112]

2) 불법행위책임이 성립하기 위하여 어떤 요건이 있어야 하는가.

이에 대하여 로빈기어 초안은, 침해(injury), 행위자의 행위(his own acts)[113] 또는 실수(omission)[114] 및 책임능력(capacity)[115]이 있

---

110) 서희원, 『英美法講義』(1984), 337∼341면.

111) Lobingier, C., op.cit., p.345. footnote 18.

112) Art. 923 Every person of disposing capacity is liable for his own acts or omissions which cause injury to another. Lobingier, C., op.cit., p.342.

113) 行爲者의 行爲와 관련하여 故意(intention)가 問題된다. 여기에서 故意(intention)는 被告가 自身의 行爲와 그 行爲로부터 발생할 結果를 意識하고 또는 그러한 結果를 바라는 精神狀態를 말한다. 그리고 惡意(malice)는 어떤 行爲를 정당한 理由나 免責事由없이 행하는 것과 나쁜 動機로서의 惡意가 있다. 앞의 惡意는 故意와 다

어야 함을 규정하였다(제923조 제1문 참조). 그러나 행위(acts)는 침
해의 직접(direct) 및 근접한(proximate) 원인(cause)이어야만 한다(제923
조 제2문).[116) 또한 행위자의 예견가능성(the consequence reasonable
apparent to, and foreseeable by the actor)도 포함하고 있다(제923조
제2문 후단).[117) 그리고 손해(damage)[118)와 기여과실(contributory
negligence)[119)에 대하여도 규정하였다. 이와 같은 입법태도는 미국
불법행위법의 발전에서 이뤄진 결과를 받아들인 것이다. 그러나 캘
리포니아 주 민법전은 이와 같은 일반적인 규정을 하지 않았다.[120)

름이 없다. 서희원, 『英美法講義』(1984), 336~337면.

114) 失手(omission)는 過失(negligence)을 구성하여야 하고, 그것은 非合理的인 危險(unrea-
sonable risk)에 대한 保護의 法的 基準(legal standard) 이하로 轉落한 어떤 行爲인
것이다. Art. 934. The omission must be such as to constitute negligence, which is
any conduct, (except that recklessly disregardful of another's interest) falling below the
legal standard for protection against unreasonable risk, viz. that of a benus pater familias
(good father of a family) or an ordinarily prudent man. Lobingier, C., op.cit., p.342.

115) 行爲者(actor)는 적어도 責任主體(subject to liability)로서 制限된 處分能力(limited
disposing capacity)을 가져야만 한다. Art. 935. The actors must be one of at least
limited disposing capacity to be subject to liability; otherwise he is jointly liable with
his supervisor unless the latter is without fault in his duty of supervision or, despite
it, the injury would have occurred. Lobingier, C., op.cit., p.342.

116) Art. 923. (……) The act must be the direct and proximate cause of the injury, the
consequences reasonable apparent to, and foreseeable by the actor. Lobingier, C.,
p.342.

117) Art. 923. (……), consequences reasonable apparent to, and foreseeable by the actor.
Lobingier, C., op.cit., p.342.

118) Art. 937. Damages should be compensatory where pecuniary loss is proved and may
be nominal in the absence of underproof, or exemplary or punitive where the tort −
lessor's conduct has been especially wrongful. A child en venta sa mere is entitled to
damages equally with full born children. Lobingier, C., op.cit., p.342.

119) Art. 939. Contributory Negligence by the injured may be considered by the court as
a factor in reducing the amount of damages, but such negligence is not imputable to
the children of tender years nor to those who are non compose mental. Lobingier, C.,
op.cit., p.342.

120) Sec. 1708. Abstinence from injury. Every person is bounded, without contract, to
abstain from injuring the person or property of another, or infringing upon any of his
rights.[Enacted 1872]

그렇지만 영미법에서 불법행위책임이 발생하기 위한 일반요건으로
는, 행위 또는 불행위(법률상 작위의무위반), 고의 과실 또는 엄격
의무위반 및 권리침해의 발생이 있어야 한다.[121]

3) 어떤 경우에 불법행위책임이 있는가.

이에 대하여 로빈기어 초안은, 침해(injury)를 세 가지로 나누고,
이에 불법행위책임을 부과하고 있다. 즉 (a) 인신침해(Injury to
Person), (b) 명예침해(Injury to Reputation), (c) 재산침해(Injury to
Property)로 나눠서 규정하였다.

(a) 인신침해: 로빈기어 초안 제940조 내지 제941조는 인신침해
에 의한 불법행위책임을 규정하였다. 즉 신체상해에 의한 소득능력
(earning capacity) 또는 지출증가(increase of expenditures)의 침해, 사망
(death) 및 부녀자 등의 유혹(seduction of another's wife, daughter,
……)에 의한 인신침해에 대하여 불법행위책임을 규정하였다.

(b) 명예침해: 로빈기어 초안 제942조 내지 제944조는 명예침해
에 의한 불법행위책임을 규정하였다. 즉 명예훼손(defamation)은 구
두 또는 어떤 방식에 의한 허위(false) 및 허용되지 않는 비난으로
(……) 다른 사람에게 직접 침해하거나 그에게 현실적인 손해
(actual damage)를 야기하는 것이다(제942조).[122] 또한 출판에 의한
명예침해(privileged publications)는, 명예훼손이 아니더라도, 입법,
재판 또는 다른 공적 절차, 합법적 목적을 위한 공개회의의 공정

---

121) 서희원, 『英美法講義』(1984), 336면.

122) Art. 942. Deformation is a false and unprivileged charge, oral or in any other form,
criminality, actual immorality, loathsome disease or impotence, tending directly to
injure another and cause him actual damage. Lobingier, C., op.cit., p.343.

하고 올바른 보도 및 공적 관점에서의 다른 사람의 행동에 대한 올바른 비판(just criticism)을 포함한다(제943조).[123] 그리고 손해의 정도(measure of damages)[124]를 규정하였다.

(c) 재산침해: 로빈기어 초안 제945조 내지 제950조는 재산침해에 의한 불법행위책임을 규정하였다. 즉 다른 사람의 재산을 고의로 손괴하거나 침해한 사람은 그의 손해를 배상하여야 하고, 고의로 취득한 재산을 돌려주어야 한다(제945조).[125] 이에 따른 손해(damage), 충돌(collisions), 재산경시(disparagement of property), 불공정한 배상(unfair competition), 손해의 요소(elements of such damage) 등을 규정하였다.

그러나 캘리포니아 주 민법전은 이와 같은 침해에 의한 불법행위책임을 규정하지 않았다. 다만 사기(deceit)에 의한 경우를 규정하고, 불법 취득한 것의 반환(restoration of thing wronfully acquired)[126]과 고의행위 또는 과실 등에 대한 책임(responsibility for willful acts, negligence, etc.)[127]에 관하여 규정을 하고 있다. 그밖에 뉴선

---

123) Art. 943. Privileged publications, not constituting defamation, include fair and correct reports of legislative, judicial or other official proceedings or those of public meeting for a lawful purpose, and just criticism of so much of another's activities are of public concern. Lobingier, C., op.cit., p.343.

124) Art. 944. The author of a defamatory communication is liable or nominal damage in any case, for substantial damages for any special injury, and must take suitable measures such as retroaction to repair the victim's reputation. Lobingier, C., op.cit., p.343.

125) Art. 945. One who wrongfully destroys or injures property of another is bound to compensate the latter for his loss, and to restore property wrongfully taken. Lobingier, C., op.cit., p.343.

126) Sec. 1712. Restoration of thing wrongfully acquired. One who obtains a thing without the consent of its owner, or by a consent afterwards rescinded, or by an unlawful exaction which the owner could not at the time prudently refuse, must restore it to the person from whom it was thus obtained, unless he has acquired a title thereto superior to that of such other person, or unless the transaction was corrupt and unlawful on both sides.[Enacted 1872] 그리고 Sec. 1713에서 必要的 返還이 있는 때 (when demand necessary)에 관하여 규정하였다.

스(Nuisance)를 불법행위책임의 한 유형으로 총칙편에 규정하였다. 이 뉴선스(nuisnace)는 건강(health)을 침해하거나, 감정(senses)을 해하거나, 재산의 자유로운 사용에 지장을 주거나, 생활이나 재산의 안전을 방해하거나, 습관에 따라서 호수, 강, 항만, 개울, 수로, 웅덩이, 공원, 광장, 거리, 고속도로 등의 자유로운 통행이나 사용에 불법적으로 장해를 주는 모든 것을 말한다(제3479조).128) 이 뉴선스에 대하여 공적 뉴선스(public nuisance)129)와 사적 뉴선스(private nuisance)130)로 나눠서 상세히 규정한 것이 특징이라 하겠다.

(2) 일반면책사유에는 어떠한 것이 있는가.

이에 관하여, 로빈기어 초안이나 캘리포니아 주 민법전은 모두 아무런 규정하지 않음으로써 해석론에 위임하고 있다. 그러므로 영미법에서 발전한 일반면책사유를 당연히 받아들인 것이라고 할 것이다.

---

127) Sec. 1714. Everyone is responsible, not only for the result of his willful acts, but also for an injury occasioned to another by his want of ordinary care or skill in the management of his property or person, except so far as the latter has, willfully or by want of ordinary care, brought the injury upon himself. The extent of liability in such cases is defined by the title on compensatory relief.[Enacted 1872]

128) Sec. 3479. Anything which is injurious to health, or is indecent or offensive to the senses, or an obstruction to the free use of property, so as to interfere with the comfortable enjoyment of life or property, or unlawfully obstructs the free passage or use, in the customary manner, of any navigable lake, or river, bay, stream, canal, or basin, or any public park, square, street, or highway is a nuisance.[Enacted 1872] Deering's CIVIL CODE(1949), p.637.

129) 이의 定義는, Sec. 3480. A public nuisance is one which affects at the same time an entire community or neighborhood, or any considerable number of persons, although the extent of the annoyance or damage inflicted upon individuals may be unequal.[Enacted 1872], Deering's CIVIL CODE(1949), p.638, pp.639f.

130) 이의 定義는, Sec. 3481. Every nuisance not included in the definition of the last section is private.[Enacted 1872]. 그러므로 公的 뉴선스 이외의 뉴선스는 모두 私的 뉴선스가 된다는 것이다. Deering's CIVIL CODE(1949), p.638, p.640.

(3) 엄격책임으로서의 불법행위책임에는 어떤 것이 있는가.

이에 대하여 로빈기어 초안은 준불법행위(Quasi − Delictual)로 제
951조 내지 제955조에 규정하였다. 즉 준불법행위는 행위자 측에
고의가 없는 것이 일반불법행위와 구별되는 것이다(제951조).[131]
이와 같은 엄격책임으로서의 불법행위책임에는 국가(State), 감독자
(supervisor), 동물의 소유자, 점유자 및 보관인(owners, possessors
and custodians of animals), 건축물의 소유자 및 점유자(owners and
occupants of unsafe buildings or structures)[132] 등을 규정하였다.

그러나 캘리포니아 주 민법전은 엄격책임으로서의 불법행위책임
으로 자동차소유자책임(liability of owners of motor vehichles),[133]
건물소유자 및 점유자의 책임(liability of owners or occupant of
building or premises designated as air raid shelter)[134] 및 계엄령에
의하여 제한된 고의 또는 과실에 의한 법령위반(violation of statute

---

131) Art. 951. Quasi − Delicts differ from ordinary ones by the lack of dolus (injurious
intent) on the actor's part. Lobingier, C., op.cit., p.344.

132) Art. 955. Owners and occupants of unsafe buildings or structures, whose collapse
causes injury to others, are liable to the latter, unless the former prove that such
injury was not due to their negligence, defective construction or insufficient repair, or
that the injured party knew of the unsafe condition. Lobingier, C., op.cit., p.344.

133) 그러나 1935년 Stats에 의하여 폐지되고, Vehicle Code Sec. 402에 근거하게 되었다.
Deering's CIVIL CODE(1949), p.302.

134) Sec. 1714.5[1]. There shall be no liability on the part of one who owns or maintains
any building or premises which have been designated as an air raid shelter by any
council of defense or any public office, body, or officer of this State or of the United
States, for any injuries sustained by any person while in or upon said building or
premises as a result of the condition of said building or premises or as a result of any
act or omission, except a wilful act, of such owner or occupant or his servants, agents
or employees when such person has entered or gone upon or into said building or
premises for the purpose of seeking refuge therein during an air alarm or during an
air raid by enemies of the United States.[Added by Stats.1943……; Effective May 15,
1943], Deering's CIVIL CODE(1949), p.302.

or ordinance where act or omission was required by military order or proclamation) 등을 규정하였다.

4. 두 민법전에서의 구체적 법리

이상에서 본 바와 같이 불법행위법에 관한 법리에 있어서, 두 민법전은 유사한 점과 상이한 점이 있음을 알 수 있다.

(1) 유사한 점

두 민법전은, 영미법의 발전에 의한 불법행위법에 관한 법리를 수용하여 입법한 점에서 유사하다. 즉 (i) 고의불법행위책임뿐만 아니라 과실불법행위책임을 인정하고, 나아가서 엄격책임(무과실책임)까지도 인정하고 있다. (ii) 일반면책사유에 대하여는 이를 입법으로 하지 않고 해석론에 위임하였다. (iii) 입법기술에 있어서 해당 부분에 있어서 정의(definition) 규정을 둠으로써 판례법에서 형성된 정의를 명확히 하였다.

(2) 상이한 점

두 민법전은 기본적으로 위와 같은 유사한 점이 있으나, 서로 다른 점이 있다. 즉 (i) 불법행위법의 위상에 있어서, 로빈기어 초안은 계약과는 별개 독립된 채권발생원인으로서의 불법행위를 인정하지만, 캘리포니아 주 민법전은 채권발생원인으로서의 계약에 대하여 하나의 법정원인으로 함으로써 계약위반 이외에 불법행위를 법정채권발생원인으로 보는 점이다. (ii) 불법행위법의 구조에 있어서, 로빈기어 초안은 과실책임주의에 의한 일반불법행위와 엄격책임(무과실책임)주의에 의한 준불법행위로 나눠서 입법하였지만, 캘리포니아 주 민법전은 이와 같은 구별을 두지 않았다. 그리고 엄격책임으로서의 불법행위에 있어서 로빈기어 초안은 영미법에서 발전한 유형을 거의 받아들였으나, 캘리포니아 주 민법전은 특별법으로 넘어갔거나 극히 제한적으로 입법한 것으로 보아서, 엄격책임에 대한 입법에 있어서 로빈기어 초안이 캘리포니아 주 민법전에 우월한 점이 인정된다 할 것이다. (iii) 불법행위책임의 한 유형으로서의 뉴선스(nuisance)에 대하여, 로빈기어 초안은 이를 입법하지 않음으로써 영미법을 수용하지 않았지만, 캘리포니아 주 민법전은 이를 상세히 입법함으로써 판례법의 법전화를 하였다. 그러나 캘리포니아 주 민법전은 이를 총칙편에 규정함으로써 불법행위와는 구별하려는 입법의사를 확인할 수 있다.

Ⅳ. 結語

지금까지 로빈기어의 「한국민법전초안」과 미국 캘리포니아 주 민법전에서의 불법행위법을 그 체계적 비교와 법리적 비교를 분석하면서 검토하였다.

여기에서 다음과 같은 결론에 이르게 되었다.[135]

첫째로, 로빈기어 초안의 불법행위법은, 그 모본을 미국 캘리포니아 주 민법전과 법리에서 구하였다는 것이다. 로빈기어 초안의

---

135) 尹大成, 「美軍政時代(1945 – 1948)의 韓國民法典編纂事業과 로빈기어의 <韓國民法典草案>에 관한 研究」, 연구결과보고서, (한국학술진흥재단, 1997.2), 51면.

입법에 있어서 상이한 점은 있지만, 그 체계와 법리에 있어서 기본적으로 다르지 않았다.

둘째로, 로빈기어 초안의 불법행위법은, 이미 한국에서 시행되었던 대륙법계의 불법행위법을 수용하여 절충하였다는 것이다. 그럼에도 불구하고 영미법에서의 불법행위법을 바탕으로 하고 있으므로 미국 캘리포니아 주 민법전의 불법행위법의 법리가 바탕이 되었다고 할 것이다. 그것은 엄격책임으로서의 불법행위책임을 입법하면서 이를 일반불법행위와 구별하여 준불법행위책임으로 한 것에서 확인할 수 있다. 그리고 뉴선스(nuisance)에 관한 입법을 하지 않은 것은 대륙법계의 불법행위법에 따른 것이라고 할 수 있다.

셋째로, 로빈기어 초안의 불법행위법은, 영미법에서의 불법행위법이 발전하는 과정에서 대륙법과 달리하고 있음을 인식하고 그 입법에 있어서 차별화를 기한 것이라고 할 것이다. 대륙법과는 다르게 발전한 영미법에서의 불법행위법에 관한 법리를 그 바탕으로 한 입법기술을 보인 것을 확인할 수 있다.

그러나 앞으로 영미불법행위법에 관한 연구에 의하여 미군정시대(1945～1948)의 한국 민법전 편찬에 미친 영미법에서의 불법행위법의 영향을 규명하고, 한국불법행위법의 영미불법행위법과의 접근 가능성을 시도함으로써 우리나라 불법행위법의 해석과 입법에 있어서 새로운 장을 여는 것이 가능할 것으로 본다.

제3절 로빈기어의 「韓國民法典草案」과 美國 캘리포니아 州 民法典에 있어서의 婚姻法

Ⅰ. 序說

시민으로서 가족관계를 이루고 살아가는 데 있어서 혼인은 그 시작이라고 할 수 있다. 그만큼 혼인은 우리의 가족생활에 있어서 매우 중요함을 뜻한다고 할 것이다.

여기에서 다루고자 하는 것은, 우리 한국 민법전이 제정되어 시행되기 이전에 미군정시대(1945~1948)에 한국 민법전 편찬사업의 추진에 의하여 당시 미 군정청 법률고문관이었던 로빈기어(Lobingier, C.)[136]에 의하여 완성된 「한국민법전초안」(Proposed Civil Code for Korea, 1949)[137]의 혼인법에 영미법(특히 미국법)이 크게 수용되었던 사실을 당시 미국 캘리포니아 주 민법전의 혼인법과 비교하여 밝히고자 하는 것이다.

지금까지 영미법은 코먼 로(Common Law) 판례법주의의 법원으로만 인식하여 왔으나, 미국의 몇몇 주에서는 제정법(성문법)주의에 의한 민법전을 법원으로 하고 있음을 알 수 있다. 특히 여기에서 다루고자 하는 미국 캘리포니아 주의 민법전은, 미국의 서부에

---

136) 미군정시대의 한국민법전편찬사업과 법률고문관의 역할 및 당시 법률고문관 로빈기어(Lobingier, C.)에 대하여 상세한 것은, 尹大成, 「美軍政時代(1945-1948)의 韓國民法典編纂事業: 法律顧問官의 活動을 중심으로」(1996) 참조.

137) 로빈기어의 「한국민법전초안」(Proposed Civil Code for Korea, 1949)에 관한 解題는, 崔鍾庫, 「C. 로빙기어博士」(法史餘滴 78), ≪法律新聞≫, 1989.2.2. 11면; 尹大成, 「美軍政時代(1945-1948)의 韓國民法典編纂事業과 로빈기어의 <韓國民法典草案>에 관한 研究」, 연구보고서, (한국학술진흥재단, 1997.2), 24~25면.

위치하여 대륙법의 영향도 어느 정도 받아 일찍이 편찬을 하여서 시행하고 있음을 알 수 있다.[138]

그러므로 로빈기어 초안에서의 혼인법과 미국 캘리포니아 주 민법전에서의 혼인법을 체계적인 비교와 법리적인 비교를 하고자 한다.

II. 婚姻法의 體系的 比較

1. 서

먼저 혼인법에 있어서 로빈기어(Lobingier, C.)의 「한국민법전초안」(이하 '로빈기어 초안'이라고 한다)과 미국 캘리포니아 주 민법전[139](이하 '캘리포니아주 민법전'이라 한다)은 어떠한 체계를 하고 있는가를 비교 분석하고자 한다.

2. 로빈기어(Lobingier, C.)의 「한국민법전초안」에 있어서의 혼인법의 체계

로빈기어 초안은 혼인법을 제1편 인(Person)에서 자연인(Natural) 가운데 규정을 하였다.[140] 혼인법을 보면, 먼저 통칙(General Provisions)에서 혼인의 정의(Art. 35), 혼인장애사유(impediments, Art. 36), 혼

---

138) Lawrence M. Friedman/안경환 역, 『美國法歷史(History of American Law)』, 한국학술진흥재단번역총서 58, (서울: 대한교과서주식회사, 1988), 477~487면.

139) 여기에서 인용하는 것은, The Publisher's Editorial Staff(revised by), *Deering's Civil Code of the State of California*, Adopted March 11, 1872(San Francisco: Bancroft - Whittney Co., 1949)로, 그 출판년도는 로빈기어(Lobingier, C.)가 한국민법전초안을 완성한 1949년과 같은 시기의 것이다.

140) Lobingier, C., *Proposed Civil Code for Korea*(1949), pp.8ff.

인등록(registration, Art. 40) 등 혼인절차 및 효력(effects, Art. 43)을 규정하고, 다음으로 부부재산(Marital Property)에서 분리소유(separate ownership, Art. 44), 재산관리(management, Art. 45), 비용(expenses, Art. 46), 성립(creation, Art. 47), 책임(liability, Art. 48), 상환 (reimbursement, Art. 49), 이혼의 경우(dissolution, Art. 50)를 각각 규정하였다. 그리고 혼인해소(Termination)에서 일반적인 경우(in general, Art. 51), 취소(annulment, Art. 52~53) 및 이혼(dissolution, Art. 54~58)을 규정하고, 이혼에 대하여 다시 재판상 이혼(judicial, Art. 54~56)과 협의상 이혼(conventional separation, Art. 57~58)을 각각 규정하였다.

(1) 혼인법의 통칙(General Provision)

이에 관하여, 혼인의 개념(본질, Nature, Art. 35), 혼인장애사유 (Impediments, Art. 36), 혼인합의(An agreement to marry, Art. 37), 예외(Exceptions, Art. 38), 부부계약(The Marital Contract, Art. 39), 혼인등록(Registration, Art. 40), 기피(Challenge, Art. 41), 외국거주 한국인(Koreans residing in a foreign country, Art. 42) 및 효력 (Effects, Art. 43)을 규정하였다.[141]

(2) 부부재산(Marital Property)

이에 관하여, 분리소유(Separate Ownership, Art. 44), 재산관리 (Management, Art. 45), 비용(Expenses, Art. 46), 성립(Creation, Art. 47), 책임(Liability, Art. 48), 상환(Reimbursement, Art. 49) 및 이혼 의 경우(Dissolution of the partnership, Art. 50)를 규정하였다.[142]

---

141) Ibid., pp.8~11.

(3) 혼인의 해소(Termination)

이에 대하여, 총칙(In general)으로 형태(Modes, Art. 51)를 규정하고, 취소(Annulment)로서 혼인의 취소(Annulment of a marriage, Art. 52)와 효력(Effect, Art. 53)을 규정하며, 이혼(Dissolution)에 관하여 재판상 이혼과 협의상 이혼으로 나누고, 재판상 이혼(Judicial)에 관하여 형태(Modes, Art. 54), 용서(Condonation, Art. 55) 및 효력(Effect, Art. 56)을 규정하고, 협의상 이혼(Conventional Separation)에 관하여 형태(Mode, Art. 57)와 후견(Guardianship, Art. 58)을 각각 규정하였다.143)

3. 미국 캘리포니아 주 민법전에 있어서 혼인법의 체계

캘리포니아 주 민법전은 혼인법을 제1편 人(Persons) 제3장 인적관계(Personal Relations) 가운데 제1절에 혼인계약(The Contract of Marriage), 이혼(Divorce) 및 부부(Husband and Wife)를 각각 규정하였다.

(1) 혼인계약(The Contract of Marriage)

이에 대하여, 혼인의 유효(Validity of Marriage, Art. 55~63), 혼인의 인증(Authentication of Marriage, Art. 68~79a), 혼전부부생활(Premarital Examinations, Art. 79.01~79.09) 및 무효혼인의 재판상 확정(Judicial Determination of Void Marriages, Art. 80)을 각각 규정하였다.144)

---

142) Ibid., pp.11~12.
143) Ibid., pp.12~13.

(2) 이혼(Divorce)

이에 대하여, 무효원인(Nullity, Art. 82~87), 혼인의 해소 (Dissolution of Marriage, Art. 90~108), 이혼의 취소원인(Causes for Denying Divorce, Art. 111~133), 일반규정(General Provisions, Art. 136~149) 및 통일이혼허가법(Uniform Divorce Recognition Law, Art. 150~150.4)을 각각 규정하였다.[145]

(3) 부부(Husband and Wife)

이에 대하여, 부부연대채무(Mutual obligations of husband and wife, Art. 155), 가장인 남편의 권리(Rights of husband, as head of family, Art. 156), 법적관계변경계약(Contract altering legal relations: Separation agreement, Art. 159), 공동재산의 이득(Interests in community property, Art. 161a), 혼인 후 취득한 재산(Property acquired after marriage: Presumptions: Limitation of certain actions, Art. 164), 분 리된 개인재산의 목록(Inventory of separate personal property: Execution and recording, Art. 165), 권리증서(Notice and evidence of title, Art. 166), 공동재산(Community property: Liability for wife's unsecured contracts: Liability of earnings of wife, Art. 167), 부의 부 채에 대한 책임 없는 처의 소득(Earnings of wife not liable for debts of husband: Liability for debts for necessaries of life, Art. 168), 처의 혼전 채무에 대한 책임(Liability for premarriage debts of wife, Art. 170), 처의 분리된 재산에 대한 책임(Liability of separate

___

144) *Deering's Civil Code of the State of California*(1949), Division First, Part III, pp.27~40.
145) Ibid., pp.40~63.

property of wife, Art. 171), 혼인한 여자의 불법행위에 대한 책임
(Liability for married woman's torts, Art. 171a), 공동재산에 의하여 보
증된 채무에 대한 책임(Liability for obligation secured by community
property, Art. 171b), 공동적 인적재산의 관리(Management of community
personal property: Limitations: Consent of wife, Art. 172), 공동적
물적 재산의 관리(Management of community real property: Joninder
of wife in conveyance: Presumption of validity: Action to avoid
instrument: Limitations, Art. 172a), 처의 부양(Support of wife, Art.
174), 처의 거절 또는 협의에 의한 별거의 경우 부의 책임(Husband
not liable when wife abandons him or lives separate by agreement,
Art. 175), 처가 부를 부양하여야 하는 경우(When wife must support
husband, Art. 176), 미성년자의 혼인에 의한 정착(Minors may
make marriage settlement, Art. 181) 등을 규정하였다.[146]

4. 두 민법전에 있어서 혼인법의 체계

이상과 같이 로빈기어 초안에 있어서 혼인법을 캘리포니아 주
민법전의 혼인법과 그 체계에 있어서 비교함으로써 미국 혼인법의
영향을 받았음을 알 수 있다.

3여기에서 두 민법전의 혼인법에 있어서 체계상 유사한 점과 상
이한 점을 요약 정리하면 다음과 같다.

(1) 유사한 점

첫째로, 두 민법전의 혼인법은 그 규정 형식에 있어서, ① 인법

---

146) Ibid., pp.64~74.

(Persons)에서 자연인(Natural)에 관하여 규정한 것이 서로 유사하고, ② 혼인의 성립과 권리의무, 부부재산 및 이혼(혼인의 해소)에 관하여 규정한 것이 서로 유사하다.

둘째로, 두 민법전의 혼인법은 그 규정내용에 있어서, ① 부부재산제도에 있어서 부부별산제를 규정한 것이 유사하고, ② 혼인생활비용의 부담을 부가 하는 것을 원칙으로 한 것이 유사하고, ③ 부부재산의 성립이나 관리에 관한 규정이 서로 유사하며, ④ 혼인의 해소에 있어서 그 사유와 방법이 유사하다.

(2) 상이한 점

첫째로, 두 민법전의 혼인법은 그 규정형식에 있어서, 로빈기어 초안은 캘리포니아 주 민법전에 비하여 대륙법을 많이 수용함으로써 혼인법의 구성을 달리하고 있다. 즉 로빈기어 초안은 이미 한국에 시행된 일본 민법을 중심으로 한 대륙법의 혼인법을 수용함으로써 캘리포니아 주 민법전의 혼인법과 다른 규정 형식을 취하고 있다.

둘째로, 두 민법전의 혼인법은 그 규정 내용에 있어서, 로빈기어 초안은 대륙법과 한국에서의 특수한 관행을 많이 수용함으로써 캘리포니아 주 민법전의 혼인법과 규정 내용을 달리하고 있다. 즉 로빈기어 초안의 혼인법은 캘리포니아 주 민법전의 혼인법을 수용하면서도 그 규정 내용에 있어서 달리하고 있다.

이와 같이 로빈기어 초안의 혼인법은 그 체계에 있어서 캘리포니아 주 민법전의 혼인법을 수용함으로써, 대륙법과의 비록 상이한 점이 있더라도, 기본적으로 캘리포니아 주 민법전의 혼인법을 모본으로 하였음을 알 수 있다.

Ⅲ. 婚姻法의 法理的 比較

1. 서

지금까지 로빈기어 초안의 혼인법과 캘리포니아 주 민법전의 혼인법을 체계적 분석에 의하여 두 민법전에 있어서 혼인법이 어떠한 체계로 구성되었는가를 살펴보았다.

여기에서는 이와 같은 두 민법전의 혼인법에 관한 법리를 비교검토함으로써, 로빈기어 초안의 혼인법은 어떠한 법리를 바탕으로 하였는가를 살펴보고자 한다. 그 비교의 대상은, 첫째로 혼인의 성립, 둘째로 부부재산, 셋째로 혼인의 해소에 있어서 어떠한 법리를 취하고 있는가를 다루고자 한다.

2. 혼인의 성립에 관한 법리

(1) 영미법에 미친 대륙법적 의사이론의 영향과 혼인계약

영국에서 중세적 봉건법인 실체적 정의의 관념에 갈음하여 의사이론을 받아들인 고전적 계약법이론이 형성된 것은 소위 산업혁명(Industrial Revolution) 이후의 단계에 이르러서였다. 그러나 미국에서는 소위 '1800년의 혁명'을 계기로, 정부의 활동 제한과 개인적 자유의 보장을 중심으로 한 제퍼소니안 데모크라시(Jeffersonian Democracy)가 휩쓸었고, 1861년에 시작된 신분과 계약과의 항쟁이었던 남북전쟁(The Civil War) 후에는 미국의 자본주의가 크게 발전하여 대기업이 나타났고 20세기에 들어와서 기업의 독점화 내지 과점화에 의한 폐단이 나타나게 됨으로써, 이와 같은 변화는 고전적인

계약자유의 원칙에 대하여 수정 내지 변경을 하기에 이르렀다.[147]

이러한 변화는 영미사법에 있어서 19세기에 오스틴(Austin, J.)을 중심으로 한 분석법학파(analytical jurisprudence)에 의하여 독일 판덱텐 법학의 영향을 받아들였던 것이다. 이는 영미법제도를 계약 내지 의사를 중심으로 설명하려는 시도이었다. 이와 같은 의사주의 내지 사적 자치의 원칙은 사실 내지 정책의 문제라는 것보다 규범적 근거의 문제이었고, 이는 대륙의 자연법학자[148]들에 의하여 약속이 법적 구속력의 원천(the source of the binding power of promise)이라는 문제였던 것이다. 이것은 코먼 로(Common Law)에 있어서 단순계약(simple contract)[149]도 내심의 합의(mutual assent)를 요건으로 한다는 이론이 주요한 법리로 되기에 이르렀다.[150]

이와 같이 대륙법적인 의사이론의 영향을 받아서 영미에 있어서도 사람이 사람에 대하여 의무를 지는 근거를 자율적인 개인의 자유의사에서 구하고, 계약에 의한 의무를 지는 근거를 의사의 합치에서 구하는 의사이론에 터 잡아 계약이론을 설명하기에 이르렀다. 즉 계약이 성립하기 위하여 '의사의 합치'(meeting of the minds)가 있어야만 한다. 그러나 상호적 합의의 표시(expression of mutual assent)와 구별되는 내심의 합의(mental assent)가 있어야 한다는 생각이 일반적으로 되었다. 따라서 혼인의 성립도 당사자의 내심의

---

147) 木下毅, 『英美契約法の理論』, (東京: 東京大學出版部, 1985), 42～47頁.

148) Grotius, H., Pufendorf, S., Burlamaqui, J. 등.

149) 코먼 로(Common Law)에서는 계약의 성립요건으로 날인증서(deed)라는 일정한 방식 내지 약인(consideration)이 있을 것을 필요로 하였다. 전자에 의한 계약을 방식계약 또는 날인계약이라 부르고, 후자에 의한 계약을 비방식계약 또는 단순계약이라고 부른다. 木下毅, 전게서(1985), 49頁.

150) 木下毅, 전게서(1985), 48～49頁.

합의에 의하여 이뤄지는 혼인계약에 의한 것이다.

(2) 두 민법전에서의 구체적 법리

(a) 혼인이란 무엇인가: 로빈기어 초안은 남녀가 부부로서 동거하기 위한 계약으로 이뤄지는 신분이라고 하였다(제35조).[151] 이에 대하여 캘리포니아 주 민법전은 계약을 체결할 수 있는 당사자의 의사에 의하여 체결되는 사적 계약(a civil contract)에서 발생하는 인적 관계(a personal relation)라고 하였다(제55조).[152] 여기에서 혼인은 계약임을 분명히 하였다. 따라서 당사자의 의사에 의하여 체결되는 사적인 계약(=의사의 합치, 내심의 합의)으로서 성립하는 신분(=인적관계)인 것이다.

(b) 혼인은 어떻게 성립하는가.

(aa) 혼인의 요식성: 로빈기어 초안에 의하면, 혼인계약은 당사자의 합의만으로 성립하는 것이 아니고, 당사자에 의하여 일정한 형식으로 작성되는 서면과 혼인식에 의하여야 하고(제39조),[153] 호적사무소에 신고되어야 성립한다(제40조).[154] 이와 같이 로빈기어 초

---

151) Art. 35 <u>Nature</u>. Matrimony is a status resulting from a contract between a man and a woman for permanent cohabitation as husband and wife. Lobingier, C., p.8.

152) Sec. 55. [What constitutes marriage.] Marriage is a personal relation arising out of a civil contract, to which the consent of the parties capable of making that contract is necessary. Deering's Civil Code(1949), p.27.

153) Art. 39. <u>The Marital Contract</u> must be in writing, signed and witnessed by both parties, and must resile (1) the full names, parties, their parents and the heads of their respective households; (2) The nonexistence of any impediment to marriage mentioned in this code; (3) The date and place of any previous marriage of either party and the name of any child thereof; (4) The sincere intention of both parties to live together permanently as husband and wife; (5) Their mutual knowledge of each other's health conditions, especially as regards venereal and mental diseases and tuberculosis. Should the parties desire, a religious or other ceremony may precede or follow the execution of such contract. Lonbigier, C., op.cit., pp.9 - 10.

안은 혼인계약을 요식행위임을 규정하였다. 따라서 혼인계약은 서면 및 혼인식이라는 일정한 방식에 의하여 행하여지고, 혼인신고를 함으로써 혼인이 성립하게 되는 것이다. 이에 대하여 캘리포니아 주 민법전에 의하면, 혼인계약은, 의사만으로 성립될 수 없고, 민법전 제79조[155)에 의한 경우를 제외하고, 이 법에 의하여 인정되는 허가증의 발급과 혼인식에 의하여야 한다(제55조 후단).[156) 또한 이에 관한 세부규정을 두었다. 즉 부모, 후견인의 동의 및 상급법원의 명령을 요하는 혼인(제56조),[157) 혼인의 입증(제57조),[158)

---

154) Art. 40. <u>Registration</u>. The original marital contract shall be deposited in the Koseki registry office nearest the residence of one of the parties. The registrar, or whoever has charge of said office, shall post in a conspicuous part thereof a notice, of such deposit, reciting the names and addresses of the parties. If, after five days, no challenge or valid objection to said marriage has been presented, and no defect appears on the face of the contract, the registrar shall indorse thereon a statement that the marriage has become effective and upon the request of any interested party and the payment of the prescribed fee, issue a certificate thereof. Ibid., p.10.

155) Article IIa Premarital Examinations. Sec. 79.01 [Necessity for examination: Presentation of certificate: Contents of certificate: Consent to examination: Submission of specimen.], Sec. 79.02 [Data required to accompany certificate.], Sec. 79.03 [Physician's certificate and laboratory statement: Form: Provision and discribution: Designation.], Sec. 79.03a [Acceptance of certificate forms provided by other states and by Army or Navy.], Sec. 79.04 [Nature of test required: Approved laboratory defined: Checking of results.], Sec. 79.05 [Issuance of "laboratory report form": Distribution: Preparation of report in triplicate: Disposition of copies: Inspection.], Sec. 79.06 [Authority of court to waive examination and to order issuance of license without certificate: Showing required: Filing of order: Secrecy of proceeding: Fees.], Sec. 79.07 [Filing of forms and orders. Preservation and destruction.], Sec. 79.08 [Acts denounced as misdemeanors: Persons liable.], Sec. 79.09 [Serificates, etc., confidential: Unauthorized disclosures unlawful.], Ibid., pp.36~40.

156) Sec. 55. [What constitutes marriage.] Contract alone will not constitute marriage; it must be followed by the issuance of license and solemnization as authorized by this code, except as provided by Section 79 of this code. Deering's, op.cit., p.27.

157) Sec. 56 [Persons consummating marriage: Consent of parent or guardian and superior court order] Any unmarried male of the age of 21 years or upwards, and any unmarried female of the age of 18 years or upwards, and not otherwise disqualified, is capable of consenting to and consummating marriage; provided, that any male under the age of 21 years and over the age of 18 years and any female under the age of

백인과 다른 인종과의 혼인(제60조)[159] 등을 규정하였다. 이와 같이 캘리포니아 주 민법전도, 혼인계약을 요식행위로 규정하였다. 여기에서 로빈기어 초안이나 캘리포니아 주 민법전의 혼인법은 모두 혼인계약의 요식성을 요구함으로써 같은 법리에 의하고 있다. 다만 동의를 요하는 혼인연령이나 다른 인종과의 혼인 무효에 관하여 로빈기어 초안의 혼인법은 채택하지 않았다.

(bb) 혼인의 이의: 혼인에 대한 이의에 대하여, 로빈기어 초안 제41조[160]는, 혼인계약이 호적사무소에 제출된 5일 이내에 누구든지 서면으로 이의를 제기할 수 있고, 등록공무원은 관할법원에 이송하거나 당사자를 청문한 뒤에 이의에 대하여 처분할 수 있다고 하였다. 그러나 캘리포니아 주 민법전의 혼인법은 당사자에 의한 혼인의 증명을 규정하고 이와 같은 다른 사람에 의한 혼인의 이의

---

18 years and over the age of 16 years, with the consent in writing of the parents of the person under age, or one of such parents, or of his or her guardian, where such written consent is filed by the clerk issuing the marriage license, as provided in Section 69 of the Civil Code, is capable of consenting to and consummating marriage; provided, further, that any male under the age of 18 years and any female under the age of 16 years, with the consent in writing of the parents of the person under age, or one of such parents, or of his or her guardian, where such written consent is filed with the clerk issuing the marriage license, as provided in Section 69 of the Civil Code and where, after such showing as the superior court may require an order of said superior court is made, granting permission to said person to marry, is capable of consenting to and consummating marriage. Ibid., p.28.

158) Sec. 57 [Marriage: How proved] Consent to marriage and solemnization thereof may be proved under the same general rules of evidence as facts proved in other cases. Ibid., p.28.

159) Sec. 60 [Marriage of white and other persons] All marriages of white persons with negroes, Mongolians, members of the Malay race, or mulattoes are illegal and void. Ibid., p.29.

160) Art. 41. Challenge. Within five days after deposit of the marital contract in the registry, any person may challenge the recitals thereof by filing written objections thereto, which the registrar shall thereupon forward to the appropriate court, which after hearing the parties, shall dispose of said objections. Lobingier, C., op.cit., p.10.

에 관하여 채택하지 않았다.

(cc) 외국거주 한국인의 혼인: 이에 대하여, 로빈기어 초안 제42
조[161]는, 외국에 거주하는 한국인은 혼인신고서를 동일한 효과와
조건으로 한국 대사관이나 영사대표부에 제출하게 된다는 것이다.
이것은 혼인의 요식성을 외국에 거주하는 한국인의 혼인에 있어서
도 동일하게 취급함을 말한다. 이에 대하여 캘리포니아 주 민법전
은, 주 이외의 지역에서의 혼인에 대하여, 그곳의 법에 의하여 무
효인 혼인은 캘리포니아 주에서도 무효임을 선언하였다.[162] 여기에
서 로빈기어 초안은 혼인의 속인주의를 취함에 대하여, 캘리포니아
주 민법전은 혼인의 속지주의를 취하고 있음을 알 수 있다.

(c) 혼인은 어떠한 효과가 생기는가: 이에 대하여 로빈기어 초안
은, 혼인에 의하여 처는 부의 가에 속하게 되고 그의 가족이 되며,
배우자는 합법적으로 별거를 하지 않는 한 동거생활에 대하여 연
대채무를 지는 것이고, 그들 상호 간에는 일상가사대리를 하지만
이에 대한 제한은 제3자에게 공시하여야 한다고 하였다.[163] 이에
대하여 캘리포니아 주 민법전은, 혼인의 효과는 부부관계의 발생이
고, 이 부부계약은 상호간의 존경, 신뢰 및 부양을 하는 것으로 하

---

161) Art. 42. Koreans residing in a foreign country may present matrimonial documents to
a Korean diplomatic or consular representative therein with like effect and subject to
similar conditions. Ibid., p.10.

162) Sec. 63. Marriages contracted without the state. All marriages contracted without this
state, which would be valid by the laws of the country in which the same were
contracted are valid in this state. Deering's, op.cit., p.30.

163) Art. 43. Effects. By marriage the wife enters the husband's household and acquires his
domicil. The spouses are under a mutual obligation to live together unless judicially
authorized to live separately. They are agents for each other in daily household affairs;
but this may be restricted by either spouse, subjects to notifying third parties.
Lobingier, C., op.cit., p.11.

였다.164) 이와 같은 부부계약에 의하여, 가장으로서의 부의 권리
(제156조),165) 각자 이익의 존중(제157조),166) 부부계약체결(제158
조),167) 법적관계의 변경계약(＝분리합의, 제159조),168) 공동재산 및
그 이익(제161조, 제161조a, 제161조b),169) 부부재산의 분할(제162
조, 제163조),170) 혼인 후 취득재산(제164조),171) 처에 대한 책임(제

---

164) Sec. 155. Mutual obligations of husband and wife. Husband and wife contract towards each other obligations of mutual respect, fidelity, and support. Deering's, op.cit., p.64.

165) Sec. 156. Rights of husband, as head of family. The husband is the head of the family. He may choose any reasonable place or mode of living, and the wife must conform thereto. Deerin's, op.cit., p.65.

166) In other respects their interests separate. Neither husband nor wife has any interest in the property of the other, but neither can be excluded from the other's dwelling. Ibid., p.65.

167) Sec. 158. Husband and wife may make contracts. Either husband or wife may enter into any engagement or transaction with the other, or wife any other person, respecting property, which either might if unmarried; subject, in transactions between themselves, to the general rules which control the actions of persons occupying the confidential relations with each other, as defined by the title on trusts. Ibid., p.65.

168) Sec. 159. Contract altering legal relations: Separation agreement. A husband and wife cannot, by any contract with each other, alter their legal relations, except as to property, and except that they may agree, in writing, to an immediate separation, and may make provision for the support of either of them and of their children during such separation. Ibid., pp.65～66.

169) Sec. 161. May be joint tenants, etc. A husband and wife may hold property as joint tenants, tenants in common, or as community property. Ibid., p.66.

170) Sec. 162. Separate property of the wife. All property of the wife, owned by her before marriage, and that acquired afterwards by gift, bequest, devise, or descent, with the rents, issues, and profits thereof, is her separate property. The wife may, without the consent of her husband, convey her separate property. Sec. 163. Separate property of the husband. All property owned by the husband before marriage, and that acquired afterwards by gift, bequest, devise, or descent, with the rents, issues, and profits thereof, is his separate property. Ibid., p.67.

171) Sec. 164. Property acquired after marriage: Presumption Limitation of certain actions. All other property acquired after marriage by either husband or wife, or both, including real property situated in this State and personal property wherever situated, heretofore or hereafter acquired while domiciled elsewhere, which would not have been the separate property of either if acquired while committed in this State, is community property; ……. Ibid., p.68.

170조 내지 제171조b),[172) 부부재산의 관리(제172조 내지 제173
조),[173) 부양(제174조 이하)[174) 등을 규정하고 있다.

　이와 같이 혼인의 효과에 대하여, 로빈기어 초안의 혼인법은,
(aa) 신분적 효과로서, 처(wife)가 부(husband)의 가에 속하게 되어
가족관계를 맺고, 또한 부부관계를 맺는 것이고, (bb) 재산적 효과
로서, 부부공동생활비용의 공동부담과 일상가사대리가 인정되는 것
이다. 따라서 로빈기어 초안의 혼인법에서의 혼인은 부부관계를 맺
어 부(husband)의 가족공동체에 들어가는 것이라고 할 것이다. 그
러나 캘리포니아 주 민법전의 혼인법은, (aa) 신분적 효과로서, 부
부계약에 의한 부부관계를 발생하게 되고, (bb) 재산적 효과로서,
부부관계에 의한 부와 처의 개별적 권리 의무(책임)가 발생하게 되
는 것이다. 그러므로 로빈기어 초안의 혼인법은, 캘리포니아 주 민
법전의 혼인법이 개인주의적 혼인법을 취한 것에 대하여, 단체주의
적 혼인법이라고 할 것이다.

---

172) Sec. 170. Liability for premarriage debt of wife; Sec. 171. Liability of separate
　　property of wife; Sec. 171a. Liability for married woman's torts; Sec. 171b. Liability
　　for obligation secured by community property. Ibid., pp.70～71.

173) Sec. 172. Management of community personal property: Limitations: Consent of wife;
　　Sec. 172a. Management of community real property: Joinder of wife in conveyance:
　　Presumption of validity: Action to avoid instrument: Limitations; Sec. 172b. Sale,
　　conveyance of encumbrance of community real property where spouse adjudged
　　incompetent: Petition: Requisites; Sec. 172c. Notice of application: Duty and fee of
　　public administrator; Sec. 172d. Order permitting sale, etc: Validity: Report. Ibid.,
　　pp.70～73.

174) Sec. 174. Support of wife. If the husband neglect to make adequate provision for the
　　support of his wife, except in the cases mentioned in the next section, any other
　　person may, in good faith, supply her with articles necessary for her support, and
　　recover the reasonable value thereof from the husband.; Sec. 175. Husband not liable
　　when wife abandons him or lives separate by agreement; Sec. 176. When wife must
　　support husband; Sec. 177. Rights of husband and wife governed by what. Ibid.,
　　pp.73～74.

3. 부부재산에 관한 법리

(1) 부부재산제도에 관한 영미법의 법리

(a) 부부의 재산관계는 어떻게 규정하는가: 부부의 재산관계에 관한 규정을 부부재산제도라고 한다. 특히 부부재산의 귀속, 관리, 분배를 어떻게 규정할 것인가에 따라서 여러 가지의 법제도가 있게 된다. 이와 같은 부부재산제도의 구조는 계약재산제와 법정재산제를 기준으로 파악한다. 캘리포니아 주 민법전의 혼인법에서 보는 바와 같이,[175] 영미법에서는 부부관계를 계약관계로 함과 같이 부부의 재산관계도 계약재산제에 의한 관계로 규정하고 있음을 알 수 있다.

(b) 부부의 재산관계는 완전별산제인가: 부부의 재산귀속에 대하여 완전별산제인가 또는 소득공유제인가의 다툼이 있을 수 있다. 그러나 캘리포니아 주 민법전의 혼인법에서 보는 바와 같이,[176] 완전별산제를 원칙으로 하고 있다고 할 것이다.

(2) 두 민법전에서의 구체적 법리

(a) 부부재산의 귀속은 어떻게 되는가: 이에 대하여 로빈기어 초안의 혼인법은, 혼인 시의 재산은 배우자 각자에게 귀속하고, 각자에 의하여 재산을 취득하거나 유지된다고 함으로써,[177] 부부재산의

---

175) Sec. 158. <u>Husband and wife may make contracts</u>. Either husband of wife may either into any engagement or transaction with the other, or with any other person, respecting property, which either might if unmarried, subject, in transactions between themselves, to the general rules which contract the actions of persons occupying the confidential relations with each other, as defined by the title on trusts. Ibid., p.65.

176) Sec. 157. <u>In other respects their interests separate</u>. Neither husband nor wife has any interest in the property of the other, but neither can be excluded from the other's dwelling. Ibid., 65.

177) Art. <u>Separate Ownership</u>. Property belonging to each spouse at the time of the marriage and property and property acquired by each in business or otherwise is

귀속에 있어서 완전별산제를 채택하였다. 마찬가지로 캘리포니아
주 민법전의 혼인법도 앞에서 본 바와 같이,178) 부부재산의 귀속에
관하여 완전별산제를 채택하고 있다.179)

　(b) 부부재산의 관리는 어떻게 하는가: 이에 대하여 로빈기어 초
안의 혼인법은, (aa) 부(husband)는 그의 처(wife)의 재산을 자신의
것과 같이 관리하고, 각자에 대하여 동일한 주의로 하여야 한다
하였다. (bb) 부(husband)는 처의 서면에 의한 의사표시 없이 처의
재산을 지배하고 사용할 수 있으나, 그것을 양도 또는 저당을 할
수 없다 하였다. (cc) 만약 부(husband)가 처의 재산을 관리할 수
없는 경우에는 그 관리는 처에게 되돌아가고, 만약 그것을 잘못
관리한 경우에는 법원(the appropriate court)은 부(husband)를 제지
하고 그 재산을 처의 관리로 되돌리게 한다 하였다.180) 그러나 캘
리포니아 주 민법전의 혼인법은, 분리동산목록의 작성 및 부동산소
유명의의 공고와 증명 등의 절차에 의하도록 하고,181) 공동동산의

---

　　retained by each. Lobingier, C., p.11.

178) 각주 42) 참조.

179) Sec. 162. <u>Separate property of the wife</u>. All property of the wife, owned by her before
　　marriage, and that acquired afterwards by gift, bequest, device, or descent, with the
　　rents, issues, and profits thereof, is her separate property. The wife may, without the
　　consent of her husband, convey her separate property., Sec. 163. <u>Separate property of
　　the husband</u>. All property owned by the husband before marriage, and that acquired
　　afterwards by gift, bequest, device, or descent, with the rents, issues, and profits
　　thereof, is his separate property.; Sec. 164. <u>Property acquired after marriage;
　　Presumptions; Limitation of certain actions</u>. Deering's, op.cit., pp.67～68.

180) Art. 45. <u>Management</u>. The husband id manager of his wife's property as well as of
　　his own, and as such must excercise the same care toward each. He may control or
　　use, but may not alienate or incumber it without the wife's written consent. If he is
　　unable to manage the wife's property such management reverts to her and if he
　　mismanages it, the appropriate court may restrain the husband or return the property
　　to the wife's control. Lobingier, C., op.cit., p.11.

181) Sec. 165. Inventory of separate personal property: Execution and recording. A full and

관리182) 및 처의 부양183)에 관하여 규정하였다.

(c) 부부생활의 비용은 누가 부담하는가: 이에 대하여 로빈기어 초안의 혼인법은, 호주인 부(husband) 또는 처(wife)는 배우자의 자

---

complete inventory of the separate personal property of either spouse may be make out and signed by law for the acknowledgement or proof of a grant of real property, and recorded in the office of the recorder of the county in which the parties reside.; Sec. 166. Notice and evidence of title. The filing of the inventory in the recorder's office is notice and prima facie evidence of the title of the party filing such inventory. Deering's, op.cit., p.69.

182) Sec. 172. <u>Management of community personal property: Limitations: Consent of wife</u>. The husband has the management and control of the community personal property, with like absolute power of disposition, other than testamentary, as he has of his separate estate; provided, however, that he cannot make a gift of such community personal property, or dispose of the same without a valuable consideration, or sell, convey, or encumber the furniture, furnishings, or fittings of the home, or the clothing or wearing apparel of the wife or minor children that is community, without the written consent of the wife.; Sec. 172a. Management of community real property: Joinder of wife in conveyance: Presumption of validity: Actions to avoid instrument: Limitations. The husband has the management and control of the community real property, but the wife, either personality or by duty authorized agent, must join with him in executing any instrument by which such community real property or any interest therein is leased for a longer period than one year, or is sold, conveyed, or encumbered; provided, however, that nothing herein contained shall be construed to apply to a lease, mortgage, conveyance, or transfer of real property or of any interest in real property between husband and wife; provide, also, however, that the sole lease, contract, mortgage or deed of the husband, holding the record title to community real property, to a lease, purchaser or encumbrancer, in good faith without knowledge of the marriage relation shall be presumed to be valid. No action to avoid any instrument mentioned in this section, affecting any property standing of record in the name of the husband alone, executed by the husband alone, shall be commenced after the expiration of one year from the filing for record of such instrument in the recorder's office in the county in which the land is situate, and no action to avoid any instrument mentioned in this section, affecting any property standing of record in the name of the husband alone, which was executed by the husband alone and filed for record prior to the time this act takes effect, in the recorder's office in the county in which the land is situate, shall be commenced after the expiration of one year from the date on which this act takes effect. Deering's, op.cit., pp.71~72.

183) Sec. 174. <u>Support of wife</u>. If the husband reject to make adequate provision for the support of his wife, except in the cases mentioned in the next section, any other person may, in good faith, supply her with articles necessary for her support, and recover the reasonable value thereof from the husband. Ibid., p.73.

228

에 대한 교육과 다른 쪽의 배우자의 채무에 대한 이자를 포함한 부부생활의 비용을 지불하여야 하고, 후자의 재산에 의한 수익을 사용할 수 있다고 하였다.184) 그러나 캘리포니아 주 민법전의 혼인법은, 부부는 상호간의 존중, 신뢰 및 부양에 대하여 계약을 하지만,185) 처의 부양에 대하여 부(husband)는 거절할 수 있고,186) 그 부양을 않는 경우로서는, 처가 부양을 거절하거나 합의에 의하여 별거하는 경우,187) 처가 남편을 부양하여야 하는 경우188)가 있다.

(d) 부부(공동)재산은 어떻게 성립되는가: 이에 대하여 로빈기어 초안의 혼인법은, (aa) 부부재산은 혼인의 전후에 배우자간의 서면계약에 의하여 혼인 전 또는 혼인 중 각자 또는 공동으로 취득한 부부별산을 제외한 모든 재산에 미친다 하고, (bb) 부(husband)는 부부별산에 있어서와 동일한 조건으로 부부재산의 관리인이 되지만, 그 비용은 공동재산에서 지불된다고 하였다.189) 캘리포니아 주

---

184) Art. 46. Expenses. The husband, or if she is the household head, the wife defrays the matrimonial expenses, including education of the spouse's children and interests on the other party's obligations, and may use therefor income from the latter's property. Lobingier, C., op.cit., p.11.

185) Sec. 155. Mutual obligations of husband and wife. Husband and wife contract towards each othe obligations of mutual respect, fidelity, and support. Deering's, op.cit., p.64.

186) Sec. Support of wife. If the husband neglect to make adequate provision for the support of his wife ……. Ibid., p.73.

187) Sec. 175. Husband not liable when wife abandons him or lives separate by agreement. A husband abandoned by his wife is not liable for her support until she offers to return, unless she was justified, by his misconduct, in abandoning him; nor is he liable for her support when she is living separate from him, by agreement, unless such support is stipulated in the agreement. Ibid., p.73.

188) When wife must support husband. The wife must support the husband, when he has not deserted her, out of her separate property, when he has no separate property, and there is no community property, and he is unable, from infirmity, to support himself. Ibid., p.74.

189) Art. 47. Creation. This may be created by a written contract, between the spouses

민법전의 혼인법은, 부동산의 공동보유,[190] 공동재산의 소득[191] 및
처의 무담보계약에 대한 책임 등[192]을 규정하였다.

(e) 부부재산은 어떻게 책임지는가: 이에 대하여 로빈기어 초안
의 혼인법은, (aa) 부부재산에 있어서 각 배우자는 개인적으로 책
임을 지고, 공동재산의 한도에서 혼인 전에 진 채무와 다른 배우
자의 대리인으로 진 채무에 대하여 책임을 지고, (bb) 또한 부
(husband)는 혼인 중에 자신에 의하여 진 채무에 대하여 책임을 지
고, 처도 공동재산이 부족한 경우에 생계를 꾸리는 과정에서나 상
속의 결과로서 가정생활비용에 대하여 진 채무 및 그의 과실행위
에 의한 채무에 대하여 그러한 책임을 진다고 하였다.[193] 그리고
혼인 중에 각 배우자가 부부별산으로 공동채무를 변제하거나 공동

---

before or after marriage, to take over and hold in common all except separate property acquired by either or both, before or during the marriage. The husband acts as manager of such partnership under the same conditions as in separate ownership; but expenses are paid from the common property. Lobingier, C., p.11.

190) Sec. 161. <u>May be joint tenants, etc.</u> A husband and wife may hold property as joint tenants, tenants in common, or as community property. Deering's, op.cit., p.66.

191) Sec. 161a. Interests in community property. The respective interests of the husband and wife in community property during continuance of the marriage relation are present, existing and equal interests under the management and control of the husband as is provided in section 172 and 172a of the Civil Code. This section shall be construed as defining the respective interests and rights of husband and wife in the community property. Ibid., p.66.

192) Sec. 167. <u>Community property: Liability for wife's unsecured contracts: Liability of earnings of wife.</u> The property of the community is not liable for the contracts of the wife, made after marriage, unless secured by pledge or mortgage thereof excepted by the husband. Except as otherwise provided by law, the earnings of the wife are liable for her contracts heretofore or hereafter made before or after marriage. Ibid., pp.69~70.

193) Art. 48. <u>Liability.</u> In such partnership each spouse is liable personally, and to the extent of the common property, for debts incurred before marriage, and thru the agency of the other spouse. The husband is also liable for debts incurred by him during the marriage. The wife is so liable for debts incurred in the pursuit of her calling and as a result of inheritance, for household living expenses, if the common property is insufficient, and for her wrongful acts. Lobingier, C., op.cit., pp.11~12.

재산으로 개별채무를 변제한 경우에는 상환하여야 하지만, 공동재
산에 종속되는 개별재산으로 공동채무를 변제한 경우에는 그렇지
않다고 하였다.194) 또한 그 책임은 각 배우자의 사망, 혼인의 취소,
배우자의 이혼 또는 재판상 별거로 소멸하고, 사망의 경우에는 공
동재산의 2분의 1은 생존 배우자에게 나머지 그 반은 상속인이나
재산관리인에게 돌아간다고 하였다.195) 캘리포니아 주 민법전의 혼
인법은, 처의 혼인 전 채무에 대한 책임,196) 처의 별산에 의한 책
임,197) 혼인한 여자의 불법행위에 대한 책임198) 및 공동재산에 의
하여 담보된 채무에 대한 책임199) 등을 각각 규정하였다.

---

194) Art. 49. Reimbursements, even during marriage, is due each spouse for payment of
common debts from separate property or separate debts from common property; but
not for common debts from separate property to which it is subject. Ibid., p.12.

195) Art. 50. Dissolution of the partnership results from the death of either spouse,
annulment of the marriage, divorces or judicial separation of the spouse. In case of
death, one half of the community property passes to the surviving spouse and the
other half to the decedent's heir or the administrator of his or her estate. Ibid., p.12.

196) Sec. 170. Liability for premarriage debts of wife. Neither the separate property of the
husband nor his cardings after marriage is liable for the debts of the wife contracted
before the marriage. Deering's, op.cit., p.70.

197) Sec. 171. Liability of separate property of wife. The separate property of the wife is
liable for her own debts contracted before or after her marriage, but is not liable for
her husband's debts, provided, that the separate property of the wife is liable for the
payment of debts contracted by the husband or wife for the necessaries of life
furnished to them or either of them while they are living together, provided, that the
provisions of the foregoing proviso shall not apply to the separate property of the wife
held by her at the time of her marriage or acquired by her by device, succession, or
gift, other than by gift from the husband, after marriage. Ibid., p.71.

198) Sec. 171a. Liability for married woman's torts. For civil injuries committed by a
married woman, damages may be recovered from her alone, and her husband shall
not be liable therefor, except in cases where he would be jointly liable with her if the
marriage did not exist. Ibid., p.71.

199) Sec. 171b. Liability for obligation secured by community property. The separate
property of the wife is not liable for any debts or obligation secured by a mortgage,
deed of trust or other hypothecation of the community property, unless the wife
expressly assents in writing to the liability of her separate property for such debt or

4. 혼인의 해소에 관한 법리: 두 민법전에서의 구체적 법리

(1) 로빈기어 초안의 혼인법에서의 법리

(a) 혼인의 해소원인은 어떤 것이 있는가: 이에 대하여, 로빈기어 초안의 혼인법은, (aa) 혼인의 취소와 (bb) 이혼을 들고 있다.[200]

(b) 혼인의 취소는 어떠한 것인가: 이에 대하여, 로빈기어 초안의 혼인법은, (aa) 취소사유에 대하여, 혼인 당시에 배우자 일방이 현존하는 것을 증명할 수 없는 경우, 초안 제35조의 부부계약의 혼인장애가 있는 경우, 혼인장애를 알지 못하거나 합리적인 노력으로도 알 수 없는 경우, 혼인이 사기 또는 강박에 의한 경우, 다른 배우자를 대리하여 자발적인 동거를 할 수 없는 경우 등을 들고 있다.[201] (bb) 취소의 효과에 대하여, 취소판결은 결국 당사자가 오직 변론하는 것을 막을 뿐이고 유해하게 될 자(children)의 합법성에 영향을 주지 못하며, 그러한 자의 후견은 알지 못한 배우자나 후견인에게 있고 그 양육은 과실 있는 배우자의 재산으로 지불된다 하였다.[202]

---

obligation. Ibid., p.71.

200) Art. 51. <u>Modes</u>. The matrimonial status may be terminated by (1) annulment or (2) dissolution. Lobingier, C., p.12.

201) Art. 52. Annulment of a marriage may be granted an innocent spouse upon proving the existence at the time of the marriage of one or more of the impediments mentioned in Article 35 supra; that said impediments were unknown to said spouse and could not with reasonable diligence have been discovered; or that said marriage was obtained by fraud or force, by or on behalf of the other spouse, and that no voluntary cohabitation followed. Ibid., p.12.

202) Art. 53. <u>Effect</u>. A decree of annulment is conclusive against the parties to the proceeding only and does not affect the legitimacy of children perniciously begotten. Custody of such children shall be awarded the innocent spouse or a guardian and their education shall be defrayed from the guilty one's property. Ibid., p.12.

(c) 이혼은 어떻게 하는가: 이에 대하여, 로빈기어 초안의 혼인법은, 이혼을 재판상 이혼(Judicial)과 협의상 이혼(Conventional Separation)으로 나눠서 규정하였다. (aa) 재판상 이혼에 있어서, (i) 이혼사유에 대하여, 유효한 혼인이 사별하거나 혼인 중 다음중 적어도 한 가지 사유를 포함한 사유에 의한 재판상 판결에 의하여 해소된다 하고, 그 사유로서는 ① 간통, ② 중혼, ③ 파렴치 범죄의 유죄판결, ④ 유기, ⑤ 다른 배우자의 살해 미수, ⑥ 신체적 또는 정신적 잔혹행위, ⑦ 다른 배우자의 직계존속에 대한 심한 모욕, ⑧ 알코올 또는 아편 중독 등을 들고 있다.203) 그러나 앞에 들고 있는 어떤 사유에 대하여 묵시적 또는 명시적인 용서가 있으면 그러한 사유에 의한 이혼에서 제외된다고 하였다.204) 따라서 이혼에 있어서 유책주의를 채택하였음을 알 수 있다. (ii) 이혼효과에 대하여, 이혼판결은 두 배우자를 독신의 상태로 되돌아가도록 한다 하였다.205) (bb) 협의상 이혼에 있어서, (i) 이혼형식에 대하여, 서면에 의한 합의에 의하여 권한 있는 공무원 면전에서 선서를 하고 성인 2인의 증언을 하면, 배우자는 재판상 이혼의 모든 결과와 같이 법적으로 헤어지는 효과가 생기고, 다만 그들은 다시 혼인을 할 수 없게 되는 것이며, 어느 배우자가 미성년자이면 후견인

---

203) Art. 54. <u>Modes.</u> A valid marriage may be dissolved by death, or by judicial decree on grounds arising during the marriage, including at least one of the following by the defendant: (1) adultery; (2) bigamy; (3) conviction of infamous crime; (4) desertion; (5) attempt on the other spouse's life; (6) extreme cruelty, physical or mental; (7) gross insult to the other spouse's lineal ascendants; (8) habitual drunkenness or use of opium. Ibid., pp.12～13.

204) Art. 55. <u>Condonation</u> on connivance in or consent to any of the grounds mentioned in the preceding articles precludes the innocent spouse from obtaining a dissolution on such ground. Ibid., p.13.

205) Art. 56. <u>Effect.</u> A decree of dissolution restores both spouse to a state of celibacy. Ibid., p.13.

의 의사를 들어야 하고, 이혼합의의 효력이 발생하기 위하여 동일한
당사자의 혼인계약과 마찬가지로 동일한 등록이 있어야 한다고 하였
다.206) (ⅱ) 후견인의 지위에 대하여, 이러한 협의는 자의 후견에 대하
여 정하게 된다. 만약 모(mother)가 후견을 보유한 경우에도 부(father)
는 혼인가정을 떠나지 않는 한 후견인이 된다고 하였다.207)

(2) 캘리포니아 주 민법전의 혼인법에서의 법리

(a) 혼인은 어떻게 해소되는가: 이에 대하여, 캘리포니아 주 민법
전의 혼인법은, 이혼은, (1) 당사자 일방의 사망, (2) 당사자의 이혼
을 선언한 법원의 판결에 의하여만 할 수 있는 것이다(제90조).208)

(b) 이혼사유(원인)에는 어떠한 것이 있는가: 이에 대하여, 캘리
포니아 주 민법전의 혼인법은, (1) 간통,209) (2) 심한 학대,210) (3)
고의의 유기,211) (4) 고의의 무관심,212) (5) 습관적인 주벽,213) (6)

---

206) Art. 58. <u>Mode.</u> By a written agreement, executed before an officer authorized to administer oaths and witnessed by two adults, the spouse may effect a legal separation with all the results of a judicial one except that it does not enable them to remarry. If either spouse is a minor the guardian's consent is required. Before it becomes effective the separation agreement must be filed in the same registry as was the marital contract of the same parties. Ibid., p.13.

207) Art. 58. <u>Guardianship.</u> Such agreement may provide for guardianship of the children, if any, otherwise the father becomes guardian unless he has left the marital home in which case the mother retains custody. Ibid., p.13.

208) Sec. 90. <u>Marriage, how dissolved.</u> Marriage is dissolved only; One – By the death of one of the parties; or Two – By the judgement of a court of competent jurisdiction decreeing a divorce of the parties. Deering's, op.cit., 43 – 44.

209) Sec. 93. <u>Adultery defined.</u> Adultery is the voluntary sexual intercourse of a married person with a person other than the offender's husband or wife. Ibid., p.44.

210) Sec. 94. <u>Extreme cruelty, what.</u> Extreme cruelty is the wrongful infliction of grievous bodily injury, or grievous mental suffering, upon the other by one party to the marriage. Ibid., p.45.

211) Sec. 95. <u>Desertion, what.</u> Wilful desertion is the voluntary separation of one of the married parties from the other with intent to desert.; Sec. 96. Desertion, how

234

중죄의 유죄판결, (7) 불치의 정신병214) 등을 이혼의 원인으로 하

였다(제92조).215) 따라서 이혼의 유책주의와 함께 파탄주의를 채택

하고 있다고 할 것이다. 한편 혼인의 무효원인으로써 6개 사항을

규정하였다(제82조).216) 따라서 혼인 당시에 무효원인이 존재하는

---

manifested.; Sec. 97. In case of stratagem or fraud, who commits desertion.; Sec. 98. In case of cruelty, where one party leaves the other, who commits desertion.; Sec. 99. Separation by consent not desertion.; Sec. 100. Absence becomes desertion, when.; Sec. 101. Consent to separate revocable.; Sec. 102. Desertion, how cured: Effect of refusing condonation.; Sec. 103. Wife must abide by husband's selection of home, or it is desertion on her part.; Sec. 104. If the place is unfit, and wife refuses to conform, it is desertion by the husband. Ibid. pp.45~46.

212) Sec. 105. Wilful neglect, what. Wilful neglect is the neglect of the husband to provide for his wife the common necessaries of life, he having the ability to do so; or it is the failure to do by reason of idleness, profligacy, or dissipation. Ibid., p.47.

213) Sec. 106. Habitual intemperance, what. Habitual intemperance is that degree of intemperance from the use of intoxicating drinks which disqualifies the person a great portion of the time from property attending to business, or which would reasonably inflict a course of great mental anguish upon the innocent party.; Sec. 107. Willful desertion, willful neglect or habitual intemperance for one year. Ibid., p.47.

214) Sec. 108. Incurable insanity: Showing required. A divorce may be granted on the grounds of incurable insanity only upon proof that the insane spouse has been confined to an institution under the provisions of Chapter 1, Part 1, Division 6 of the Welfare and Institutions Code or under the provisions of Section 1026 of the Penal Code or Chapter 6, Title 10, Part 2 of the Penal Code, for a period of at least three continuous years immediately preceding the filing of the action and upon the testimony of a member of the medical staff of said institution that such spouse is incurably insane. Duty to support. ⋯⋯. *Service of summons, etc.* ⋯⋯ . Ibid. pp.47~48.

215) Sec. 92. Grounds for divorce. Divorce may be granted for any of the following causes: One Adultery. Two Extreme cruelty. Three Wilful desertion. Four Wilful neglect. Five Habitual intemperance. Six Conviction of a felony. Seven Incurable insanity. Ibid., p.44.

216) Sec. 82. Causes for annulling marriage. A marriage may be annulled for any of the following causes, existing at the time of the marriage: One. That the party in whose behalf it is sought to have the marriage annulled was under the age of legal consent, and such marriage was contracted without the consent of his or her parents or guardian, or person having charge of him or her; unless, after attaining the age of consent, such party for any time freely cohabited with the other as husband or wife. Two. That the former husband or wife of either party was living, and the marriage with such former husband or wife was then in force. Three. That either party was of unsound mind, unless such party, after coming to reason, freely cohabit with the other as husband or wife. Four. That the consent of either party was obtained by

경우에는 그 혼인계약은 무효가 되는 것으로서 이혼의 문제와 달리 취급하였다.

(c) 이혼의 취소사유(원인)에는 어떠한 것이 있는가: 이에 대하여, 캘리포니아 주 민법전의 혼인법은, 이혼의 취소사유(원인)로서, (1) 묵인,[217] (2) 공모,[218] (3) 용서,[219] (4) 반소,[220] (5) 시적 제한(취소 시기)[221] 및 시적 경과(소멸)[222] 등을 들고 있다(제111조).[223]

---

fraud, unless such party afterwards, with full knowledge of the facts constituting the fraud, freely cohabited with the other as husband or wife. Five. That the consent of either party was obtained by force, unless such party afterwards freely cohabited with the other as husband or wife. Six. That either party was, at the time of marriage, physically incapable of entering into the marriage state, and such incapacity continues, and appears to be incurable. Ibid., p.41.

217) Sec. 112. <u>Connivance, what.</u> Connivance is the corrupt consent of one party to the commission of the acts of the other, constructing the cause of divorce. Ibid., p.49.

218) Sec. 114. <u>Collusion, what.</u> Collusion is an agreement between husband and wife that one of them shall commit, or appear to have committed, or to be represented in court as having committed, acts constituting a cause of divorce. Ibid., p.49.

219) Sec. 115. <u>Condonation, what.</u> Condonation is the conditional forgiveness of a matrimonial offense constituting a cause of divorce.; Sec. 116. Requisites to condonation.; Sec. 117. Condonation implies what.; Sec. 118. Evidence of condonation.; Sec. 119. Condonation: Can only be made when.; Sec. 120. Concealment of facts in certain cases makes condonation void.: Sec. 121. Condonation, how revoked. Ibid., pp.49 − 50.

220) Sec. 122. <u>Recrimination, what.</u> Recrimination is a showing by the defendant of any cause of divorce against the plaintiff, in bar of the plaintiff's cause of divorce.; Sec. 123. Condonation, when to bar defense of recrimination. Ibid., pp.50～51.

221) Sec. 124. <u>Divorce, when denied.</u> A divorce must be denied: One. When the cause is adultery and the action is not commenced within two years after the commission of the act of adultery, or after its discovery by the injured party; or, Two. When the cause is conviction of felony, and the action is not commenced before the expiration of two years after a pardon, or the termination of the period of sentence, Three. In all other cases when there is an unreasonable lapse of time before the commencement of the action.; Sec. 127. <u>Limitation of time.</u> There are no limitation of time for commencing actions for divorce, except such as are contained in section on hundred and twenty − four. Ibid., p.51.

222) Sec. 125. <u>Lapse of time establishes certain presumptions.</u> Unreasonable lapse of time is such a delay in commencing the action as establishes the presumption that there has been connivance, collusion, or condonation of the offense, or full acquiescence in the same, with intent to continue the marriage relation notwithstanding the commission of

(d) 이혼법의 통칙과 통일이혼법은 어떠한 것인가: 이에 대하여, 캘리포니아 주 민법전의 혼인법은, 특히 이혼법의 통칙[224]을 규정하고, 통일이혼허가법(Uniform Divorce Recognition Law)[225]을 받아들이고 있다.

---

such offense.; Sec. 126. <u>Presumption may be rebutted</u>. The presumptions arising from lapse of time may be rebutted by showing reasonable grounds for the delay in commencing the action. Ibid., p.51.

223) Sec, 111. <u>Divorces denied, on showing what</u>. Divorces must be denied upon showing: 1. Connivance; or, 2. Collusion; or, 3. Condonation; or, 4. Recrimination; or, 5. Limitation and lapse of time. Ibid., pp.48－49.

224) 이에 대하여, ARTICLE IV General Provisions으로, 제136조 내지 149조를 규정하였다. 그 내용을 보면, Sec. 136. Maintenance by husband where divorce is denied.; Sec. 137. Alimony pendente lite: Action for permanent support without divorce: Grounds for action: Right to support and suit money: Disposition of community property, etc.: Enforcement of final decree.; Sec. 137a. Attorney's fees in actions for divorce, annulment, or separate maintenance.; Sec. 138. Custody and support of minor children: Order and modification or vacation thereof: Considerations guiding award.; Sec. 139. Support of children and wife on divorce for husband's offense: Modification of orders: Remarriage of wife, effect.; Sec. 140. Security for maintenance or alimony: Receivership or other remedy.; Sec. 141. Court shall resort to what, in executing certain sections.; Sec. 142. Withholding of allowance to prevailing party: Circumstance authorizing: When allowance not to be made from separate estate of other party.; Sec. 143. Community and separate property may be subjected to support and educate children.; Sec. 144. Legitimacy of issue.; Sec. 145. Same.; Sec. 146. Disposition of community property on divorce.; Sec. 147. Court must dispose of property and may order partition or sale.; Sec. 148. Disposal of property subject to revision.; Sec. 149. Jurisdiction of court over community real property of spouse served by publication. 등이다. Ibid., pp.55～62.

225) 이에 대하여 보면, ARTICLE V Uniform Divorce Recognition Law에 있어서 제150조 내지 제150.4조를 규정함으로써, 이를 받아들이고 있다. 그 내용을 보면, Sec. 150. <u>Citation of article</u>. This article may be cited as the Uniform Divorce Recognition Act.; Sec. 150.1. <u>Divorce in another jurisdiction of no effect where parties domiciled in State</u>. A divorce obtained in another jurisdiction shall be of no force or effect in this State, if both parties to the marriage were committed in this State at the time the preceeding for the divorce was commenced.; Sec. 150.2. <u>Evidence of domicile in State</u>. Proof that a person hereafter obtaining a divorce from the bonds of matrimony in another jurisdiction was (a) domiciled in this State within twelve months prior to the commencement of the proceeding therefor, the date of his departure therefrom, or (b) at all times after his departure from this State and until his return maintained a place of residence within this State, shall be prima facies evidence proceeding was commenced.; Sec. 150.3. <u>Construction of article</u>. This article shall be so interpreted and construed as to effectuate its general purpose to make uniform the law of those

Ⅳ. 結語

　지금까지 로빈기어의 「한국민법전초안」의 혼인법과 미국 캘리포
니아 주 민법전의 혼인법을 비교 검토하였다.

　여기에서 로빈기어는 혼인법을 기초함에 있어서 혼인법의 체계와
그 법리를 미국 캘리포니아 주 민법전의 혼인법에 바탕을 두고 한국
에서의 특수성을 고려하여 입법을 하고자 하였음을 발견할 수 있다.

　앞으로 혼인법에 있어서도 영미법이 어떻게 영향을 미쳤는가는
좀 더 깊이 연구하여 밝힘으로써 현행 혼인법의 연구에 있어서 그
기초를 제공토록 하는 것은 주요한 작업이 아닐 수 없다.

---

states which enact it.; Sec. 150.4. <u>Limitation upon application of article.</u> The application of this article is limited by the requirement of the Constitution of the United States that full faith and credit shall be given in each state to the public acts, records and judicial proceedings of every other state. 를 규정하였다. Ibid., pp.62~63.

제 **5** 장

結 論

지금까지 미군정시대(1945~1948)에 있어서 한국민법전편찬사업에 대하여 그 배경과 경과를 실증적으로 살펴보았고, 한국민법전편찬사업의 결과인 로빈기어(Lobingier, C.)의 「한국민법전초안」(Proposed Civil Code for Korea, 1949)을 체계적 내지 비교법적 비교를 통한 분석을 하였다.

이를 통하여 우리나라의 민법학사에 있어서 미군정시대의 한국민법전편찬사업과 로빈기어(Lobingier, C.)의 한국민법전초안은 매우 중요한 역사적 사실임을 확인할 수 있다. 왜냐하면 우리나라가 일본제국주의에 의한 식민통치를 받으면서 일본 민법이 강제 이식되어서 시행되었던 상황에서 일제의 굴욕을 벗어나 독자적인 민법전을 편찬하려는 노력은 그것이 비록 미 군정청에 의하여 시도되었다 하더라도 광복을 맞은 자주국가로서의 시민생활의 기본법인 민법전을 마련하기 위한 것이었기 때문이다.

지금까지의 연구에 의하여 다음과 같이 미군정시대의 한국 민법전 편찬에 있어서 영미법이 영향을 주었음을 알 수 있다.

첫째로, 미군정시대의 한국 민법전 편찬사업은, 우리나라에서 미군정이 실시되는 과정에서 다음과 같이 추진되었다.

(1) 민법전편찬을 위한 제도적 준비와 그 변천을 보면, 미 군정청 법무국 법전편찬부에서 법전기초국으로 변천됨으로써, 법무국 법전편찬부→국립도서관 현행조선법전기초부→사법부 법제국 기초과→사법부 법전기초국으로 변천된 것을 알 수 있고, 입법의원이 창설됨으로써 입법기관으로서의 기능을 하였으며, 그 후 남조선과도정부로의 개칭됨과 더불어 법전기초위원회가 설치되어서 민법전편찬사업을 주관하였음을 알 수 있다. 특히 법전기초위원회는 민법

분과위원회에서 '조선임시민법전편찬요강'을 작성하였던 것이다.

(2) 민법전편찬에 있어서 미 군정청 법무국과 법전기초국의 동향을 보면, 미 군정청 법무국장에는 미국인 우돌(Woodall, E. J.)이 초대 국장이었으나, 그 후 법무국이 사법부로 승격됨에 따라서 미국인 사법부장과 한국인 사법부장이 임명되었으며, 특히 한국인 사법부장에는 金炳魯가 임명되어서 계속하였다. 이로써 미군정시대의 한국민법전편찬사업에 한국이이 직접 참여하는 계기가 되었다. 이와 같은 사실은 매우 중요한 의미를 갖는다. 왜냐하면 한국 정부가 수립된 후에 한국민법전초안의 기초를 金炳魯가 거의 단독으로 완성하였기 때문이다.

한편 조미법률가협회(Korean – American Lawyer Society)가 미국인 법률가와 한국인 법률가로 구성되어 같이 활동함으로써 한국인 법률가들이 영미법과 접촉을 하게 되었고, 민법전 등 법률의 개정 내지 제정에 간접적으로 참여할 수 있었다. 이 협회의 회원으로 활동한 한국인 법률가들이 대부분 한국 정부가 수립된 후에 법전 편찬위원회 민법분과위원회의 위원으로 활동하였음은 주의를 하여야 할 사실인 것이다.

(3) 민법전편찬에 있어서 미 군정청 법률고문관의 활동을 보면, 미군정시대에 있어서 법률고문관은 막강한 위상이었고, 특히 법률고문관 주석인 로빈기어(Lobingier, C.)는 민법전 편찬에 있어서 새로운 민법전을 제정하여야 하는 이유와 배경을 들고 한국 민법전편찬에 대한 지침을 제시하여, 한국민법전초안(Proposed Civil Code for Korea, 1949)을 완성시켰다. 여기에서 이 초안이 완성된 시기가 한국 정부가 수립된 뒤였다는 점에 주의를 기울이게 한다. 이것은

한국 정부가 수립된 뒤에도 여전히 각 분야에서 미국인 고문관들이 활동을 계속하였음을 알 수 있다.

(4) 이와 같은 미군정시대의 한국민법전편찬사업은, 주도적인 추진은 미 군정청이 주관하였으나 한국인 법률가들이 직접 또는 간접으로 참여하는 기회가 주어졌었다. 이로 인하여 미 군정청 측에서 한국 민법전을 편찬함에 영미법을 대폭 수용하려는 것에 대하여 한국 측에서는 현행민법[일본 민법]의 개정수준인 대륙법인 민법전을 편찬하려는 것이었음을 알 수 있다. 그것은 법전기초위원회 민법분과위원회의 '조선임시민법전편찬요강'에서 확인할 수 있다. 이러한 사실은 한국 정부가 수립된 뒤에 그대로 영향을 주었다.

둘째로, 미군정시대의 한국민법전편찬사업의 결과인 로빈기어의 한국민법전초안을 분석한 결과는 다음과 같다.

(1) 로빈기어의 한국민법전초안의 체계적 분석을 한 결과를 보면, 그 제정방향에 있어서 당시의 민법전에 관한 입법례를 많이 참조하여 규율하려는 법률관계를 지배할 수 있도록 완전하고 통괄적인 법전으로 제정하려 하였고, 따라서 그 편별 방식은 프랑스 민법전에 따랐다. 이것은 독일 민법전을 바탕으로 한 일본 민법전을 벗어나서 당시 최근의 법전을 모두 섭렵하여 시민으로서의 생활에 있어서 발생할 법률관계를 중심으로 편리한 조직과 배치를 하고 그 용어법에 있어서도 명백하고 간결하게 하고자 하였음을 알 수 있다.

(2) 로빈기어의 한국민법전초안과 미국 캘리포니아 주 민법전과의 비교를 한 결과를 보면, 두 민법전의 체제와 편별에 있어서 로빈기어의 초안은 제1편 인, 제2편 채권, 제3편 물권 및 제4편 재산

상속으로 하였으나, 미국 캘리포니아 주 민법전은 제1편 인, 제2편 물권, 제3편 채권 및 제4편 총칙으로 되어 있다. 그러나 규정내용에 있어서 로빈기어 초안은 미국 캘리포니아 주 민법전을 모본으로 하고 이미 한국에서의 대륙법의 영향을 받은 실정에 맞도록 절충하고 있음을 알 수 있다. 이것은 미군정시대의 한국민법전편찬사업에 있어서 영미법(특히 미국법)을 대폭 수용하고자 하였음을 확인할 수 있게 한다.

(3) 특히 로빈기어의 한국민법전초안에 있어서 물적담보법을 중심으로 분석한 결과를 보면, 법전의 편별 방식이 인스티투오찌오네스(Institutiones) 방식을 채택함에 따라서 물적담보법을 제2편 채권관계법에 편별하여 계약관계로 규정하였고, 물적담보제도로서 질권(동산질과 권리질), 저당권, 전세권, 환매 및 유치권으로 분류하였다. 이와 같은 로빈기어의 초안은 한국 정부에 의하여 편찬된 현행 한국 민법전의 담보물권법에 영향을 주었다고 할 것이다. 그것은 담보물권으로서 질권, 저당권, 유치권 이외에 전세권을 입법한 것에서 확인할 수 있다.

(4) 로빈기어의 한국민법전초안에 있어서 전세권을 분석한 결과를 보면, 전세권을 제2편 채권관계법 가운데 물적담보계약의 하나로 규정하였고, 이를 기초함에 있어서 중국 민법과 만주 민법의 전권을 모본으로 하였다. 따라서 전세권을 점유수익질 형태의 부동산담보계약으로 하였다. 이것은 현행 한국 민법전을 기초함에 있어서 기초자였던 金炳魯의 입법의사와 일치한다고 할 수 있다.

이와 같이 미군정시대의 한국민법전편찬사업과 로빈기어의 한국민법전초안은, 우리나라에서 미군정에 의한 통치가 종식되고 한국

정부가 수립된 후에 우리 정부에 의한 한국민법전편찬으로 이어졌다. 여기에서 한국 민법전 편찬에 있어서의 역사적 연속성을 발견할 수 있다.

이상과 같은 결론을 도출함에 있어서 이에 대한 중간보고와 발표를 통하여 많은 자료의 검증과 분석을 시도하였지만, 아직도 당시의 한국민법전편찬에 관한 자료가 산일되어 발굴되지 않는 한계를 벗어날 수 없었다. 또한 로빈기어(Lobingier, C.)의 한국민법전초안을 분석하는 작업도 방대한 것이어서 이 연구에서는 그 모든 것을 다룰 수 없었다. 그러나 이 연구를 계기로 이에 관한 자료의 발굴과 연구를 계속함으로써 현행 민법전의 해석론 내지 입법론에 있어서 독일 민법에의 편향을 극복하고 영미법과의 접목 가능성을 체계적으로 접근하여 완성할 수 있을 것이다.

참고문헌

[자료]

內務部 治安局, 美軍政法令集, 서울: 兵學社, 1946.

民議院 法制司法委員會 民法案審議小委員會, 『民法案審議錄(上卷)』,
　　　서울: 국회 민의원, 1957.

연합군 최고사령부 일반명령 제1호, 1945.9.2.

資料 "南朝鮮過渡立法議院速記錄(3)", 南朝鮮過渡立法議院速記錄 121,
　　　1947.7.28.

자료, "法政뉴스", 『法政』, 제2권제11호, 1947.11.

資料, "朝鮮法制編纂委員會起草要綱(3)", 『法政』, 제3권제8호, 1948.8.

張厚永, "새 法典編纂에의 움직임", 社說, 『法政』, 제3권제4호, 1948.4.

崔鍾庫, 「C. 로빙기어博士」(法史餘滴 78), ≪法律新聞≫, 1989.2.2.자,

韓國法制研究會 편, 美軍政法令總覽(國文版), 1971.

黃聖秀, 「黎明期」, ≪法律新聞≫, 1982.9.13.

曉堂學人, 「法典編纂에 대하여」, 『法政』, 제3권제6호, 1948.6.

Black, Henry C., *BLACK'S LAW DICTIONARY*, St. Paul Minn.: West
　　　Publishing Co., 1979.

Leymann, A., *Selected Legal Opinions of Department of Justice*, United States
　　　Army Millitary Government in Korea, Seoul, Korea, 1948.

Lobingier, C., *Proposed Civil Code for Korea*, 1949.

The Publisher's Editional Staff(revised by), *Deering's Civil Code of the State of California*, adopted March 11, 1872, San Francisco: Bancroft - Whitney Co., 1949.

[단행본]

郭潤直(대표편집), 『民法注解Ⅵ, 物權(3)』, 서울: 박영사, 1992.

郭潤直, 『民法槪說』, 서울: 박영사, 1992.

국제신문사출판부 역, 『韓國美軍政史』, 서울: 국제신문사출판부, 1948.

金基善, 『韓國債權法各論』, 서울: 법문사, 1988.

金炳華, 『韓國司法史(現世編)』, 서울: 일조각, 1979.

金雲泰, 『美軍政의 韓國統治』, 서울: 박영사, 1992.

金雲泰, 『韓國現代政治史』(재판 제2권 第一共和國), 서울: 성문각, 1986.

金赫東, 『美軍政下의 立法議院』, 서울: 凡友社, 1970.

김진, 『英美法』, 서울: 법문사, 1973.

서울신문사 편, 『駐韓美軍30年』, 서울: 향림출판사, 1979.

서희원, 『英美法講義』, 서울: 박영사, 1984.

宋南憲, 『解放三年史Ⅰ, 1945 - 1948』, 서울: 까치, 1985.

尹大成, 『韓國傳貰權法硏究』, 서울: 삼지원, 1988.

이태재, 『로마法』, 서울: 진솔, 1990.

崔鍾庫, 『西洋人이 본 韓國法俗』, 서울: 교육과학사, 1989.

崔鍾庫, 『韓國의 西洋法受容史』, 서울: 박영사, 1982.

켐핀, F. G./이상면 역, 『英美法槪論』, 서울: 법문사, 1988.

현승종, 『로마法』, 서울: 일조각, 1982.

Friedman, Lawrence M./안경환 역, 『미국법역사(History of American Law)』, 한국학술진흥재단번역총서 58, 서울: 대한교과서주식회사, 1988.

Kempin, Frederick G./이상면 역, 『英美法槪論』, 서울: 법문사, 1988.

Lawson F. H., *Introduction to Law of Property*, Oxford: Oxford Univ. Press, 1958).

McCune, George M. & Grey Jr., Arthur L., *Korea Today*, Harvard Univ. Press, 1950.

Nicholas, B., *An Introduction to Roman Law*, Oxford; Oxford Univ. Press, 1962.

木下毅, 『英美契約法の理論』, 東京: 東京大學出版部, 1985.
鄭鍾休, 『韓國民法典の比較法的研究』, 東京: 創文社, 1989.

[논문]

로빙기어, 「日本民法改正私案」, 『法政』, 제2권 제2호, 1947.2.
梁彰洙, 「民法案의 成立過程에 관한 小考」, 『民法研究』, 제1권, 서울: 박영사, 1991.
에른스트 프랑켈, 「주한 미군정의 구조·성문법과 선결례」, 崔鍾庫 편역, 『西洋人이 본 韓國法俗』, 서울: 교육과학사, 1989.
윤대성, 「로빈기어 韓國民法典草案의 體系的 分析」, 『慶南法學』, 제11집, 경남대학교 법학연구소, 1996.2.
윤대성, 「로빈기어의 <韓國民法典草案>과 美國 캘리포니아 州 民法典에 있어서의 契約法」, 『民事法學의 諸問題』(允聲 嚴英鎭教授華甲紀念), 서울: 대왕사, 1997.11.
윤대성, 「로빈기어의 <韓國民法典草案>과 美國 캘리포니아 州 民法典에 있어서의 不法行爲法」, 『民法의 課題와 現代法의 照明』(耕巖 洪天龍博士華甲紀念), 경남대학교 법학연구소, 1997.11.
윤대성, 「로빈기어의 <韓國民法典草案>과 캘리포니아 州 民法典에 있어서의 婚姻法」, 『法學의 現代的諸問題』(德岩 金柄大 교수화갑기념), 서울: 대흥기획, 1998.2.
윤대성, 「로빈기어의 <韓國民法典草案>과 캘리포니아 州 民法典에 있어서의 婚姻法의 比較」, 『社會科學研究』, 제4집, 창원대학교 시회과학연구소, 1988.3.
윤대성, 「로빈기어의 <韓國民法典草案>과 캘리포니아 州民法典과의 比較」, 『現代民法學의 새로운 展開』(南帆 李永煥博士停年紀念論文集), 부산대학교출판부, 1997.2.
윤대성, 「로빈기어의 韓國民法典草案과 物的擔保法의 體系」, 『논문집』, 제16권, 창원대학교, 1994.
윤대성, 「로빈기어의 韓國民法典草案과 傳貰權」, 『논문집』, 제15권, 창원대학교, 1993.
윤대성, 「美軍政時代(1945 - 1948)의 韓國民法典編纂事業: 法律顧問

官의 活動을 중심으로」, 『憲法學과 法學의 諸問題』(曉山 金啓煥교수회갑기념), 서울: 박영사, 1996.12.

윤대성, 「美軍政時代(1945 – 1948)의 韓國民法典編纂事業과 로빈기어의 <韓國民法典草案>에 관한 研究(1)」, 『比較私法』, 제4권 제1호, 韓國比較私法學會, 1997.6.

윤대성, 「美軍政時代(1945 – 1948)의 韓國民法典編纂事業과 로빈기어의 <韓國民法典草案>에 관한 研究(2)」, 『比較私法』, 제4권 제2호, 韓國比較私法學會, 1997.12.

윤대성, 「韓國民法典編纂에 미친 英美法의 影響: 美軍政時代(1945 – 1947)의 民法典編纂과 로빈기어(Lobingier, C.)의 韓國民法典草案(Proposed Civil Code for Korea)을 중심으로」, 『比較私法』, 창간호, 韓國比較私法學會, 1995.2.

윤대성, 「우리 民法典의 傳貰權과 滿洲國民法典의 典權과의 比較研究」, 『논문집』, 제10권제1호, 창원대학, 1988.8.

윤대성, 「美軍政時代(1945 – 1948)의 韓國民法典編纂事業과 로빈기어의 <韓國民法典草案>에 관한 研究」, 한국학술진흥재단/95년도 지방대학육성과제결과보고서, 1997.2.

李相旭, 「우리나라 法制의 近代化와 民法典 編纂」, 『私法學의 再照明』(松村 朴碵雨교수화갑기념), 대전: 한림원, 1988.

鄭鍾休, 「韓國民法典의 制定過程」, 『民法學論叢』(厚巖 郭潤直 교수화갑기념), 서울: 박영사, 1985.

찰스 로빙기어, 「한국민법 제정의 방향」, 崔鍾庫 편역, 『西洋人이 본 韓國法俗』, 서울: 교육과학사, 1989.

崔鍾庫, 「解放後 韓國基本法制의 整備」, 『韓國法史學論叢』(朴秉濠 교수 환갑기념 Ⅱ), 서울: 박영사, 1991.

사항색인

윤대성 ─────────

▌약 력

성균관대학교 법률학과 졸업
성균관대학교 대학원 법학박사
창원대학교 법학과 교수
창원대학교 사회과학대학 학장,
　행정대학원장, 노동대학원장
(현) 창원대학교 법학과 명예교수
E‒mail: yoonds43@hanmail.net

▌주요 저서 및 논문

『한국전세권법연구』(1988)
『한국민사법제사연구』(1997)
『주석민법［물권(3)］』(공저, 2001)
『한국민법학사서설』(2009)
『한국전세권법연구』(2009, 수정증보판)
『한국민사법제사연구』(2009, 수정판)
「근대법의 수용과정에 있어서 전세관습의 변용」(1984), 「일제의 한국관습법조사사업에 관한
연구」(1992), 「미군정시대(1945～1948)의 한국민법전편찬사업과 로빈기어의 ＜한국민법전초
안＞에 관한연구」(1997), 「대한제국의 광무양안에 의한 근대적 소유권의 확립」(2001), 「傳貰
權の歷史と解釋」(2005), 「전세권과 미등기전세와의 관계: 입법론적 검토」(2007), 「전세권과
전권의 비교연구」(2007), 「조망이익침해의 위법성」(2008), 「기업도산과 임금채권의 보장」
(2008) 등

미군정시대 (1945～1948)의
한국민법전편찬사업

초판인쇄 ｜ 2009년 9월 25일
초판발행 ｜ 2009년 9월 25일

지은이 • 윤대성 / **펴낸이 ｜** 채종준 / **펴낸곳 •** 한국학술정보㈜ / **주소 •** 경기도 파주시 교하읍 문발리 파주출판문화정보
산업단지 513-5 / **전화 •** 031) 908-3181(대표) / **팩스 •** 031) 908-3189 / **홈페이지 •** http://www.kstudy.com /
E-mail • 출판사업부　publish@kstudy.com

등　록 ｜ 제일산-115호(2000. 6. 19)
가　격 ｜ 16,000원

ISBN　978-89-268-0375-2 93360 (Paper Book)
　　　978-89-268-0376-9 98360 (e-Book)

내일을여는지식 ▌ 은 시대와 시대의 지식을 이어 갑니다.